살다 보면 시련의 골짜기도 만납니다

| 김동문 지음 |

쿰란출판사

머리말

　설교는 하나님을 위하는 일이 아닙니다. 하나님을 대신하는 일입니다. 다시 말해서 사람인 내가 하나님을 대신하여 회중에게 말씀을 선포하는 것입니다. 그렇다면 이보다 더 두렵고 떨리는 일은 없을 것입니다. 하나님을 위해서 말하는 것이라면 조금 어눌해도 괜찮습니다. 더듬거려도 크게 자책할 필요가 없습니다. 그러나 설교는 하나님을 위해서 변호하거나 거드는 일이 아닙니다. 오늘을 사는 현대인들에게 하나님을 대신해서 말씀을 선포하는 일이 곧 설교입니다. 그러므로 설교는 아무렇게나 할 수 없습니다. 소홀히 할 수 없습니다. 설교자는 설교에 목숨을 걸어야 합니다. 무엇보다 하나님의 말씀(神言)을 그대로 운반하여 선포하는 일에 최선을 다해야 합니다.

　말씀의 운반자로서 그동안 강단에서 선포한 말씀을 묶어 또 한 권의 설교집을 내어놓습니다. 나름대로 몸부림치며 만든 작품입니다. 그러나 솔직히 고백하건대 이 책의 설교는 나만의 작품이 아닙니다. 훌륭한 주석가, 설교가, 사랑하는 교인들, 그리고 나의 가족이 함께 만든 작품입니다. 모든 이들에게 크고 작은 도움을 많이 받았습니다. 돌아보면 부족하기 짝이 없는 설교지만 활자화된 이 설교를 통해서 그 누군가가 은혜 받고, 주님 품으로 돌아오고, 도전 받고, 새로워지는 역사가 일어난다면 그보다 더 감사한 일이 없을 것입니다.

　지금까지 부족한 종을 위해 밤낮 없이 기도하며 아낌없는 사랑을 베풀어 주신 순천북부교회의 성도들과 이연행 원로목사님 내외분, 언제나 목양의 든든한 울타리가 되어 주시는 장로님들께 마음 깊이 감사를 드립니다. 또 살아갈수록 고맙고 아름다운 아내와 생각만 해도 행복한 자녀들에게 마음을 다한 사랑을 전하며, 늘 사랑과 격려를 아끼지 않는 쿰란출판사 사장 이형규 장로님께 깊은 감사를 드립니다.

2015년 11월 1일
주 안에서 김동문

머리말 … 2

내가 너희를 쉬게 하리라   7
가정 행복의 조건   23
기도의 자세   38
범사에 감사하라   53
살다 보면 시련의 골짜기도 만납니다   68
있을 때 잘합시다   83
주여, 정죄할 자가 없나이다   98
염려를 선택하지 말라   114
죽음을 잘 준비합시다   129
이단을 경계하라   145

흙으로 만들어진 인간	160
자녀를 하나님의 사람으로	175
가난한 심령	190
애통이 가져다주는 복	204
온유의 힘	219
목마름의 역사	234
하나님의 속성, 긍휼	249
마음의 거울을 깨끗이 합시다	264
화평한 세상을 만드는 그리스도인	279
박해와 상급	294

내가 너희를 쉬게 하리라

마태복음 11장 28-30절

　서울에 살던 한 남자가 죽어서 하늘나라에 올라갔습니다. 천국의 열쇠를 쥐고 있는 베드로가 그에게 물었습니다.
　"그래, 자네는 예수를 믿었는가?"
　"아니올시다."
　"그 좋은 교회를 코앞에 두고 뭘 했나?"
　"유구무언이올시다."
　"자네는 지옥에 가야 하는데 한 번 지옥에 떨어지게 되면 돌아오려고 해도 돌아올 수 없고, 죽으려 해도 죽을 수 없으며, 끝없는 고통과 괴로움 속에서 살아야 한다네. 그러니 마지막 소원이 있다면 한 번 얘기해 보게."
　"한 가지 소원이 있습니다."
　"그래? 그게 뭔가?"

"평생 소주나 마시고 기생충처럼 살던 사람이 지옥에 가는 거야 당연하지만, 지금 가기는 너무나도 억울합니다. 어릴 때는 농촌에서 고생하다 논마지기 팔아 서울에 올라왔습니다. 20년 전 종로 바닥에서 조그마한 사업을 하다 실패하여, 변두리로 내려가 자리 잡고 지금까지 고생 고생하다가 지병으로 이렇게 선생님 앞에 섰습니다. 저를 다시 한 번 저 세상에 보내 주십시오. 단 이번만큼은 부도가 나지 않을 조그마한 중소기업 하나 주시고, 양귀비 같은 색시 하나 붙여 주십시오. 그리고 말썽 안 피우는 자식 놈 두엇에다가, 힘 좋고 노사분규 일으키지 않는 종업원 몇 사람만 주십시오. 그러면 다만 몇 년이라도 걱정 근심 없이 살면서 예수 잘 믿고 이곳에 오겠습니다."

그러자 베드로가 배꼽을 잡고 한참이나 웃다가 이렇게 얘기했다고 합니다.

"야, 이 녀석아. 인생사에 그런 자리가 있으면 내가 내려가지 왜 너를 내려 보내겠느냐?"

여러분! 지금까지 한 생을 살아오면서 일체의 걱정 근심 없이 살던 때가 있었습니까? "나에게는 인생의 짐이 전혀 없었습니다"라고 자신 있게 말할 수 있는 사람이 있습니까? 이 세상에 짐이 없다고 하는 사람은 단 한 명도 없습니다. 가난한 사람은 가난한 대로 인생의 짐이 있고, 부자는 부자대로 짐이 있습니다. 지식인은 지식인대로 괴롭고, 권력자는 권력자대로 힘겨운 짐을 지고 살아갑니다. 공부하는 학생들도 짐이 있고, 직장인도 짐이 있고, 주부도 짐이 있고, 노인은 노인대로 짐이 있습니다. 인류 역사가 시작된 이래 우리를 힘들게 하는 짐은 계속해서 떠나지 않고 있습니다.

모든 인간이 고통 속에서 태어나, 고통 속에서 살다가, 고통 속에서 죽어갑니다. 대통령이라고 해서 예외가 아니고, 왕이라고 해도 예외가 아닙니다. 세계 정복을 꿈꿨던 나폴레옹을 보십시오. "내 사전에 불가능은 없다"라고 큰소리쳤지만 나중에 세인트 헬레나 섬으로 유배를 갔을 때는 이렇게 탄식했습니다.

"나는 지금까지 단 일주일도 행복한 날이 없었다. 저기 바닷가의 넘실거리는 물결은 세상 사람들의 눈물이요, 저기 부는 바람 소리는 세상 사람들의 한숨 소리로구나."

하나님의 위대한 종 모세도 시편 90편 10절에서 이렇게 고백했습니다.

"우리의 연수가 칠십이요 강건하면 팔십이라도 그 연수의 자랑은 수고와 슬픔뿐이라."

모든 사람이 인생의 무거운 짐을 지고 수고합니다. 고민합니다. 괴로워합니다. 그러다가 파선하고, 그러다가 침몰합니다. 짐이 무거우면 침몰할 수밖에 없는 것입니다.

지난 18~19세기만 해도 영국은 오대양 육대주를 누비면서 수없이 많은 배들을 띄웠습니다. 그런데 그중에 적지 않은 배들이 침몰되곤 했습니다. 배들이 자주 가라앉은 가장 큰 이유는 짐을 너무 많이 실었기 때문입니다. 그러자 사무엘 프림솔(S. Plimsoll)이라는 사람이 이를 연구하고 조사하여 영국 국회에 새로운 법안을 제출해서 통과시켰는데, 그 법이 '적재한계선'(Load Line) 법입니다. 일정한 짐을 실은 배가 물 위에 띄워지면 그 배가 물에 닿는 부분에 선을 긋고, 그 이상은 절대로 짐을 더 못 싣게 하는 법입니다. 이 법이 시행되면서 침몰 사고가 줄어든 것은 두말할 필요가 없습니다.

지금도 큰 배를 보면 배 아래쪽에 하얀 선이 그어져 있는 것을 볼 수 있습니다. 그 선을 프림솔이란 사람이 제안했다고 해서 '프림손 라인'(Plimsoll line)이라고 말합니다. 일단 그 선이 물에 닿으면 더 이상 짐을 실을 수 없습니다. 만약 짐을 초과해서 실으면 배가 가라앉습니다.

바로 이것처럼 인생의 배도 무거운 짐을 싣고 가면 가라앉게 마련입니다. 작은 풍랑만 불어도 쓰러지고 뒤집혀서 침몰합니다. 그러므로 인생을 무겁게 하는 짐이 있다면 얼른 내려놓아야 합니다. 다른 길이 없습니다. 짐을 내려놓아야 쉼을 얻고, 짐을 내려놓아야 살 수 있습니다.

탤런트 안재환 씨가 자살을 해서 큰 충격을 받은 일이 있습니다. 인생의 짐이 너무 무겁다고 자동차 안에 연탄불을 피워놓고 스스로 목숨을 끊었습니다. 그러자 얼마 후 연휴 기간 동안만 연탄가스 자살로 세 명이 숨졌고, 다른 지역에서도 여러 명이 자살을 했습니다. 이것을 베르테르 효과라고 말하죠? 유명한 사람의 자살이 있은 후에 그것을 모방하여 잇따라 자살이 일어나는 현상을 베르테르 효과라고 말하는데, 괴테의 소설 《젊은 베르테르의 슬픔》의 주인공 이름에서 유래한 것입니다. 안타까운 일들이 계속해서 일어나지만 자살은 하나님과 사람들 앞에서 가장 큰 죄악 중의 하나임을 알아야 합니다.

하나님은 우리에게 세 가지 명령을 주셨습니다. 첫째가 생명이고, 둘째가 사명이고, 셋째가 계명입니다. 그런데 자살을 하면 이 세 가지 명령을 다 거역하는 것입니다. 먼저 '살아라' 하고 생명을 주셨는데 자살을 하면 그 은혜를 거역하는 것이 됩니다. 다음으로 하나님께서는 우리 모두에게 사명을 주시는데 자살을 하면 그 사명을 완수할 수 없습니다. 그리고 자살하면 '힘껏 사랑하며 지켜라' 하고 주신 계명도 지킬 수가 없습니다. 그래서 자살은 결과적으로 하나님께서 주신 세 가지 명령을 다 거역하는 것입니다.

사실 쉽게 말해서 자살이라고 말하지만 영적으로 보면 대부분의 자살이 마귀의 작품입니다. 하나님은 항상 살라고 하시지만 마귀는 자꾸 죽으라고 부추기잖습니까? 우리가 이 실체를 안다면 인생의 짐을 빨리 내려놓을 줄 알아야 합니다.

그러면 누가 내 인생의 짐을 맡아 주고, 누가 내 인생의 짐을 대신 져 줄 수 있습니까? 이 세상에 그 누구도 나의 짐을 대신 져 줄 사람이 없습니다. 그 누구도 무거운 인생고를 해결해 줄 수 없습니다. 이순신 장군을 생각해 보십시오. 누가 뭐라 해도 훌륭한 인물입니다. 그러나 그도 인생고를 안고 죽었습니다. 세종대왕, 훌륭한 왕이었습니다. 그러나 그 역시 인생고를 안고 죽었습니다. 알렉산더 대왕도 그렇고, 석가도 그렇고, 공자도 그렇고, 이 세상의 모든 성현이 다 인생고를 안고 괴로워하다가 죽었습니다.

그것을 이상하게 생각할 이유가 없습니다. 너무나 당연한 일입니다. 왜 그렇습니까? 모든 사람이 죽어서 자기 무덤을 갖기 때문입니다. 죽어서 자기 무덤을 가지고 있는 사람이 어떻게 다른 사람을 살릴 수 있습니까? 흙 속에서 흙을 덮어쓰고 누운 사람이 어떻게 다른 사람을 구원할 수 있겠습니까? 인간은 그 누구의 짐도 대신 져 줄 수가 없습니다.

그런데 오늘의 본문을 보면 우리에게 놀라운 초청을 하고 있는 분이 계십니다. 그분이 바로 예수 그리스도입니다. 하나님의 아들 예수 그리스도께서 오늘 우리에게 사랑 가득 찬 음성으로 말씀하십니다.

"수고하고 무거운 짐 진 자들아 다 내게로 오라 내가 너희를 쉬게 하리라."

할렐루야! 이 세상에 구세주로 오신 예수님만이 하실 수 있는 초청의 말씀입니다. 인간으로 오셔서 인생고를 아시고, 인간을 구원하기 위해 친히 저주의 십자가를 지고, 죽은 지 3일 만에 다시 살아나신 부활의 주님만이 하실 수 있는 초청의 말씀입니다.

"다 내게로 오라. 내가 너희를 쉬게 하리라."

예수님은 인생의 본질이 수고하고 무거운 짐을 지는 것과 같다고 말씀하십니다. '수고한다'는 말은 원문에 능동태로 되어 있습니다.

사서 고생하는 능동적인 고생을 의미합니다. '무거운 짐'은 원문에 수동태로 되어 있습니다. 이는 피동적인 고생을 말합니다. 결국 인간은 자기가 스스로 고난의 길을 가든지, 아니면 본인은 원하지 않지만 어쩔 수 없이 수고의 짐을 지고 가는 존재라는 얘기입니다.

인생의 수고는 언제부터 시작되었을까요? 인간이 타락한 직후부터 수고라는 단어가 나옵니다. 인간이 타락한 이후부터 수고가 인생의 별명이 되었습니다. 그래서 지금도 수고하지 않는 인생이 없습니다. '저 사람은 고민이 없겠지' 하고 만나 보면 고민이 몇 배나 더 있습니다. 일의 고민, 자신에 대한 고민, 부모와 자식에 대한 고민, 부부간의 고민을 놓고 모든 사람이 고뇌하고 있습니다.

예수님이 그것을 아셨습니다. 저마다 수고하고 무거운 짐이 있고, 그것이 죄 때문에 온 비극임을 아셨습니다. 그래서 절망하는 우리 인생들을 향해 두 팔 벌리고 말씀하시는 것입니다.

"수고하고 무거운 짐 진 자들아, 다 내게로 오라. 내가 너희를 쉬게 하리라."

여러분, 주님이 아니면 누가 감히 이런 초청을 할 수 있겠습니까? 주님이 아니면 누가 감히 안식을 주겠다고 말할 수 있겠습니까? 이 땅에 구세주로 오신 주님, 하나님의 아들 예수님만이 우리를 초청하고 쉬게 하실 수 있습니다. 이 시간 주님의 초청에 응하여서 우리 주님이 예비하신 축복을 충만히 누리는 여러분이 되시기를 바랍니다.

그러면 구체적으로 어떻게 해야 참 안식을 얻을 수 있습니까?

1. 주님께 나아가야 합니다

본문 28절을 보면 주님께서 분명하게 말씀하십니다.

"수고하고 무거운 짐 진 자들아 다 내게로 오라 내가 너희를 쉬게 하리라."

참 안식을 얻기 위해서는 먼저 주님 앞에 나아가야 합니다. 다른 조건이 필요없습니다. 무조건 주님 앞에 나아가는 것이 급선무입니다. 가난해도 괜찮습니다. 병들었어도 괜찮습니다. 가문이 시원찮아도 괜찮습니다. 인물이 변변치 않아도 상관없습니다. 배우지 못했어도 상관없습니다. 실패했어도 상관없습니다. 만신창이가 되었어도 상관없습니다. 주님의 초청을 따라 주님 앞에 나아오기만 하면 주님께서 다 책임지십니다.

KFC 창업자는 커넬 샌더스(Colonel Harland Sanders)입니다. 이 사람은 하는 사업마다 실패했습니다. 계속되는 실패로 낙심 가운데 살아가는데 설상가상으로 젊은 아들마저 앞세워 보내고 말았습니다. 결국 그 충격으로 65세의 나이에 정신병을 앓게 되었습니다. 정신병을 앓던 그는 어느 날 자신의 처지를 비관하여 자살을 결심했습니다. 밤늦게 집을 나섰습니다. 그런데 바로 그때 어디선가 찬송 소리가 들려왔습니다.

> 너 근심 걱정 말아라 주 너를 지키리
>
> 주 날개 밑에 거하라 주 너를 지키리
>
> 주 너를 지키리 아무 때나 어디서나
>
> 주 너를 지키리 늘 지켜 주시리 (382장)

그 찬송 소리를 따라가 보니 한 늙은 부인이 찬송을 부르고 있었습니다. 그 모습을 보는 순간 마음이 뜨거워지기 시작했습니다. 그래서 그 자리에 꿇어 엎드려 기도했습니다.

"주님, 주님은 오늘 여기에도 함께 계셨군요. 제가 평생 예수님 없이 돈을 벌려다 이렇게 되었습니다. 주님을 멀리 떠난 죄를 용서해 주시옵소서. 저를 불쌍히 여겨 주시옵소서."

그의 기도드리는 손이 떨렸습니다. 통곡하기 시작했습니다. 샌더스는 한참 동안 울며 회개의 기도를 하다가 정신이 맑아짐을 느꼈습니다. 병원에 가서 검진한 결과 정신병이 완전히 나았다는 의사의 진단을 받았습니다. 그 후로 그는 거듭난 크리스천으로서 열심히 신앙생활을 했습니다.

그러던 어느 날 기도 중에 닭고기를 만들어 팔라고 하는 하나님의 음성을 들었습니다. 그 길로 KFC(Kentucky Fried Chicken)라는 이름으로 포장마차 같은 곳에서 판매를 시작하였는데, 그것이 불타나게 팔리기 시작했습니다. 74세가 되던 1964년에는 미국과 캐나다를 포함하여 600개 이상의 특허 매장을 가지고 대성공을 거두게 되었습니다. 그러나 그는 돈보다 예수님을 더 소중히 여기는 마음을 갖게 되었습니다. 그래서 가난하고 불쌍한 사람들을 돕고, 수익금의 많은 부분을 선교비로 사용했습니다. 그리고 미국 전역을 다니며 자기의 병든 인생을 치유하고 회복시키신 예수님을 널리 증거했습니다. 걱정과 근심, 실패와 좌절 속에 살던 그였지만 예수 그리스도의 초청에 응하면서 참 안식을 얻었습니다. 예수 그리스도의 초청에 응하면서 신앙의 성공자가 되고, 인생의 성공자가 된 것입니다. 이제부터 KFC 치킨을 먹을 때마다 주님의 은혜를 생각하고 드시기 바랍니다.

예수님은 오늘도 말씀을 통하여 우리를 부르십니다.

"그가 찔림은 우리의 허물 때문이요 그가 상함은 우리의 죄악 때문이라 그가 징계를 받으므로 우리는 평화를 누리고 그가 채찍에 맞으므로 우리는 나음을 받았도다"(사 53:5).

찬송을 통해서도 부르십니다.

주 날개 밑 참된 기쁨이 있네
고달픈 세상 길 가는 동안
나 거기 숨어 돌보심을 받고
영원한 안식을 얻으리라
주 날개 밑 평안하다
그 사랑 끊을 자 뉘뇨
주 날개 밑 내 쉬는 영혼
영원히 거기서 살리 (419장)

기도를 통해서도 부르십니다. 우리의 심령 가운데 잠잠히 말씀하시어 부르십니다. 때로는 어린아이의 입을 통해서도 부르십니다. 그 부르심에 아멘으로 응답하기만 하십시오. 그러면 새로운 역사가 시작될 줄 믿습니다. 새로운 은혜가 임할 줄 믿습니다.

예수님께서 주시는 안식은 누구나 값없이 누릴 수 있는 복입니다. 누구든지 예수 그리스도의 초청에 응하기만 하면 받을 수 있습니다. 이 시간 주님 앞에 모든 짐을 내려놓고, 주님께서 주시는 참 평안과 안식에 거하는 여러분이 되시기를 바랍니다.

2. 예수님의 온유와 겸손을 배워야 합니다

우리들 마음에 진정한 평안과 안식을 누리기 위해서는 다음 29절 말씀에 주목해야 합니다. 주님께서 뭐라고 말씀하셨습니까? "나는 마음이 온유하고 겸손하니 나의 멍에를 메고 내게 배우라 그러면 너희 마음이 쉼을 얻으리니"라고 하셨습니다. 우리 주님께 나아가 쉼을 얻기 위해서는 주님의 마음을 본받아 온유하고 겸손해야 한다는 것입니다. 여기서 '그러면'이라는 접속사는 '반드시 그래야만 한다'라는 분명한 조건을 제시해 줍니다. 그러니까 본문을 바꾸어서 표현하면 '너희가 예수님의 온유와 겸손을 배우지 않으면 절대로 참 안식을 누릴 수가 없다'라는 얘기입니다.

그렇습니다. 우리가 예수님의 마음을 배워서 온유하고 겸손하지 않으면 지속적으로 참 안식을 누릴 수가 없습니다. 그러므로 우리가 주변 사람이나 환경에 의해 흔들리지 않고 계속해서 참 안식을 누리려면 주님의 온유와 겸손을 배워야 합니다.

그러면 온유가 무엇이고, 겸손이 무엇입니까? 온유란 말은 부드럽게 모든 것을 포용하는 마음을 뜻합니다. 모든 것을 부드럽게 받아들이는 것을 뜻하는데, 이것이 참으로 강한 힘을 가지고 있습니다. 다음으로 겸손은 자신을 낮추고 남을 섬기는 마음을 뜻합니다. 우리가 믿음 생활을 하면서 성숙해지면 우리의 인격에 변화가 옵니다. 남을 정죄하고, 비판하고, 헐뜯고, 깎아내리는 데 앞장섰던 내가 이제는 남을 포용하고, 존중하고, 낮아지고, 이해하고, 섬기고자 애씁니다. 이렇게 온유와 겸손으로 옷 입게 되는데, 바로 이것이 나를 평안케 합니다.

베드로를 보십시오. 베드로는 불같은 성격을 가지고 있었습니다. 남에게 뒤지기를 싫어하는 사람이었습니다. 뭐든지 앞장서야 했습니다. 그래서 예수님이 질문을 던졌을 때도 항상 먼저 대답하고, 겟세마네 동산에서 예수님이 체포될 때는 칼을 휘둘러 '말고'라는 제사장의 종의 귀를 잘라버리지 않았습니까? 베드로는 온유, 겸손과는 거리가 먼 사람이었습니다.

그런데 그가 오순절 날 성령을 받은 후에 어떻게 되었습니까? 그의 인격과 삶에 중대한 변화가 일어났습니다. 그토록 급하던 베드로가 한없이 온유해지고, 그토록 자기를 내세우던 사람이 한없이 겸손해졌습니다. 그래서 베드로전서 3장 9절을 보면 베드로가 이렇게 말합니다.

"악을 악으로 욕을 욕으로 갚지 말고 도리어 복을 빌라."

얼마나 놀라운 변화입니까? 옛날 같으면 어림도 없는 얘기입니다. 그는 악을 악으로 갚고, 욕은 욕으로 갚고, 주먹은 주먹으로 갚으려 했던 사람입니다. 그런데 성령 받고 은혜 받은 후 완전히 온유와 겸손의 사람으로 바뀐 것입니다. 바로 그 심령 속에 주님의 평강이 넘쳐나고 참 안식이 있게 된 줄 믿으시기 바랍니다.

우리가 끊임없이 갈등하고 화를 내고 참 안식을 누리지 못하는 원인은 다른 데 있는 것이 아닙니다. 예수님의 온유와 겸손을 배우지 못했기 때문입니다. 온유와 겸손은 기름과 같습니다.

오늘부터 여러분의 정의에 온유와 겸손의 기름을 발라 보십시오. 그러면 그 정의가 더 환하게 빛을 발할 것입니다. 여러분의 봉사에 온유와 겸손의 기름을 발라 보십시오. 그러면 그 봉사가 더 환하게 빛을 발할 것입니다. 여러분의 말에 온유와 겸손의 기름을 발라 보십시오. 그러면 그 말이 더 환하게 빛을 발할 것입니다. 주님의 온유와 겸손을 배워 그 온유와 겸손으로 하나님의 영광을 높이 드러내고 참 평강을 누리는 여러분이 되시기를 바랍니다.

3. 예수님의 멍에를 메야 합니다

본문 29-30절을 보면 이렇게 말씀합니다.

"나는 마음이 온유하고 겸손하니 나의 멍에를 메고 내게 배우라 그리하면 너희 마음이 쉼을 얻으리니 이는 내 멍에는 쉽고 내 짐은 가벼움이라 하시니라."

주님께서는 주님의 멍에를 메야 참 안식을 얻게 된다고 말씀하십니다. 얼핏 들으면 '멍에를 멘다'는 말과 '평안을 얻는다'는 말은 상반된 말처럼 들립니다. 그러나 이 말의 의미를 알게 되면 그렇지 않음을 알 수 있습니다.

그 당시 이스라엘에서는 흔히 두 마리 소에 같은 멍에를 메우고 쟁기를 끌게 했습니다. 그런데 농부는 그 소들에게 멍에를 메우기 전에 먼저 싸움을 붙였습니다. 그리고서 이긴 소를 인도자로 두고, 진 소는 함께 보조를 맞추도록 했습니다. 바로 이처럼 우리가 참 주인 되시는 예수님께 전적으로 굴복하여 그분의 멍에를 멜 때 우리의 멍에는 쉽고 거기서 참 안식을 누리게 된다는 것입니다.

예를 들어 봅시다. 지금 두 마리의 소가 한 개의 멍에를 나눠 지고 있습니다. 그런데 오른쪽 소가 슈퍼맨처럼 막강한 힘이 있습니다. 그때 왼쪽 소는 같은 멍에 아래 붙어 있기만 하면 쉼을 얻을 수 있습니다. 짐이 아무리 무거워도 상관없습니다. 밭이 아무리 거칠고 넓다 해도 염려할 것이 없습니다. 오른쪽에 있는 소가 다 져 주기 때문입니다.

예수님의 멍에도 이와 같습니다. 우리는 주님의 멍에 한쪽에서 그냥 붙어 있기만 하면 됩니다. 모든 것을 이기시는 주님께서 내 대신 모든 것을 책임져 주시기 때문입니다. 다만 주님 옆에서 주님과 함께

가기만 하면 됩니다. 주님께서 가시고자 하면 가고, 서시고자 하면 서고, 모든 일에 순종하기만 하면 주님께서 쉼을 주시는 것입니다.

여러분, 사람들이 왜 수고하고 무거운 짐 진 자가 되었습니까? 주님의 멍에를 메지 않았기 때문입니다. 말씀의 멍에, 순종의 멍에를 메지 않아서 죄를 짓게 되고, 그 죄가 평안과 안식을 다 빼앗아 가버린 것입니다. 그러므로 참된 안식은 주님과 함께 멍에를 멜 때 찾아옵니다. 주님의 놀라운 사랑을 알았습니까? 주님의 은혜를 체험했습니까? 그러면 이제 기꺼이 사랑의 멍에를 메십시오. 봉사의 멍에를 메십시오. 순종의 멍에를 메십시오. 멍에를 멜 때 주님께서 약속하신 대로 참 안식을 주십니다.

어떤 분은 일주일 내내 병원에서 진료하고 수술하면서 틈만 나면 국내외로 의료봉사를 나가는데 그렇게 평안하고 행복할 수가 없다고 말합니다. 주님께서 주시는 사랑의 멍에를 메고 봉사할 때 주님께서 참 평안을 주시는 줄 믿으시기 바랍니다.

한국웃음건강협회에서 '일주일 내내 웃으면서 사는 법'을 소개하고 있는데 그 내용이 다음과 같습니다.

"월요일엔 원래 웃고, 화요일엔 화사하게 웃고, 수요일엔 수수하게 웃고, 목요일엔 목청껏 웃고, 금요일엔 금방 웃고 또 웃고, 토요일엔 토실토실 웃고, 일요일엔 일 없이 웃어라."

웃으면 건강에 좋습니다. 웃고 살아야 합니다. 그러나 주님 없는 웃음은 아무것도 아닙니다. 주님 없는 평안도 잠깐입니다. 오직 인생의 주인 되시는 주님 품안에서 얻는 평안이 참 평안이요, 영원한 안식입니다. 주님 앞에 나아와 주님의 온유와 겸손을 배우고, 주님의 멍에를 기쁨으로 메어서 진정한 의미에서의 안식을 충만히 누리는 여러분이 되시기를 간절히 축원합니다.

가정 행복의 조건
잠언 15장 15-17절

젊은 부부가 한 목사님을 찾아가 이혼 문제를 놓고 상담을 했습니다. 목사님이 이야기를 듣고서 잘 참고 지내라고 권면을 했습니다. 그러나 젊은 부부는 막무가내였습니다. 더 이상은 못 살겠다는 것입니다. 그런데 문제가 있었습니다. 하나밖에 없는 아이를 서로 자기가 맡겠다고 고집을 피우는 것입니다. 그때 생각다 못한 목사님이 이런 제안을 했습니다.

"두 사람이 그렇게 아이를 데리고 가기를 원하면 차라리 아이를 하나 더 낳아서 그때 하나씩 데리고 가면 어떻겠소?"

그러자 부부가 목사님의 제안에 동의를 하고 함께 돌아갔습니다. 그러다가 1년쯤 지난 어느 날 목사님이 길에서 그 부인을 만났습니다. 부인이 반색을 하며 인사를 하자 목사님이 물었습니다.

"그래, 아이 하나 더 낳고 둘이서 헤어졌습니까?"

"못 헤어졌습니다."

"왜 이혼하지 못했습니까?"

"목사님, 목사님 말씀대로 아이 하나 더 낳아서 하나씩 데리고 헤어지려고 했는데 그만 쌍둥이를 낳았지 뭡니까?"

결국 숫자가 안 맞아서 이혼하지 못하고 그냥 살고 있다고 하면서 행복한 웃음을 짓더라는 것입니다.

여러분, 오늘 여러분의 결혼생활은 건강합니까? 여러분의 가정은 행복한 가정이라고 할 수 있습니까? H. A. 테느는 결혼생활을 이렇게 정의했습니다.

"결혼생활은 남자와 여자가 서로 3주간 연구하고, 3개월간 사랑하고, 3년간 싸우다가, 그 후에는 30년간 참고 견디며 사는 것이다."

그러나 이것은 성경적인 말이 아닙니다. 올바른 결혼생활의 정의가 아닙니다. 결혼은 하나님의 선물이고, 하나님의 놀라운 축복입니다. 만일 결혼생활이 이렇게 비참한 것이라면 하나님께서 아담에게 하와를 짝지어 주시지 않았을 것입니다.

가만히 생각해 보면 한 남자와 한 여자가 한 몸이 되어 가정을 이루고 사는 것보다 더 신비한 일이 없습니다. 남자와 여자가 만나 결혼을 하고, 그 속에서 자녀가 탄생하고, 아름다운 가정을 이루어서 행복을 노래한다는 것이야말로 신비로운 일 중의 신비로운 일입니다. 그런데 이 신비로운 행복을 경험하기 위해서는 이성이 있어야 합니다. 남자만 가지고는 안 되고, 여자만 가지고도 절대 안 됩니다. 남자와 여자, 이성이 있어야만 가능합니다. 그런 의미에서 이 세상에 이성이 있다는 것은 얼마나 가슴 뛰는 즐거움인지 모릅니다. 우리 대한민국에 남자들만 가득하고 여자는 한 사람도 없다고 한다면 어떻게 살겠습니까? 무슨 재미로 살겠습니까? "이 세상에 여자 없으면 무슨 재미로, 잘살아도 여자, 못살아도 여자, 여자가 최고야!"라는 노래가 있습니다만, 사실 그 노래가 성경적인 노래입니다.

아담이 에덴 동산에서 풍족한 가운데 살았어도 재미가 없었습니다. 아름다운 꽃이 활짝 피어 있고, 싱싱하고 탐스러운 과일이 널려 있고, 재미있게 생긴 동물이 꽉 차 있고, 푸른 초원이 그림같이 펼쳐져 있어도 전혀 재미가 없었습니다. 그런데 하나님께서 하와를 지으시고 아담에게 짝지어 주시니 아담이 얼마나 기뻐했는지 모릅니다. 너무나 기쁘고 행복해서 이렇게 고백했습니다.

"이는 내 뼈 중의 뼈요 살 중의 살이라."

이 세상에 남자가 있고 여자가 있다는 것이 얼마나 좋은지 모릅니다. 여자는 남자에게 복이고, 남자는 여자에게 복입니다. 남자는 늑대고 여자는 여우라고 하는 사람이 있는데 그게 아닙니다. 누가 뭐라 해도 남자는 여자의 복입니다. 그리고 열 명의 효자보다 한 명의 악처가 더 낫다고 했는데 그 말이 맞습니다. 여자는 남자의 복인 것입니다. 그래서 잠언 18장 22절을 보면 이렇게 말씀합니다.

"아내를 얻는 자는 복을 얻고 여호와께 은총을 받는 자니라."

그렇습니다. 배우자는 하나님의 복이요 하나님의 은총입니다. 사랑하는 우리 성도들은 배우자를 주시고 가정을 주신 하나님께 감사하며 늘 행복하게 살아가시기를 바랍니다. 우리가 가정에서 행복하게 살아가지 못하면 하나님의 축복을 발로 차버리는 격이 되어 불행해지는 것입니다.

많은 사람들이 좋은 주택과 좋은 가구, 좋은 음식만 있으면 행복할 것으로 생각합니다. 그러나 어디 그렇습니까? 가정이 화목하지 못하면 행복할 수 없습니다. 부부간에 불화하고 부모와 자녀가 불화하면 그 누구도 행복할 수 없는 것입니다. 세계에서 가장 부자요 막강한 나라인 미국을 보십시오. 미국은 부부의 51퍼센트가 이혼을 합니다. 그래서 많은 자녀들이 다른 아버지나 다른 어머니 밑에서 자라고 있습니다. 거기에다 800만 명 이상의 노인들이 혼자 살아갑니다. 그들을 행복한 사람이라고 말할 수 있습니까?

우리나라도 마찬가지입니다. 우리나라는 과거에 비해 엄청나게 잘 삽니다. 얼마나 잘 먹고 잘사는지, 한 해 동안 음식물 쓰레기 처리 비용만 20조 원을 들이붓습니다. 비록 허리 잘린 분단국가이지만 세계의 12번째 경제대국으로 우뚝 서 있습니다. 보통 부강한 나라가 아닙니다. 그럼에도 불구하고 우리나라는 지금 무너져 가는 가정들이 너무 많습니다. 이혼율이 세계 1~2위를 달리고 있습니다. 참으로 가슴 아픈 일입니다.

가정이 무너지면 다 무너집니다. 우리 삶의 기반이 무너지고, 삶의 의욕도 무너지고, 삶의 의미도 무너지는 것입니다. 그래서 클린턴

가드너라는 사회학자는 이렇게 말한 바 있습니다.

"모든 것을 다 잃어도 가정이 있으면 다 잃은 것이 아니지만, 모든 것을 다 가져도 가정을 잃으면 모든 것을 다 잃는 것이다."

그렇습니다. 가정을 잃으면 다 잃는 것입니다. 그러므로 다 잃어도 가정을 잃으면 안 됩니다. 가정을 귀하게 여겨야 합니다.

테레사 수녀가 노벨 평화상을 받는 날 한 기자가 찾아와 물었습니다.

"수녀님, 세계 평화를 위하여 가장 긴급한 일이 무엇이라고 생각합니까?"

그 질문에 테레사 수녀가 웃으면서 이렇게 말했습니다.

"그 비결은 기자 선생이 빨리 집에 돌아가서 가족을 사랑하는 것입니다."

세계 평화도 좋고, 사업도 좋고, 출세도 좋고, 성공도 좋지만 가장 시급한 일은 먼저 가정을 행복한 가정으로 만드는 것이라는 얘기입니다. 그렇습니다. 먼저 가정이 건강하고 가정이 행복해야 합니다. 그래야 모든 일에 승리하고, 모든 일에 행복하고, 모든 일에 감사가 넘쳐나는 것입니다.

그러면 무엇으로 행복한 가정을 만들어갈 수 있습니까? 행복한 가정을 만들어갈 수 있는 가장 중요한 조건이 무엇입니까?

1. 여호와를 경외하는 것입니다

오늘의 본문 16절을 보면 이렇게 말씀합니다.

"가산이 적어도 여호와를 경외하는 것이 크게 부하고 번뇌하는 것보다 나으니라."

행복은 외적인 소유에 있는 것이 아닙니다. 내적으로 자신의 마음을 다스리는 데 있는 것도 아닙니다. 진정한 행복은 오직 여호와 하나님께 있습니다. 이 세상을 지으시고 지금도 인간의 생사화복을 주장하시는 여호와 하나님께 행복이 있는 것입니다. 그렇다면 오늘 여러분의 가정 한가운데 행복의 근원이 되시는 여호와 하나님이 계십니까? 여호와 하나님을 가정의 주인으로 모시고 살아갑니까?

한번은 어떤 성도가 저에게 물었습니다.
"목사님, 사과 따기가 제일 좋은 때는 언제인지 아십니까?"
"그야 사과가 잘 익은 가을날이 좋은 때 아닙니까?"
그랬더니 피식 웃으면서 이렇게 말했습니다.
"목사님, 틀렸습니다. 사과 따기가 제일 좋은 때는 주인이 없을 때입니다."
그래서 제가 맞다고 동의했습니다. 요즘은 그런 일이 별로 없습니다만, 저희가 어렸을 때만 해도 수박 서리나 사과 서리를 참 많이 했습니다. 워낙 먹을 것이 없던 가난한 시절이라 서리해서 영양 보충

하는 것이 매일매일의 일과였습니다. 그때 주인이 있으면 서리하는 것이 상당히 어려웠지만 주인이 없으면 서리가 얼마나 쉬웠는지 모릅니다.

마찬가지입니다. 우리의 가정에 인생의 주인 되시는 하나님을 분명히 모시지 않으면 사탄이 언제 침투하여 행복의 사과를 따 가지고 갈지 모르는 것입니다. 그러므로 다른 것은 양보해도 인생의 주인 되신 하나님을 양보해서는 안 됩니다. 행복의 첩경은 오직 여호와 하나님을 주인으로 모시고, 하나님을 경외하는 데 있습니다.

잊지 마세요. 물고기는 물 속에 있을 때 가장 자유할 수 있고 행복을 노래할 수 있습니다. 새들은 공중에 있을 때 참 안식을 누리며 행복감을 느낍니다. 마찬가지입니다. 사람은 인생의 주인 되시는 하나님의 품안에 있을 때 비로소 참 안식과 행복을 노래할 수 있는 것입니다. 이는 하나님께서 태초부터 정해 놓은 법도입니다. 그러므로 하나님을 떠나서 행복을 찾으려고 하는 사람처럼 어리석은 자는 없습니다. 하나님을 떠나서 행복을 찾는 것은 영원히 불가능한 일이기 때문입니다. 이 사실을 파스칼은 이렇게 표현했습니다.
"인간에게는 채워도 채워도 채울 수 없는 공간이 있는데, 그것은 오직 하나님만으로 채울 수 있다."
하나님을 떠나서는 인생이 공허할 수밖에 없다는 얘기입니다. 그렇습니다. 인생의 주인은 하나님이시기 때문에 그분을 영접하기 전까지는 결코 참 안식과 행복을 찾을 수 없는 것입니다.

그런데 앞으로 세상의 가정이 어떻게 변할 것 같습니까? 세계미래학회가 발행하는 미래 예측 전문지 〈퓨처리스트〉는 이렇게 말한 바 있습니다.

"21세기의 가족은 자녀의 재생산이나 양육 및 사회화, 그리고 가족애라는 전통적인 가족 기능에서 크게 변할 것이다."

맞벌이의 증가로 가족은 남성화되고, 결혼이 거래라는 개념으로 바뀌면서 이혼이 가정 파탄이 아니라 잘못된 선택을 바로잡는 긍정적 현상으로 받아들여질 것이라고 말합니다. 새로운 가족 형태, 다시 말해서 장기 동거 뒤의 결혼이라든지, 이복형제가 한 가정을 이루는 혼합 가정이라든지, 입양 가정의 일반화라든지, 저소득층의 결손 가정화, 동성애 가정의 합법화, 성적 결합 없는 공동 거주 등이 나타날 것이라고 예고한 바 있습니다.

또 유명한 영국의 SF 작가 아서 클라크와 미국의 경제학자 갈브레이스는 20년 내로 인공지능을 가진 기계로부터 새로운 형태의 생명체가 탄생할 것으로 내다봤습니다. 부부간의 출산은 정자은행과 난자은행을 이용할 것이고, 미래의 문제는 가정 문제라고 말합니다. 장차 사이보그 인간이 출현하고, 사이버 부부, 사이버 가족, 네트워크형 가족이 부상할 것으로 예측하는데, 이런 미래에 희망이 있겠습니까?

하나님을 떠난 인류, 하나님을 떠난 가정, 하나님을 떠난 개인은 희망이 없습니다. 참 행복을 누리지 못합니다. 아버지도, 어머니도, 아들도, 딸도 하나님을 경외하며 하나님 중심으로 살아갈 때 그 가정이 행복을 노래하게 되는 것이지, 하나님을 떠난 가정에는 참 행복이 없습니다. 부자로 살아도 안 되고, 모든 식구가 건강해도 안 되고, 모든 식구가 사회적 명사라 해도 안 됩니다. 행복의 근원은 오직 하나님께만 있는 것입니다.

우선 성경의 잠언에서만 행복한 가정의 조건이 어디에 있는지 한번 확인해 볼까요? 지혜가 행복을 가져다줄 것이라고 생각하는데 지혜가 어디서부터 옵니까? 잠언 9장 10절을 보면 이렇게 말씀합니다.

"여호와를 경외하는 것이 지혜의 근본이요 거룩하신 자를 아는 것이 명철이니라."

하나님께로부터 지혜가 오는 줄 믿으시기 바랍니다. 또 건강이 행복을 줄 것이라고 생각하는데 건강이 어디서부터 옵니까? 잠언 10장 27절을 보면 이렇게 말씀합니다.

"여호와를 경외하면 장수하느니라 그러나 악인의 수명은 짧아지느니라."

그리고 자녀의 출세가 행복을 줄 것이라고 생각하는데 그것을 누가 줍니까? 잠언 14장 26절을 보면 이렇게 말씀합니다.

"여호와를 경외하는 자에게는 견고한 의뢰가 있나니 그 자녀들에게 피난처가 있으리라."

또 인간 최대의 불행을 어떻게 해결할 수 있습니까? 잠언 14장 27절을 보면 이렇게 말씀합니다.

"여호와를 경외하는 것은 생명의 샘이니 사망의 그물에서 벗어나게 하느니라."

재물이 행복을 줄 것이라고 생각하는데 재물을 얻는 비결이 무엇입니까? 잠언 19장 23절을 보면 이렇게 말씀합니다.

"여호와를 경외하는 것은 사람으로 생명에 이르게 하는 것이라 경외하는 자는 족하게 지내고 재앙을 당하지 아니하느니라."

모든 복이 여호와 하나님께로부터 오는 줄 믿으시기 바랍니다.
하나님을 경외하는 가정은 구원의 기쁨을 가지고 살게 됩니다. 일체 초조하지 않습니다. 언제 어디서나 평강을 누립니다. 영적인 자유가 있습니다. 범사에 승리합니다. 하나님의 축복을 축복으로 받습니다. 삶의 자리에 관계없이 일체 불안해하지 않습니다.

신학자 폴 틸리히는 오늘을 사는 현대인은 세 가지로 인하여 불안하다고 했는데, 그 첫째는 죽음입니다. 각종 사고나 질병으로 인해 죽음을 당하기 때문에 사람들이 불안해 한다는 것입니다. 둘째는 인생의 허무감입니다. 명예나 권력 혹은 어떠한 목표를 이루어 놓아도 사람들은 금방 허탈감과 허무감에 빠지게 된다는 것입니다. 셋째는 죄책감입니다. 죄책감 때문에 불안해 한다고 말합니다. 그렇습니다. 사람들은 죽음과 허무와 죄책감 때문에 끊임없이 고민하고 불안해 합니다.

그러나 하나님을 경외하는 가정은 이 모든 것으로부터 자유하게 됩니다. 평안함을 누리게 됩니다. 남편이 탈선할까봐 초조해 하지 않습니다. 아내가 바람날까봐 초조해 하지 않습니다. 자녀가 세상 유혹에 빠질까봐 초조해 하지 않습니다. 하나님을 경외하는 가정은 모든 일에서 자유함을 얻고, 항상 평안함을 누리게 됩니다. 이 은혜가 여러분과 함께하기를 바랍니다. 이 은혜가 여러분의 가정에 충만하기를 바랍니다.

존 바우링은 이렇게 말했습니다.

"행복한 가정은 지상에서부터 천국 생활을 하는 것이다."

그렇습니다. 믿는 자들은 먼저 가정에서부터 천국 생활을 경험해야 합니다. 하나님은 태초부터 우리의 가정을 행복한 가정으로 세워 주셨습니다. 그러므로 이제 행복한 가정을 만들어가야 할 책임은 우리에게 있는 것입니다. 세상의 것이 좀 부족해도 좋습니다. 눈에 보이는 것이 적어도 좋습니다. 좋은 집에서 살지 못하고, 물질이 조금 부족해도 오직 하나님 품안에서만 살아가시기를 바랍니다. 온 식구가 하나님의 품안에서 하나님을 바라보며 살아갈 때 그 속에 승리가 있고, 행복이 있고, 축복이 자손 대대로 이어가는 것입니다.

그런데 우리 가운데는 가정의 대표자로 혼자서만 교회에 나오는 성도가 있습니다. 미안하지만 이는 큰 잘못입니다. 하나님을 섬기는 데는 가정 대표 제도가 없습니다. 나라마다 각국에 보내는 대사가 있지만, 신앙의 세계에는 대표제가 없습니다. 아버지, 어머니, 아내, 남편, 아들, 딸, 손자, 손녀에 이르기까지 모두가 함께 믿어야 합니다. 한 믿음 가지고 한 분 하나님을 섬겨야 그 가정에 행복이 있고, 평화가 있는 것입니다.

어떤 가정에 가보면 식구들이 전부 다 제각각입니다. 주일날 아버지는 산으로 놀러가고, 어머니는 절로 갑니다. 동생은 대순진리회 모임에 가고, 본인만 교회에 나옵니다. 여러분! 이 얼마나 비극입니까? 아무리 종교의 자유가 있다 해도 이런 가정이 평안할 리가 없습니다.

가정의 신앙은 주 안에서 하나가 되어야 합니다. 모든 생명과 축복의 근원이 되시는 하나님을 온 식구가 함께 믿고, 그 안에서 언제나 행복을 노래하는 여러분이 되시기를 축원합니다.

2. 가족끼리 서로 사랑하는 것입니다

오늘의 본문 17절을 보면 이렇게 말씀합니다.

"채소를 먹으며 서로 사랑하는 것이 살진 소를 먹으며 서로 미워하는 것보다 나으니라."

아무리 호화로운 주택에서 살진 소를 먹고 산다 할지라도 서로 다투고 불화하면 사는 곳이 지옥입니다. 그러나 초가삼간 다 쓰러져 가는 집에서 채소를 먹으며 산다 해도 서로 사랑하고 살면 그곳이 작은 천국입니다. 식구들끼리 서로 위로하고 용서하며 격려하고 사랑을 베풀 때 행복한 가정이 되는 것입니다. 그러므로 집안에 쌀은 떨어져도 사랑하는 마음이 떨어져서는 안 됩니다. 집안에 돈이 바닥나더라도 사랑이 바닥나면 안 됩니다. 행복한 가정은 오직 사랑으로 만들어가기 때문입니다.

자동차의 황제 헨리 포드는 무척 가정적인 사람이었습니다. 그는 자동차 산업으로 거부가 된 뒤에 고향 땅에 작은 주택 한 채를 지었습니다. 그때 친구가 방문하여 이렇게 말했습니다.

"백만장자의 집치고는 너무 초라하지 않은가?"

이 말에 헨리 포드가 이런 말을 남겼다고 합니다.

"건물이 문제가 아닐세. 그 속에 사랑이 있으면 위대한 가정이고, 사랑이 없으면 석조로 지은 대저택도 금방 무너질 것일세."

그렇습니다. 행복한 가정은 사랑으로 지어지는 것입니다. 돈을 아무리 쌓아도 그것이 행복을 가져다주는 것은 아닙니다.

제가 아는 어느 가정은 돈이 많습니다. 많아도 보통 많은 것이 아닙니다. 동산과 부동산을 합치면 수천억의 재산이 됩니다. 그러니 부자 아닙니까? 그런데 돈은 그렇게 많으면서도 사랑이 없으니까 가족끼리 날마다 싸우다가 결국은 법정으로 달려가게 되었습니다. 시어머니, 며느리, 아들, 딸이 두 편으로 나뉘어서 원수처럼 싸웠는데, 결국 그 과정 속에서 큰아들이 암으로 죽고, 어머니가 쓰러져서 의식이 없어졌습니다. 얼마나 큰 비극입니까? 사랑의 바탕 위에 돈이 있고, 사랑의 바탕 위에 명예가 있어야 합니다. 사랑의 바탕 위에 재물이 있고, 사랑의 바탕 위에 권세가 있어야 합니다. 그렇지 않으면 모든 것이 순식간에 무너지는 날이 옵니다.

미국 컬럼비아 대학의 프리드만 교수가 미국인 10만 명에게 질문을 던져보았습니다.

"행복의 핵심적 요소가 무엇이냐? 진정한 행복은 어디에 있다고 생각하느냐?"

그 설문조사를 통해서 얻은 결론이 이렇습니다.

"인간이 행복하게 살려면 세 가지 요소가 가장 중요한데, 그중의 첫째가 사랑이요, 둘째가 낙천적 인생관이요, 셋째가 보람있는 일이다."

사랑이 으뜸이라고 말했습니다. 또 독일의 유명한 철학자 피히테도 "사랑은 인생의 주성분"이라고 말한 바 있습니다.

그렇습니다. 사랑이 없으면 아무것도 아닙니다. 믿음, 소망, 사랑, 이 세 가지는 항상 있어야 하지만 그중에 제일은 사랑이라 했습니다. 혹시라도 비교하면서 슬퍼하거나 미워하지 마세요. 비교하면서 낙심하거나 미워하지 마세요. 벤츠 타는 이웃집 남편 부러워할 것 없습니다. 용돈 잘 주는 이웃집 며느리 부러워할 것 없습니다. 공부

잘하는 이웃집 아들 보면서 내 아들 생각하고 근심할 것 없습니다. 늘씬한 연예인 보면서 몸빼바지 입은 내 아내 보고 실망할 것 없습니다. 누가 뭐라 해도 내 아내, 내 남편이 최고입니다. 누가 뭐라 해도 내 아들, 내 딸이 최고입니다. 누가 뭐라 해도 나의 식구들이 가장 귀한 사람들입니다.

내가 어려움 당할 때 이웃집 아저씨가 아파하지 않습니다. 내가 슬플 때 늘씬한 연예인이 울어 주지 않습니다. 그래도 내가 아플 때 나를 보듬어 줄 사람은 나의 식구들입니다. 내가 슬플 때 나를 끌어안고 울어 줄 사람은 나의 가족들입니다. 나의 식구들을 먼저 사랑하시기 바랍니다. 주님의 사랑으로 사랑하시기 바랍니다. 사랑하면 즐겁습니다. 사랑하면 행복합니다. 서로 사랑하면 고난도 축복으로 바꿀 수 있습니다.

잊지 마십시오. 가정 행복의 조건은 눈에 보이는 데 있는 것이 아닙니다. 행복한 가정은 오직 여호와를 경외하며, 사랑으로 생각하고, 사랑으로 말하고, 사랑으로 안아 줄 때 이루어지는 것입니다. 날마다 여호와를 경외하며 사랑으로 충만하여서 하나님이 기뻐하시는 가정, 은혜가 넘치는 가정, 늘 행복을 노래하는 가정 이루시기를 간절히 축원합니다.

기도의 자세

누가복음 18장 1-8절

　어느 시골 초등학교에서 있었던 일화입니다. 해마다 여름이면 학교 캠프가 개최되었는데, 마지막 날에는 교장선생님이 직접 캠프파이어를 인도하곤 했습니다. 그러던 어느 날 교장선생님이 이전처럼 전교생을 운동장에 모아 놓고 캠프파이어를 인도하게 되었습니다. 교장선생님이 분위기를 잡고서 "하나님, 불을 내려 주시옵소서" 하고 기도하면 학교 옥상에서부터 불붙은 솜뭉치가 선을 타고 내려와 점화되는 것으로 약속이 되어 있었습니다. 드디어 모든 학생들이 손에 촛불을 들고 있는 가운데 교장 선생님이 경건하게 캠프파이어의 시작을 알렸습니다.
　"여러분, 지금부터 캠프파이어를 시작하겠습니다. 잠시 눈을 감고 기도하면 하나님이 불을 내려 주셔서 우리 학생들을 축복해 주실 것입니다. 기도합시다."

학생들이 고개를 숙이자 교장선생님이 두 손을 높이 들고 장엄하게 기도를 드렸습니다.

"사랑의 하나님, 이 시간 저희들에게 하늘의 불을 내려 주시옵소서. 축복의 불을 내려 주시옵소서."

그런데 불이 내려오기는커녕 아무런 기적도 없었습니다. 그러자 교장선생님이 하늘을 우러러보며 더욱 장엄한 목소리로 외쳤습니다.

"하나님, 제발 불을 내려 주시옵소서."

그러나 여전히 아무런 응답이 없었습니다. 그때 화가 난 교장선생님이 손을 높이 든 채 이렇게 소리를 질렀다고 합니다.

"어이 김씨, 빨리 불 안 내리고 뭐해?"

그 말이 끝나자마자 불붙은 솜뭉치가 휙 내려왔고 모닥불이 활활 타올라서 캠프파이어가 성공적으로 끝났는데, 그때부터 하나님의 성은 김 씨가 되었다는 이야기가 있습니다.

우리는 이런저런 기도를 많이 합니다.
"하나님, 불을 내려 주시옵소서."
"하나님, 우리 아들 배필 좀 주세요."
"하나님, 우리 딸 시험에 합격하게 해주세요."
"하나님, 우리 아버지의 질병을 속히 치료하여 주세요."
"하나님, 내 안에 정직한 영을 새롭게 하여 주시옵소서."

여러분, 우리는 왜 이렇게 기도하며 살아갑니까? 도대체 왜 기도하며 살아야 합니까? 이유가 있습니다. 우리 모든 인간은 태초에 기도하며 살도록 지음 받았기 때문입니다. 소쩍새가 밤마다 소쩍소쩍 하고 울도록 지음 받았고, 독수리가 창공을 박차고 하늘로 올라가도록 지음 받은 것처럼, 인간은 태초부터 기도하도록 지음 받았습니다. 그러므로 인간은 기도하지 않으면 안 되는 존재인 것입니다.

프랑스의 유명한 수학자이며 종교철학자인 파스칼도 일찍이 이 사실을 간파했습니다. 그래서 그는 인간을 오르간으로 비유하며 인간이 기도하지 않으면 안 되는 존재인 것을 역설했습니다. 우리가 알다시피 오르간을 연주해서 아름다운 소리를 내려면 먼저 좋은 오르간이 있어야 합니다. 거기에다가 좋은 기술이 있어야 합니다. 아무리 오르간이 좋아도 연주가 시원치 않으면 아름다운 음악을 만들어 낼 수가 없습니다.

그런데 오르간에는 오르간만의 특별한 기능이 있습니다. 오르간을 연주할 때는 반드시 오르간에 바람을 넣어 주어야 합니다. 지금이야 모터를 돌려서 자동으로 바람이 공급되지만, 옛날 오르간은 사람이 일일이 바람을 불어넣어야 했습니다. 그래서 오르가니스트가 연주를 할 때는 뒤에서 열심히 펌프질하는 사람이 따로 있었습니다. 그러니까 오르가니스트가 아무리 건반을 두드려도 바람을 펌프질하는 사람이 쉬면 연주는 불가능했습니다.

파스칼은 이러한 과정을 생각하며 인간을 오르간으로 비유했습니다. 여기에 오르간과 같은 인간이 있는데, 그 인간에게는 하나님의 바람이 들어가야 한다는 것입니다. 하나님께로부터 오는 생령의 바람이 들어가서 역사해야 비로소 인간이 된다는 얘기입니다. 다시 말해서 영적인 힘이 없으면 인간은 아무것도 아니라는 말입니다.

그렇습니다. 인간은 기도를 통해서 하나님의 능력의 바람을 공급받아야 비로소 자기 자신을 찾을 수 있습니다. 기도를 통해서만 인간됨을 찾을 수 있고, 기도를 통해서만 승리하는 인생이 될 수 있습니다.

그런 의미에서 기도를 잃어버린 자는 죽은 자와 다름이 없습니다. 기도할 때만 진정한 의미에서의 생명이 있고, 승리가 있고, 축복이 있기 때문입니다. 기도만이 인간을 인간 되게 만들고, 능력 있는 삶으로 인도합니다. 그래서 14세기 콘스탄티노플의 감독이었던 존 크리소스톰(John Chrisostom)도 기도에 대해서 이렇게 정의한 바 있습니다.

"기도는 인간의 나약을 하나님의 능력으로, 인간의 무지를 하나님의 지혜로, 인간의 공허를 하나님의 충만함으로, 인간의 빈곤을 하나님의 부요로, 인간의 무능을 하나님의 전능으로 전환케 한다. 다시 말하면 기도의 능력은 화력을 능가하는 힘이다. 분노하는 사자를 제어하며, 무질서를 평정케 하며, 난리를 그치게 하고, 폭풍우를 잔잔케 하고, 악신을 내쫓으며, 죽음의 사슬을 끊어버리며, 천국문을 확장시키고, 질병을 완화시키고, 거짓을 없애고, 파멸의 위기에 처한 도성을 구하며, 태양이 제 궤도에 멈춰 있게 하며, 벼락 치는 것을 막게 한다. 그곳에는 모든 것이 충분히 잘 갖춰져 있다. 기도는 만능의 갑옷이요, 값이 떨어지지 않는 보화이며, 마르지 않는 광산이며, 어떤 구름으로도 흐려지지 않는 파란 창공이요, 폭풍우로도 구겨지지 않는 하늘이다. 기도는 뿌리요, 지반이요, 한량없는 축복의 어머니다."

그렇습니다. 기도는 연약한 자를 강력한 자로 만들어 줍니다. 무명의 사람을 유명한 자로 만들어 주고, 불행한 사람을 행복한 성공자로 만들어 줍니다. 그러므로 기도는 우주에서 가장 강력한 힘입니다. 한계를 뛰어넘게 해주는 능력입니다. 자기 역량 이상으로 살게 해주는 권능입니다. 오늘 예배드리는 우리 성도들은 이 기도를 통해서 숱한 이적을 체험하시기 바랍니다. 모든 일에 승리하시기를 바랍니다. 만사가 형통하시기를 바랍니다.

오늘의 본문을 보면 기도의 승리를 보여주는 비유가 나옵니다. 한 여인이 있었습니다. 그녀는 힘없는 과부였습니다. 억울한 일이 생겼습니다. 재판관을 찾아가서 호소했습니다.

"재판관님, 저의 원한을 풀어 주세요."

그러나 불의한 재판관은 눈 하나 꿈쩍하지 않았습니다. 그래도 여인은 계속해서 찾아가 간청했습니다.

"재판관님, 내 원수에 대한 나의 원한을 풀어 주세요. 원한을 풀어 주세요."

여인이 하도 찾아와서 재판관이 업무에 전념할 수 없는 지경이었습니다. 괴로움을 당했습니다. 결국에는 여인의 원한을 풀어 주었습니다.

여러분, 이 비유가 주는 메시지가 무엇입니까? 불의한 재판관도 간청하는 과부 앞에서 두 손 들었는데, 하물며 사랑의 하나님께서 밤낮 부르짖는 성도들의 간구에 어찌 응답해 주시지 않겠느냐 하는 것입니다. 그러면 이 여인은 구체적으로 어떻게 간청했습니까? 오늘은 힘없는 한 여인의 간청과 응답을 살펴보면서, 우리가 어떻게 기도해야 하는지를 생각해 보고 함께 은혜를 나누고자 합니다.

그러면 기도하는 사람은 어떠한 자세를 가지고 기도해야 합니까?

1. 항상 기도하되 끈기 있게 해야 합니다

본문 1절을 보면 "항상 기도하고 낙심하지 말아야 될 것을 비유로 말씀하여"라고 했습니다. 기도를 하되 항상 기도해야 할 것을 가르쳐 주기 위해 비유를 주신다는 말씀입니다. 이처럼 예수님은 우리들에게 중단 없는 기도 생활을 요청하십니다. 왜 그렇습니까? 쉬지 않고 기도해야 하나님의 마음을 알고, 쉬지 않고 기도해야 올바른 길을 갈 수 있고, 쉬지 않고 기도해야 승리할 수 있기 때문입니다. 결국 기도는 하나님과 나를 하나로 묶어 주는 역할을 합니다. 그렇다면 쉬지 않고 기도할 때 얼마나 놀라운 역사가 나타나겠습니까?

그런데도 우리는 너무도 종종 일에만 매달립니다. 기도하지 않습니다. 기도하지 않고 사람만 좇아다닙니다. 거기서 실패하는 것입니다.

《무릎으로 사는 그리스도인》이라는 책이 있습니다. 그 책을 보면 이런 말이 나옵니다.

"언제나 실패의 원인은 기도 없음에 있다."

사람들은 실패를 했을 때 돈이 모자라서 실패했다고 말합니다. 시간이 잘 안 맞아서 실패했다고 말합니다. 정치가들이 정치를 잘못해서 실패했다고 말합니다. 그러나 주님은 말씀하십니다.

"기도하지 않았기 때문에 실패했다."

기도 없이 한 일은 반드시 실패로 끝나게 되어 있습니다. 성공같이 보여도 결국은 실패로 끝납니다. 그러므로 항상 기도가 앞서야 합니다. 기도가 우선입니다. 기도는 우리의 시선을 언제나 하나님께로 향하게 만듭니다. 그래서 세상에 기우는 우리의 생각을 하나님께로 돌리게 되고, 거기서 승리의 길을 찾는 것입니다. 쉬지 않고 기도해서 범사에 응답받고 승리하는 여러분이 되시기를 바랍니다.

그런데 오늘 말씀을 보면 "항상 기도하되 낙심하지 말라"라고 했습니다. 기도의 응답이 속히 오지 않는다고 낙심하지 말라는 얘기입니다. 왜 그렇습니까? 하나님은 우리의 간구에 응답하시되 가장 적절한 때에, 가장 좋은 것으로 응답하시기 때문입니다. 그러므로 어떠한 경우에라도 기도하다가 낙망해서는 안 됩니다. 낙망하면 계속 기도하는 것이 어려워집니다. 계속해서 기도하면 낙망이 물러가지만 낙망하면 계속해서 기도하는 것이 불가능해집니다. 이처럼 계속 기도하는 것과 낙망은 서로 반비례합니다.

그렇다면 모든 성도들이 지금 기도하는 중이거나 낙망에 빠져 있거나 둘 중의 하나입니다. 오늘 여러분은 기도와 낙망 중에서 어디에 속해 있습니까? 낙망의 자리에 있는 사람들은 속히 유턴하여서 기도의 자리로 돌아가시기 바랍니다. 포기하지 않고 기도하기만 하면 반드시 하나님께서 응답해 주실 줄 믿습니다.

마귀들이 인간 낚시대회를 했습니다. 마귀들은 낚싯대를 들고 서로 경쟁을 하며 인간을 낚아 올렸습니다. 그런데 한 마귀는 낚싯대를 내리기만 하면 인간을 낚아 올리는 것입니다. 쉴 새 없이 낚시를 던지고 올리고를 반복하다가 당당히 1등을 차지하였습니다. 그때 마귀 대장이 물었습니다.

"자네는 무슨 미끼를 썼기에 그렇게 많이 낚았는가?"

그러자 마귀가 이렇게 대답했다고 합니다.

"예, 저는 포기라는 미끼를 썼습니다. 포기라는 미끼를 내리자 인간들이 엄청난 입질을 하다가 이렇게 걸려들었습니다."

동화에 나오는 이야기지만 우리에게 시사하는 바가 큽니다. 포기하지 마세요. 포기하는 것보다 더 큰 불신앙은 없습니다.

본문에 나오는 여인은 재판관을 찾아가서 계속 간청했습니다. 거절을 당해도 포기하지 않고 끈기 있게 호소했습니다. 결국 재판관은 시달리다 못해서 그녀의 호소를 들어 주었습니다. 5절 중반 이하를 보면 이렇게 말합니다.

"내가 그 원한을 풀어 주리라 그렇지 않으면 늘 와서 나를 괴롭게 하리라."

여기서 '괴롭게 하리라'라는 말의 헬라어 원뜻을 보면 '눈 밑을 때리다. 눈이 멍들게 만들다'라는 의미가 있습니다. 그러므로 이 말은 재판관의 명예를 크게 손상시킨다는 뜻입니다. 결국 재판관은 이런 것이 무서워서 그녀의 호소를 들어 주었습니다. 바로 이것입니다. 불의한 재판관도 끈질기게 구하는 여인 앞에서 손을 들었는데, 하물며 사랑의 하나님께서 어찌 우리의 간구를 들어 주시지 않겠습니까? 하나님은 우리를 사랑하시되 아들 예수 그리스도를 십자가에 내어주기까지 우리를 사랑하셨습니다. 그렇다면 무엇을 아까워하고 안 주시겠습니까? 가장 좋은 때, 최상의 것으로 응답하실 하나님을 믿고 끈기 있게 기도하는 여러분이 되시기를 바랍니다.

2. 간절하게 기도해야 합니다

본문 2절 이하를 보면, 재판관이 하나님도 두려워 아니하고 사람을 무시하는 불의한 사람으로 나옵니다. 그러나 그도 간절하게 매달리는 과부에게 두 손 들고 과부의 원한을 풀어 주었다고 말합니다. 사실 불의한 재판관은 공정한 법 집행보다는 사리사욕에만 밝았기 때문에 가난한 과부에게는 무관심할 수밖에 없었습니다. 그 여인에게는 뇌물도 없었고, 뒤를 돌봐 줄 만한 권력자도 없는데 무엇 때문에 신경을 쓰겠습니까? 그러나 재판관은 과부가 자신의 탄원이 받아들여질 때까지 계속해서 괴롭게 할 것을 알았습니다. 그렇게 되니까 비록 불의한 재판관이라 해도 과부의 청을 들어 주지 않을 수 없었던 것입니다.

　이 비유에서 우리는 또 하나의 약속을 받습니다. 하나님 앞에 나아가 간절히 구하기만 하면 하나님께서 반드시 응답해 주신다는 것입니다. 그래서 예수님도 말씀하셨습니다.

> "구하라 그리하면 너희에게 주실 것이요 찾으라 그리하면 찾아낼 것이요 문을 두드리라 그리하면 너희에게 열릴 것이니 구하는 이마다 받을 것이요 찾는 이는 찾아낼 것이요 두드리는 이에게는 열릴 것이니라 너희 중에 누가 아들이 떡을 달라 하는데 돌을 주며 생선을 달라 하는데 뱀을 줄 사람이 있겠느냐 너희가 악한 자라도 좋은 것으로 자식에게 줄 줄 알거든 하물며 하늘에 계신 너희 아버지께서 구하는 자에게 좋은 것으로 주시지 않겠느냐"(마 7:7-11).

　하나님의 약속을 믿으시기 바랍니다. 하나님의 신실성을 믿으시기 바랍니다. 하나님은 간절히 구하는 자에게 반드시 응답하십니다.

　미국 앨라배마 주의 한 도시에서 목회하던 목사님이 있었습니다. 그분이 어느 날 오후에 설교를 준비하고 있었는데 성령님께서 강하게 명령하셨습니다.
　"지금 집 앞에 있는 가게로 가서 젊은이 한 사람을 그리스도에게로 인도하여라."
　목사님이 즉시 가게로 가서 한 젊은이에게 복음을 전했습니다.

그러나 그 젊은이는 냉담하기 그지없었습니다. 복음을 받아들이려고 하지 않았습니다. 그래도 목사님은 포기하지 않고 대화를 계속했습니다. 대화는 저녁 시간이 다 돼서야 끝이 났습니다. 그런데 그렇게 냉담하던 청년이 복음을 받아들이고 기쁨이 넘쳐흘렀습니다. 청년이 집으로 달려갔습니다. 그의 아버지는 거실에 혼자 있었습니다. 기쁨이 충만한 아들이 즉각 아버지에게 말했습니다.

"아버지, 저에게 놀라운 일이 일어났습니다. 방금 어떤 목사님을 만나 이야기를 나누다가 예수 그리스도를 구세주로 영접하게 되었습니다. 얼마나 감사한지 모릅니다."

그 말이 끝나자마자 아버지는 뜨거운 눈물을 흘리며 이렇게 말했습니다.

"아들아! 내가 너의 구원을 생각할 때마다 너무나 마음이 무거웠어. 그래서 사실은 사흘 전부터 너를 위해 금식하며 간절히 기도하기 시작했단다. 네가 구원받기까지는 절대로 음식을 입에 대지 않겠다고 하나님께 약속했던 거야."

그 청년의 아버지는 자신의 뜻을 누구에게도 말하지 않았기 때문에 아무도 하나님과의 약속을 알지 못했습니다. 그러나 하나님께서는 그 아버지의 간절한 기도를 이미 듣고 계셨던 것입니다.

아무리 악한 자라도 자기 자식에게는 좋은 것을 주려고 하는 것이 부모의 심정입니다. 하물며 하나님 아버지께서 어찌 구하고 찾고 두드리는 자에게 최상의 선물을 주시지 않겠습니까? 하나님의 사랑을 믿고 간절히 기도하시기 바랍니다.

간절한 기도는 하나님이 들어 주실 때까지 마음과 뜻을 다해 구하는 것을 말합니다. 구약의 선지자 엘리야는 우리와 성정이 같은 사람이었으나 비 오지 않기를 간절히 기도해서 3년 6개월 동안이나 비가 오지 않게 했고, 다시 간절히 기도해서 하늘이 비를 주고 땅이 열매를 맺도록 했습니다. 간절한 기도는 이렇게 위대하고 힘이 있습니다. 간절한 기도를 통해서 세계를 움직이고 날마다 기적을 체험하는 여러분이 되시기를 바랍니다.

3. 믿음으로 기도해야 합니다

오늘의 본문 6절 이하를 보면 이렇게 말씀합니다.

"주께서 또 이르시되 불의한 재판장이 말한 것을 들으라 하물며 하나님께서 그 밤낮 부르짖는 택하신 자들의 원한을 풀어 주지 아니하시겠느냐 그들에게 오래 참으시겠느냐 내가 너희에게 이르노니 속히 그 원한을 풀어 주시리라 그러나 인자가 올 때에 세상에서 믿음을 보겠느냐 하시니라."

성도의 기도를 하나님께서 응답해 주신다는 것은 분명한 사실입니다. 그러나 예수님이 이 세상에 재림하실 때까지 하나님의 신실한 약속과 말씀을 의지하면서 믿음을 지키고 있는 사람이 과연 얼마나 되겠느냐 하고 예수님은 반문하고 계십니다. 무슨 얘기입니까? 많은 사람들이 세상 풍조에 휩쓸려 믿음의 길을 포기할 것을 경고하는 말씀입니다. 하나님의 약속을 굳게 믿고 기도해야 하는데 쉽게 낙심하고 엎드러질 것을 염려하는 것입니다.

우리가 기도해도 응답받지 못하는 이유 두 가지가 있습니다. 첫째는 정욕으로 구하기 때문입니다. 그것이 해로운 줄도 모르고 나의 욕망을 채우기 위해서, 나의 자랑만을 위해서 구할 때 응답이 없습니다. 두 번째는 믿음이 없기 때문입니다. 하나님께서는 우리에게 정말 필요한 것이 무엇인지 우리보다 더 잘 알고 계십니다. 그런데도 우리는 즉시 들어 주지 않는다고 의심하고 불평하며 원망합니다. 낙심에 빠집니다. 믿음이 없는 결과입니다.

기억하십시오. 하나님은 믿음의 그릇대로 응답하십니다. 기도할 때마다 응답하시되 언제나 가장 좋은 것으로 응답하시는 하나님, 가장 귀한 것으로 응답하시는 하나님, 생각지도 않은 최상의 것으로 응답하시는 하나님을 믿고 기도하시기 바랍니다.

요즘은 휴대폰이 가장 흔한 전화기가 되었습니다만, 수년 전만 해도 휴대폰을 들고 다니는 사람은 굉장히 폼을 잡았습니다. 휴대폰이 막 나오기 시작할 때의 큼지막한 휴대폰은 가격이 몇백만 원이나 했고, 아무나 휴대할 수 없었기 때문입니다. 그래서 휴대폰을 가진 사람은 별로 중요하지도 않은데 휴대폰으로 전화를 걸어서 큰소리로 대화하곤 했습니다.

"아, 나 병길이다. 형석이냐? 뭐하냐? 나 여기 강남에 나와 있는데,

내 목소리 잘 들리냐? 이상해? 휴대폰 목소리다. 조금 있다가 보자. 아참, 민호 딸이 전교에서 1등 했다면서? 잘했다. 아, 종선이는 정읍으로 발령났다면서? 나 지금 동문이하고 같이 있다. 그래, 조금 있다가 보자."

사실은 내 친구 이야기인데, 조금 있다가 보자고 하는 사람이 통화는 왜 그렇게 오래 합니까? 또 왜 그렇게 큰소리로 말합니까? 다른 사람이 별로 가지고 있지 않는 휴대폰이 있다는 것입니다.

그러나 휴대폰보다 훨씬 더 성능이 좋고, 훨씬 더 잘 들리고, 훨씬 더 기가 막힌 것이 있습니다. 그것이 무엇인 줄 아십니까? 바로 기도폰입니다. 사실 기도폰이라고 하는 기도는 휴대폰과 비교가 되질 않습니다. 그래서 어떤 사람이 '기도가 휴대폰보다 좋은 일곱 가지 이유'를 발표했는데 그 내용이 이렇습니다.

1) 휴대폰은 잘해 봐야 한 달 200분 무료 통화지만, 기도는 한 번 가입하면 평생 무료 통화다.

2) 휴대폰은 환경에 따라 통화 성능이 결정되지만, 기도는 성능이 좋아 어디서나 통화가 가능하다.

3) 휴대폰은 공공장소에서 사용하기엔 눈치 보이지만, 기도는 때와 장소를 가리지 않고 사용 가능하다.

4) 휴대폰의 사용 내역은 통신회사에 남지만, 기도의 사용 내역은 하늘나라 책에 남는다.

5) 한 대의 휴대폰으로는 한 사람밖에 통화할 수 없지만, 기도는 원한다면 한 번에 수많은 사람이 동시통화할 수 있다. 손잡고도 하

고, 돌아가며 하고, 소리를 질러가며 통화를 할 수 있다.

6) 휴대폰에서의 침묵은 쓸데없는 상상을 일으키지만, 기도할 때의 침묵은 하나님이 알아서 접수하신다.

7) 휴대폰의 업그레이드는 사람의 시선을 끌지만, 기도의 업그레이드는 하나님의 시선을 끈다.

기도는 하나님께서 우리에게 주신 최고의 선물입니다. 최고의 은총입니다. 항상 끈기를 가지고 기도하세요. 간절한 마음으로 기도하세요. 믿음으로 기도하세요. 그래서 올해도 하나님의 은혜가 넘쳐나고 범사에 승리하는 여러분이 되시기를 간절히 축원합니다.

범사에 감사하라
데살로니가전서 5장 18절

    우리나라 선교 초기에 서양에서 온 선교사들은 말할 수 없는 고생을 했습니다. 음식 다르지, 기후 다르지, 문화 다르지, 풍습 다르지, 모든 것이 다른 데다 우리나라가 한참이나 미개했으니 선교사들의 고생은 말이 아니었습니다. 특히 재래식 화장실을 사용하는 것이 그들에게는 큰 문제였습니다. 생각해 보세요. 큰 구덩이를 파놓고 거기에다 판자 두 개 올려놓고서 볼일을 보려면 체구가 큰 선교사들이 얼마나 힘들었겠습니까? 볼일 보러 갔다가 툭하면 미끄러지곤 했습니다.

    한번은 선교사님 한 분이 볼일을 보러 갔다가 미끄러져서 그만 밑으로 쏙 빠져들었습니다. 그러나 떨어지는 순간 순발력을 발휘해서 양손을 쫙 뻗었습니다. 그 바람에 인분 구덩이 밑으로 떨어지지 않고 양쪽에 팔을 탁 걸치게 되었습니다. 얼마나 기뻤겠습니까? 그러자 이 선교사님이 너무나 감사해서 즉각 손을 모으고 이렇게 외쳤다고 합니다.

"오 하나님, 참으로 감사합니다."

그 다음에 어떻게 되었는지는 여러분이 알아서 상상하시기 바랍니다.

오늘은 추수감사주일입니다. 모든 것을 결실하게 해주시고, 걸음 걸음 지켜 주신 하나님의 은혜에 감사하여 지키는 추수감사주일인데, 지금 여러분의 마음속에는 감사가 얼마나 넘치고 있습니까? 오늘의 본문을 보면 이렇게 말씀합니다.

"범사에 감사하라 이것이 그리스도 예수 안에서 너희를 향하신 하나님의 뜻이니라."

하나님은 우리가 범사에 감사하기를 원하신다는 것입니다. '범사에 감사하라'고 하는 말은 '모든 일에 감사하라'는 얘기입니다. 다시 말하면 환경에 관계없이 항상 감사하라는 말인데, 이것이 하나님의 명백한 뜻이라고 강조합니다. 그렇다면 우리들에게는 감사가 더 이상 선택 사항이 아닙니다. 필수과목입니다. 믿는 자의 가슴 속에는 언제나 감사가 넘쳐나야 한다는 것입니다. 그래서 성경은 오늘도 줄곧 말씀합니다.

"여호와께 감사하라"(시 107:1).

"감사함으로 그의 문에 들어가며"(시 100:4).

"항상 아버지 하나님께 감사하며"(엡 5:20).

"믿음에 굳게 서서 감사함을 넘치게 하라"(골 2:7).

"너희는 또한 감사하는 자가 되라"(골 3:15).

성경에는 '감사하라'는 말씀이 무려 180번이나 나옵니다. 여러분, 감사하라는 말씀이 왜 이렇게 많이 나오겠습니까? 감사하는 삶이 그만큼 중요하기 때문입니다. 감사는 어디서든 평화를 가져다줍니다. 기쁨을 가져다줍니다. 찬송을 가져다줍니다. 위기를 극복하게 만듭니다. 고난을 축복으로 바꾸어 줍니다. 어디서든 행복을 노래하게 만듭니다. 이것이 감사의 능력이요, 축복입니다. 그래서 유대인의 탈무드를 보면 이런 말이 나옵니다.

"이 세상에서 가장 지혜로운 사람이 누구인가? 어떤 경우에 처해도 배움의 자세를 갖는 사람이다. 이 세상에서 가장 강한 사람은 누구인가? 자신과의 싸움에서 이기는 사람이다. 그러면 이 세상에서 가장 행복한 사람은 누구인가? 지금 이 모습 이대로를 감사하면서 사는 사람이다."

그렇습니다. 가장 행복한 사람은 어느 자리에서든 감사하며 사는 사람입니다. 그런데 오늘의 사회가 어떻습니까? 감사를 잃어버린 사회가 되고 말았습니다. 분명히 이전보다 더 나은 삶을 살고 있는데도 도대체 감사가 없습니다. 원망과 불평만 넘쳐납니다. 그 결과가 무엇입니까? 서로를 미워합니다. 죽도록 싸웁니다. 다른 사람을 배려하지 않습니다. 너무도 쉽게 자살합니다. 사회는 점점 병들어가고 사람들은 자꾸만 불행의 길로 가고 있습니다. 바로 이것이 감사가 없는 사회의 모습입니다.

언젠가 한 중학생이 컴퓨터 게임만 한다고 나무라는 어머니를 목졸라 죽이고 자신도 자살해버렸습니다. 어머니는 아들이 있어서 감사하고 아들은 어머니가 있어서 감사해야 마땅한데, 이 가정은 피차 불평과 원망만 주고받다가 불행의 길을 간 것입니다. 디모데후서 3장 1-2절을 보면 오늘도 이렇게 말씀합니다.

"너는 이것을 알라 말세에 고통하는 때가 이르러 사람들이 자기를 사랑하며 돈을 사랑하며 자랑하며 교만하며 비방하며 부모를 거역하며 감사하지 아니하며 거룩하지 아니하며."

여러분, 이 말씀이 딱 들어맞지 않습니까? 오늘날은 감사가 없는 시대입니다. 감사를 잃어버린 마음, 이것이 모든 불행의 원인이 되는 것입니다. 사회학자 스탠리는 말했습니다.
"요즘 시대는 암보다 더 무서운 질병을 앓고 있는데, 그것이 바로 감사 불감증이다."
우리 시대의 가장 무서운 질병이 감사 불감증이라는 것입니다. 그렇습니다. 감사를 잃어버리고 사는 것이 가장 큰 문제입니다. 감사할 조건이 차고 넘쳐나는데도 감사할 줄 모르는 것이 가장 큰 불행인 것입니다.

사랑하는 우리 성도들은 먼저 감사하는 마음이 있기를 바랍니다. 범사에 감사하지 않으면 하나님의 축복을 축복으로 받을 수가 없습니다. 기억하세요. 하나님은 감사하는 자를 통해서 영광을 받으십니다. 감사하는 자를 축복하십니다. 감사하는 자에게 더 많은 감사의 조건을 주십니다. 감사하는 자를 행복하게 하십니다. 그렇다면 감사보다 더 중요한 신앙의 덕목이 없는 것입니다.

사랑하는 성도들에게 감사가 넘쳐나기를 바랍니다. 감사가 여러분의 생활 중심에 있기를 바랍니다. 입만 열면 감사가 흘러나오기를 축원합니다.

그러면 우리가 어떠한 신앙의 자세를 가져야 범사에 감사할 수 있습니까? 오늘은 그것을 생각해 보면서 함께 은혜를 나누고자 합니다.

1. 하나님의 은혜를 잊지 않고 살 때 범사에 감사할 수 있습니다

여러분, 지금까지 지내온 것이 누구의 은혜입니까? 여러분의 힘과 지혜로 여기까지 왔다고 생각하십니까? 절대 그렇지 않습니다. 오직 하나님의 은혜입니다. 하나님께서 때를 따라 먹이시고, 입히시고, 건강 주셔서 오늘의 내가 있습니다. 하나님께서 가정을 주셔서 오늘 천국을 경험하며 살아갑니다. 하나님께서 믿음 주셔서 내가 예수 믿고 하늘에 속한 자가 되었습니다. 하나님께서 건강 주셔서 일하고, 하나님께서 은사 주셔서 교회를 섬기고 있습니다. 지금 하늘을 보고, 땅을 보고, 꽃을 보고, 단풍을 보고, 별을 보고, 천하보다 귀한 성도들을 바라볼 수 있는 것이 하나님의 은혜입니다. 말하고, 듣고, 노래하고, 일하고, 사랑할 수 있는 것이 다 하나님의 은혜입니다. 내 힘과 지혜와 능력으로 살아가는 것이 아닙니다. 모든 것은 하나님의 은혜입니다. 그런데 어찌 감사하지 않고 살 수 있습니까?

물론 삶의 자리가 힘들어지면 감사하는 것이 어려울 수도 있습니다. 그러나 제로 인생에서 생각하고, 하나님의 은혜를 헤아려 보면 언제든지 감사할 수 있습니다. 생각해 보세요. 우리의 출발이 어떠했습니까? 이 세상에 태어날 때 다 빈손으로 출발했습니다. 모두가 제로 인생에서 시작했습니다. 무에서 출발했습니다. 반지 하나, 시계 하나 차고 나온 사람이 없습니다. 옷 한 벌 걸치고 나온 사람이 없습니다. 흔하디흔한 모자 하나 쓰고 나온 사람이 없습니다. 그런데 지금 우리가 누리는 것이 얼마나 많습니까?

전기요금이 5만 원 나왔습니다. 그러나 하나님이 주신 햇빛은 공짜입니다. 수도요금이 6만 원 나왔습니다. 그러나 하나님께서 주신 물은 공짜입니다. 전화 요금이 7만 원 나왔습니다. 그러나 하나님과의 통화료는 수신율 100퍼센트에 완전히 무료입니다. 기도할 때 통화 요금 내는 사람이 없습니다. 병원에서 산소마스크 사용하는 비용이 하루에만 30만 원입니다. 그러나 하나님께서 주시는 산소는 완전히 공짜입니다. 지금 숨을 아무리 많이 쉬어도 모든 것이 공짜입니다. 또 우리가 사는 지구촌에는 1년 내내 여름 아니면 겨울인 나라가 있습니다. 그러나 우리나라에는 봄, 여름, 가을, 겨울, 사계절이 있습니다. 그래서 계절마다 계절대로의 낭만이 있고 아름다움이 있습니다.

여기에다가 지금 우리나라가 얼마나 부유한 나라가 되었습니까? 옛날에 비하면 보통 잘사는 게 아닙니다. 경제적으로 어렵다고 눈물 흘리는 가정도 있습니다만, 그런 가정도 불과 40년, 50년 전에 비하면 비교도 되지 않을 만큼 부자로 사는 것입니다. 그때는 집에 제대로 된 라디오 하나만 있어도 사정이 괜찮은 가정이었습니다. 거기에다 선풍기가 있고, 전화가 있고, 흑백 텔레비전이라도 있으면 부자에 해당되었습니다. 혹시라도 피아노나 자가용까지 있다면 그 집은 부자 중의 부자로 인정했습니다. 그래서 우리는 그 부자를 바라보며 "우리 집은 언제 저렇게 부자가 되나?" 하고 부러워했습니다.

그런데 지금 우리는 얼마나 잘삽니까? 옛날에 비하면 왕부자입니다. 전화기 있지, 텔레비전 있지, 냉장고 있지, 세탁기 있지, 선풍기 있지, 에어컨 있지, 컴퓨터 있지, 자가용 있지, 김치냉장고 있지, 마음만 먹으면 고속열차도 타고, 고속버스도 타고, 비행기도 탈 수 있습니다. 옛날과 비교하면 부자도 보통 부자가 아닙니다. 우리가 바라던 삶을 다 이루었습니다. 꿈이 이루어진 것입니다. 그럼에도 불구하고 우리에게는 감사가 없고, 여전히 행복하다고 말하지 않습니다. 얼마나 불행한 일입니까?

생각해 보면 불행은 세상에서 오는 것이 아닙니다. 하나님의 은혜에 감사할 줄 모르는 데서 불행이 시작되는 것입니다. 옛말에 "은혜는 물에 새기고 원수는 돌에 새긴다"라는 말이 있습니다. '받은 은혜는 물에 새겨서 쉽게 잊어버리고, 원수는 돌에 새겨서 평생 잊지 못한다'는 뜻입니다. 그런데 믿는 자는 이 자세를 바꾸어야 합니다. 원수는 물에 새기고, 하나님의 은혜는 돌에 새겨야 합니다. 그래야 늘 감사하며 살 수 있는 것입니다. 어떤 사람이 이런 말을 했습니다.

"이 세상에서 가장 어려운 수학은 하나님의 은혜를 낱낱이 헤아려보는 것이다."

그렇습니다. 하나님의 은혜는 너무나 크고 많아서 헤아릴 수가 없습니다. 날마다 하나님의 은혜를 생각하며 모든 일에 감사하시기를 바랍니다. 감사로 인해 여러분이 사는 곳이 곧 천국이 되기를 축원합니다.

2. 하나님께서 합력하여 선을 이루실 것을 믿고 살 때 범사에 감사할 수 있습니다

오늘의 본문을 기록한 바울은 언제나 감사하며 살았습니다. 복음을 전하다가 두들겨 맞아도 감사하고, 감옥에 들어가도 감사했습니다. 굶어도 감사하고, 목이 말라도 감사했습니다. 일이 형통할 때도 감사했지만, 불통할 때도 감사했습니다. 왜 그런 줄 아십니까? 인생의 실패나 불통이나 고난까지도 하나님께서는 그 모든 것을 합하여 선을 이룰 것을 믿었기 때문입니다. 실제로 그는 로마서 8장 28절을 통해서 이렇게 고백한 바 있습니다.

> "하나님을 사랑하는 자 곧 그의 뜻대로 부르심을 입은 자들에게는 모든 것이 합력하여 선을 이루느니라."

바울은 '선을 이룰지 모른다'라고 하지 않았습니다. '선을 이룰 것이다'라고도 하지 않았습니다. '선을 이룬다'라고 했습니다. 얼마나 귀한 믿음입니까? 이 믿음이 여러분들에게 있기를 축원합니다.

믿음의 사람들은 하나님을 절대적으로 믿습니다. 그래서 어느 때나 감사하며 살아갑니다. 일이 형통할 때는 형통해서 감사하고, 일이 불통할 때는 합력하여 선을 이루실 것을 믿고 감사합니다. 환경에 관계없이 감사합니다. 건강의 유무에 관계없이 감사합니다. 모든 일에 감사합니다.

전 세계가 인정하는 3대 테너가 있습니다. 이미 고인이 된 루치아노 파바로티와 플라시도 도밍고, 그리고 호세 카레라스가 그들입니다. 이들은 저마다 서로 다른 음색을 가지고 노래하는데 그들이 노래를 할 때마다 사람들이 큰 감동을 받습니다.

그들 중에서 호세 카레라스에게는 특별한 간증이 있습니다. 그가 1987년에 오페라 라보엠을 준비한 적이 있는데 그만 연습을 하다가 졸도하고 말았습니다. 알고 보니까 혈액암이 그를 쓰러뜨린 것입니다. 그때가 그의 나이 41세였습니다. 성악가로서 가장 왕성하게 활동할 나이였는데, 암으로 인해 머리카락이 빠지고 손톱도 다 빠지는 고통을 겪어야 했습니다. 얼마나 낙심이 되었겠습니까?

그러나 그가 병상에 눕게 되자 그를 아끼는 전 세계의 팬들이 그를 위해 기도하기 시작했습니다. 방송에서도 그를 위해 기도하자고 호소했고, 그를 사랑하는 사람들이 눈물로 기도했습니다. 그 기도를 하나님께서 들으셨습니다. 그는 하나님의 은혜로 암을 물리치고 또다시 무대에 나와 노래를 부르기 시작했습니다. 처음에는 노래를 부를 때 음정이 조금씩 흔들렸습니다. 그러나 시간이 흐르면서 소리가 점점 나아졌고, 지금은 암에 걸렸던 사람 같지 않게 노래를 아주 잘 부릅니다. 제가 이분을 특별히 좋아하는데, 그 이유가 뭔지 아십니까? 그의 노래에는 왠지 우리의 마음을 울리는 깊은 영감이 있기 때문입니다. 그에게는 하나님께서 함께하셨다고 하는 특별한 은혜 체험이 있어서 노래도 다른 것입니다. 그는 오늘도 이렇게 간증합니다.

"때로는 질병도 큰 은혜가 된다는 것을 깨달았습니다."

그렇습니다. 때로는 질병까지도 합력해서 선을 이루니 어찌 은혜라고 말하지 않을 수 있겠습니까? 하나님을 사랑하는 자에게는 모든 것이 유익입니다. 모든 것이 합력해서 선을 이룹니다. 절대로 망하는 법이 없습니다. 왜 그렇습니까? 하나님이 우리를 사랑하시기 때문입니다. 하나님께서 우리를 사랑하셔서 아들 예수 그리스도까지 십자가에 내어주셨는데, 어떻게 우리가 망하겠습니까?

물론 우리가 잠시 동안은 망할 수 있습니다. 그러나 우리가 잠시 망하는 것은 정말로 망하지 않게 하시려는 하나님의 깊은 뜻이 있는 것입니다. 그러므로 잠시 시련의 골짜기에 굴러 떨어진다 해도 낙심하면 안 됩니다. 우리의 생각에는 꼭 죽을 것 같고 망할 것처럼 보여도 그렇지 않습니다. 하나님은 우리의 잡은 손을 절대로 놓지 않으십니다. 우리를 사랑하시기 때문에 놓으실 수가 없고, 포기하실 수가 없는 것입니다. 이 하나님의 사랑을 믿고 고난 가운데서도 감사할 수 있는 여러분이 되시기를 바랍니다.

제가 즐겨 부르는 복음성가가 있습니다. '날 구원하신 주 감사'라는 제목의 복음성가인데, 이 성가를 부를 때마다 큰 은혜를 받습니다. 그 복음성가의 3절 찬송이 이렇습니다.

> 길가에 장미꽃 감사, 장미꽃 가시 감사
> 따스한 따스한 가정, 희망 주신 것 감사
> 기쁨과 슬픔도 감사, 하늘 평안을 감사
> 내일의 희망을 감사, 영원토록 감사해

장미꽃의 가시까지도 합력하여 선을 이룰 것을 믿고 감사하여 언제나 행복이 넘쳐나는 여러분이 되시기를 바랍니다.

3. 항상 밝은 쪽을 보며 살아갈 때 범사에 감사할 수 있습니다

어떤 사물이든 햇빛이 비치는 곳은 밝고, 그 반대편은 그림자가 생기게 마련입니다. 이때 밝은 쪽만 보는 사람은 언제나 감사가 넘칩니다.

"햇빛이 비치니까 밝아서 참 좋구나. 하나님, 감사합니다."

그러나 똑같은 상황이라도 어두운 쪽만 보는 사람은 불평만 넘칩니다.

"아이고, 왜 이렇게 그림자가 지는 거야? 정말로 지겹구먼."

여러분, 어떤 사람이 행복하겠습니까? 밝은 쪽을 보는 사람은 불평이 자리 잡을 수가 없습니다. 불평이 없으니 염려도 없고, 괴로움도 없습니다. 오직 평안과 기쁨만 있을 뿐입니다. 그러나 어두운 쪽만 보는 사람은 감사가 자리 잡을 수가 없습니다. 매사에 불평만 쏟아냅니다. 그래서 평안도 없고, 행복도 없습니다. 인생이 항상 우울합니다. 인생의 무대 위에서 항상 밝은 쪽만 보고 감사하는 습관을 가지시기 바랍니다.

발명왕 토머스 에디슨을 모르는 사람이 없습니다. 무려 1,093개의 미국 특허가 그의 이름으로 등록되어 있고, 지금까지도 우리는 그가 만든 발명품을 사용하고 있습니다. 에디슨은 일찍이 발명에 미친 사람이라 기차에서 일을 하면서도 기차 안에 자그마한 실험실을 만들어 놓고 거기서 연구를 했습니다. 그런데 기차가 덜컹거리는 바람에 화학약품 하나가 떨어지면서 그만 연구실에 불이 나고 말았습니다. 그러자 화가 난 차장이 달려와서 그를 차창 밖으로 내던졌습니다. 그때 귀를 크게 다쳐서 청각장애인이 되고 말았습니다. 소리를 잘 들을 수가 없었습니다. 그럼에도 불구하고 그는 끝없는 연구를 했고 마침내 세계 제일의 발명왕이 되었습니다. 훗날 사람들이 그에게 물었습니다.

"선생님, 귀가 잘 들리지 않아 연구가 힘들지 않았습니까?"

그때마다 에디슨은 이렇게 대답했다고 합니다.

"그렇지 않습니다. 나는 귀머거리가 된 것을 오히려 하나님께 감사합니다. 귀가 잘 들리지 않으니까 딴 소리에 신경 쓰지 않고 오직 연구에만 몰두할 수 있으니 얼마나 감사한 일입니까?"

인생은 어떤 각도에서 보느냐가 중요합니다. 어떤 각도에서 보느냐에 따라 불평이 찾아오기도 하고, 감사가 넘쳐나기도 하기 때문입니다. 우리들 가운데는 아주 좋은 여건 속에서도 원망과 불평으로 사는 사람이 있고, 남 보기에는 처참할 정도의 환경 속에서 살지만 늘 감사하며 살아가는 사람이 있습니다. 환경의 문제가 아닙니다. 어떤 각도에서 보느냐가 문제입니다. 영어에서 '생각하다'의 'Think'와 '감사하다'의 'Thank'는 그 어원이 같습니다. '생각하다'와 '감사하다'는 그 뿌리가 같습니다. 무슨 얘기입니까? 인생은 조금만 생각해 보아도 감사하지 않을 수가 없다는 것입니다.

그렇습니다. 우리가 생각이 없어서 그렇지 조금만 생각해 보면 감사할 것이 한두 가지가 아닙니다. 셀 수가 없습니다. 그런 의미에서 사랑하는 우리 성도들은 이제 욕심의 안경을 벗고 모두가 감사의 안경을 쓰시기 바랍니다. 욕심의 안경을 쓴 눈에는 부족한 것밖에 보이지 않습니다. 그러나 감사의 안경을 쓰면 감사거리가 아닌 것이 없습니다. 날마다 감사의 안경을 쓰고 감사의 조건만을 즐겨 찾아보세요. 그러면 하나님의 은혜가 아닌 것이 없을 줄로 믿습니다.

저는 텔레비전 드라마를 보면서 배우들의 연기에 탄성을 할 때가 많습니다. 멀쩡하다가도 카메라 감독이 사인만 보내면 눈물을 줄줄 흘리며 연기를 해서 시청자들의 눈시울을 적십니다. 또 얌전하게 있다가도 감독이 사인만 보내면 호탕하게 웃어서 시청자들의 마음을 흐뭇하게 만듭니다. 참 대단하지 않습니까? '어떻게 저럴 수 있을까?' 하고 궁금해 했는데, 한번은 연기자들이 출연해서 그 비결을 가르쳐 주었습니다. 우선 눈물 흘리는 연기를 해야 할 때는 자기 인생의 가장 슬펐던 때를 집중적으로 생각한다는 것입니다. 그러면 눈물이 나온다고 합니다. 그리고 반대로 자기 인생에 가장 기뻤던 때를 생각하면 웃음이 터져 나온다는 것입니다.

그런데 이는 인생살이도 똑같습니다. 과거든 현재든 자꾸 안 좋은 일만 떠올리면서 살면 인생이 우울해지고 슬퍼집니다. 반대로 좋은 일만 떠올리면서 살면 감사가 넘쳐나고 행복해집니다. 좋은 것만을 생각하세요. 지금 상황이 좋지 않아도 인생의 밝은 쪽을 보면서 자꾸 감사하세요. 인간의 행복이나 불행이 다 생각하기 나름입니다.

어떤 사람은 자기 아내가 잠이 너무 많아서 걱정이었습니다. 깨워도 자고, 일으켜 세워도 자고, 말 안 하면 더 많이 잤습니다. 아침에 먼저 일어나서 밥도 짓고 반찬도 만들어야 하는데, 허구한 날 자기보다 늦게 일어나니까 그것 때문에 불만이 많았습니다. 그러던 어느 날 이웃집 부인이 불면증에 걸려서 병원에 입원하는 것을 보았습니다. 그때부터 이 남편이 생각을 싹 바꾸고서 감사했다고 합니다.

'내 아내가 불면증 걸려서 병원에 입원하는 것보다 잠 많이 자고

건강한 것이 얼마나 감사한 일인가?'

맞는 얘기 아닙니까? 다 생각하기 나름입니다. 어떤 사람은 자기 자식이 공부 못한다고 불평을 많이 합니다. 그런데 그런 사람도 정신박약 아들이 수용되어 있는 고아원에 가서 하루만 봉사하고 오면 싹 달라집니다.

'야, 내가 정말 행복한 자리에 있구나. 감사해야겠구나.'

'불평 끝, 감사 시작'으로 바뀝니다. 불평이나 감사가 다 생각하기에 달려 있고, 불만이나 만족도 다 생각하기에 달려 있습니다. 그러므로 우리가 할 일은 항상 밝은 쪽을 보면서 사는 것입니다.

감사는 마치 수증기와 같습니다. 우리가 아는 대로 수증기는 태양이 비치면 하늘로 올라갑니다. 자꾸 위로 올라가고 또 올라갑니다. 그래서 그것이 모이면 구름이 되고, 구름이 모이면 큰물이 되어 하늘에서 비가 쫙쫙 쏟아집니다. 바로 이것입니다. 우리가 하나님께 쉬지 않고 감사하면 그 감사가 하늘에서 내리는 비처럼 하나님의 축복이 충만하게 임하는 것입니다. 하나님은 이 놀라운 복을 주시기 위해서 다시 한 번 말씀하십니다.

"범사에 감사하라. 모든 일에 감사하라."

사랑하는 우리 성도들에게 범사에 감사가 넘쳐서 하나님의 축복이 여름날 장대비처럼 쏟아지기를 간절히 축원합니다.

살다 보면 시련의 골짜기도 만납니다

신명기 11장 8-12절

서울로 시집간 딸이 시골에 사는 아버지에게 안부전화를 했습니다.
"아버지, 잘 계시지요?"
"그래, 잘 있다."
"아버지, 요즘 유행하는 메르스 조심하세요."
"야, 그게 무슨 말이냐? 메리야스가 어째서?"
"아버지, 메리야스 말고 메르스요."
"알았다. 잘 알았으니까 너도 몸조심하고 건강해라."
전화를 끊은 아버지가 옆에 있던 부인에게 한마디 했습니다.
"여보, 서울에 있는 딸이 메리야스를 조심하라고 하는데, 왜 메리야스를 조심하라고 하는 거지?"
"아니, 당신 런닝구가 뭐가 어째서?"

"그러게 말이야. 그 아이가 더위 먹었나 봐. 괜히 메리야스, 런닝구를 조심하라고 하네!"

나라를 공포의 도가니로 몰아넣은 메르스(중동호흡기증후군)와의 전쟁이 아직도 끝나지 않았습니다. 그러나 이 재앙도 조만간 떠나가고, 우리를 위협하는 이 질병도 곧 떠나갈 줄 믿습니다.

우리가 한 생을 살다 보면 생각지도 않게 시련의 골짜기를 지나가는 때가 생깁니다. 항상 산 정상에서 콧노래를 부르는 시간만 있는 것이 아닙니다. 한순간에 환난을 만나 눈물의 골짜기를 지나가야 하는 때가 있는가 하면, 생각지도 않은 사건이 일어나면서 아픔의 골짜기를 지나가야 하는 때가 있습니다. 개인도 그렇고, 가정도 그렇고, 국가적으로도 예외가 없습니다.

지금 국가적으로 파산할 지경에 이른 그리스를 보십시오. 채권단인 유럽연합(EU)과 유럽중앙은행(ECB), 국제통화기금에 탕감을 요구하며 제3차 구제금융안을 제시하고 회복책을 찾고 있습니다만, 그리스는 분명히 시련의 골짜기를 지나가고 있습니다. 우리가 아는 대로 그리스는 한때 유럽과 아시아, 아프리카에 걸쳐 대제국을 이루고 세계를 호령했던 나라입니다. 그러나 지금은 전 국민이 시련의 골짜기를 지나가고 있는 것입니다.

바로 이처럼 우리가 사는 인생살이 역시 한순간에 시련의 골짜기로 굴러 떨어져서 눈물의 행진을 하는 때가 있습니다. 한평생 평탄한 길만 가는 인생은 없습니다. 살다 보면 질병도 만나고, 슬픔도 만나고, 실연의 아픔도 겪고, 눈물의 아리랑고개도 넘어가야 하는 것입니다.

그런데 이는 우리 믿는 자들에게도 예외가 아닙니다. 우리는 누가 뭐라 해도 하나님의 자녀들입니다. 하나님은 아들 예수 그리스도를 십자가에 내어주시기까지 우리를 사랑하셨습니다. 우리에게 승리를 보장하시고, 오늘도 믿음으로 영적 유업을 취하라고 말씀하십니다. 그러나 그럼에도 불구하고 우리 앞에 때로 시련의 골짜기가 나타납니다. 산 위에서 노래하는 행복한 시간만 있는 것이 아닙니다. 반드시 눈물의 골짜기도 만납니다. 믿는 자의 인생도 산과 골짜기의 연속이라는 것입니다.

오늘의 본문 11절 말씀을 보세요. 하나님께서 이스라엘 백성들에게 주실 땅도 '산과 골짜기의 땅'이라고 말씀하지 않습니까? 하나님이 이스라엘 백성에게 취하라고 하신 가나안 땅도 결코 평탄한 땅이 아니었습니다. 산과 골짜기의 땅입니다. 물론 하나님께서 농사짓는 데 필요한 비를 내려 주시고, 끝까지 돌보아 주신다는 약속을 하십니다. 그러나 대부분 평지로 이루어져 있는 애굽과 산악 지대인 가나안의 농경 조건은 다를 수밖에 없습니다. 오히려 가나안 땅에서 농사짓는 것이 더 어렵습니다. 그뿐 아닙니다. 가나안 땅에는 이미 원주민들이 살고 있었습니다. 그들이 이스라엘 백성들에게 말할 수 없는 고통을 주었습니다. 이러한 사실이 무엇을 가르쳐 주고 있습니까? 결국 하나님께서 허락하신 가나안 땅에도 시련이 있고, 눈물이 있었다는 얘기입니다.

잊지 마십시오. 예수를 믿는 성도라 할지라도 때로 눈물의 골짜기를 지나가야 합니다. 산 위에서 인생을 노래할 때가 있는가 하면, 산 아래 골짜기에서 눈물을 삼켜야 하는 시련의 때도 있습니다. 산 정상에서 항상 노래만 부를 수 없습니다. 그럼에도 불구하고 처음 신앙생활을 시작하는 사람들은 대부분 이런 생각을 합니다.

"이젠 내게 더 이상의 눈물은 없을 거야! 이제 더 이상 고통 받는 일은 없을 거야! 이제 됐어. 인생의 모든 문제가 잘 해결될 거야!"

모두들 벅찬 가슴을 안고 신앙에 입문합니다. 그러나 어디 그렇습니까? 결코 그렇지 않습니다. 예수를 믿어도 고난은 여전히 버티고 있습니다. 우리를 아프게 합니다. 괴롭힙니다. 어떤 때는 사망의 음침한 골짜기로 몰아가서 살 소망까지 끊어버립니다. 이것이 우리의 실존이기 때문에 예수님은 오늘도 우리를 향하여 말씀하십니다.

"세상에서는 너희가 환난을 당하나 담대하라 내가 세상을 이기었노라"(요 16:33).

그리스도인의 삶에도 시련의 골짜기가 있다는 말씀입니다. 실제로 하나님의 사람들 치고 시련의 골짜기를 지나가지 않은 자가 없습니다. 우리의 위대한 신앙의 선배들은 한 사람 예외 없이 다 시련의 골짜기를 지나갔습니다. 아브라함도 그랬고, 모세도 그랬고, 다윗도 그랬습니다. 베드로와 바울을 비롯한 주님의 제자들 가운데 시련의 골짜기를 지나가지 않은 사람은 단 한 명도 없습니다.

그러면 왜 하나님은 우리에게 시련의 골짜기를 주십니까? 그 이유가 있습니다. 오늘은 그 이유를 생각해 보며 함께 은혜를 나누고자 합니다.

1. 하나님은 우리의 신앙을 성장시키기 위해서 시련의 골짜기를 지나가게 하십니다

하나님께서 우리를 골짜기로 내려보내시는 이유는, 그곳에서 우리를 연단시키고 훈련시켜 우리의 신앙을 성장시키기 위해서입니다. 산 위에서는 배울 수 없는 교훈을 주고, 믿음을 크게 성장시키기 위해서 우리를 산골짜기 아래로 밀어 넣으시는 것입니다.

이는 마치 어미 독수리가 새끼를 훈련시키는 것과 같습니다. 어미 독수리는 새끼에게 비행하는 것을 가르치기 위해서 깃털도 제대로 나지 않은 새끼를 높은 절벽에서 떨어뜨립니다. 그때 날개에 힘이 없는 새끼는 몇 번 퍼덕거리다가 그대로 땅바닥을 향해 곤두박질칩니다. 그러면 어미 독수리는 새끼를 따라가다가 땅에 떨어지기 직전에 '탁' 나꿔챕니다. 그리고서 높이 올라가 새끼를 다시 떨어뜨린 후에 쫓아가서 또다시 잡아 올립니다. 그것을 여러 번 반복합니다. 그러다 보면 새끼도 어느덧 어미처럼 푸른 하늘을 훨훨 날아다니는 하늘의 왕자가 되는 것입니다.

바로 이것입니다. 하나님은 우리의 믿음을 성장시키기 위해서 우리를 종종 시련의 골짜기로 밀어 넣으십니다. 혹독한 훈련을 시키십니다. 그리고 그 고통의 통로 끝에서 하나님의 위대한 종으로 거듭나게 하시는 것입니다.

요셉을 보세요. 요셉은 야곱의 열두 아들 중에서 가장 총애를 많이 받았던 아들입니다. 그만큼 지혜도 있었고 꿈도 컸습니다. 그러나 요셉은 한순간에 시련의 골짜기로 굴러 떨어졌습니다. 형들의 미움을 받은 요셉은 애굽의 노예로 팔려가서 어린 나이에 고달픈 노예 생활을 시작합니다. 그래도 성실하게 일했습니다. 하지만 또다시 억울한 누명을 쓰고 감옥에 들어가고 맙니다. 얼마나 기가 막힌 일입니까? 눈물의 행진은 멈추지 않았습니다. 그러나 희한하게도 눈물의 행진이 계속될 때마다 요셉은 더 견고한 믿음의 사람이 되어 갔습니다. 누구와도 견줄 수 없는 하나님의 위대한 종으로 성장해 갔습니다. 그러다가 마침내 30세의 젊디젊은 나이에 애굽의 총리가 되었습니다. 바로 이것이 시련의 골짜기를 지나고 나서 얻는 복입니다.

하나님은 우리를 성장시키기 위해서 때때로 고통을 허락하십니다. 그러므로 시련의 골짜기에서도 절대 포기해서는 안 됩니다. 시련을 극복하고 이기는 자들이 되어야 합니다. 미국의 데이비드 브링클리는 이런 말을 했습니다.

"하나님은 가끔 빵 대신 벽돌을 던지시는데, 어떤 사람은 원망하며 그 벽돌을 발로 차다가 발가락 하나가 더 부러지고, 어떤 사람은 그 벽돌을 주춧돌로 삼아 집을 짓기 시작한다."

그렇습니다. 똑같은 시련 속에서도 어떤 사람은 원망과 불평 속에서 실패의 삶을 살아갑니다. 그러나 어떤 사람은 그 시련을 담대하게 받아들여서 승리의 초석으로 삼습니다. 사랑하는 우리 성도들은 끝까지 하나님의 사랑을 믿고 시련을 이기는 자들이 되시기를 바랍니다. 지금도 어떤 성도는 저를 찾아와서 눈물짓습니다.

"목사님, 저 이제 어떻게 살아요? 도저히 못 살겠어요."

이런 성도를 보면 가슴이 아픕니다. 눈물로 기도하지 않을 수 없습니다. 그러나 잊지 마십시오. 하나님은 우리를 사랑하시되 아들 예수 그리스도를 십자가에 내어주기까지 사랑하셨습니다. 그렇다면 지금도 우리를 불꽃 같은 눈으로 지켜보고 함께해 주시지 않겠습니까? 하나님은 고난까지도 합력하여 선을 이루어 주실 줄 믿으시기 바랍니다. 승리 주실 줄 믿으시기 바랍니다.

그런 의미에서 우리 앞에 있는 고난은 변장하고 온 축복인 것입니다. 주님 손 붙잡고 오늘의 시련을 잘 이겨내는 여러분이 되시기를 바랍니다. 시련을 이기기만 하면 하나님은 우리를 반석 위에 높이 세워 주십니다. 모든 사람들 앞에서 간증자가 되게 하시고, 승리의 노래를 부르게 하십니다.

다윗을 보십시오. 다윗은 시련을 잘 이긴 후에 시편 23편 4절을 통해 이렇게 노래하지 않았습니까?

"내가 사망의 음침한 골짜기로 다닐지라도 해를 두려워하지 않을 것은 주께서 나와 함께하심이라 주의 지팡이와 막대기가 나를 안위하시나이다."

이 노래가 여러분의 노래가 되기를 바랍니다. 여러분의 신앙 고백이 되기를 축원합니다.

2. 하나님은 우리에게 인내하는 법을 가르치시기 위해 때때로 시련의 골짜기를 지나가게 하십니다

우리가 아는 대로 시련의 골짜기를 지나갈 때는 말할 수 없이 고통스럽습니다. 그러나 하나님은 그 시련의 골짜기에서 오래 참는 법을 가르쳐 주십니다. 매사에 성급하고 쉽게 분노하는 우리들을 골짜기에서 연단하십니다. 그래서 인내의 사람으로 만드십니다. 이것이 시련의 골짜기를 통해서 오는 두 번째 축복입니다.

성경을 보면 욥이라고 하는 믿음의 사람을 소개하고 있는데, 사실 욥처럼 억울하고 괴롭고 무거운 고통을 당한 사람은 인류 역사에 없을 것입니다. 그는 가장 뼈아픈 눈물의 골짜기를 지나간 사람입니다.

어느 날 강도들이 몰려와서 그가 애써 모은 재산을 몽땅 털어갑니다. 하루아침에 알거지가 되었습니다. 그런데 얼마 있지 않아 사랑하는 자녀를 열 명이나 한꺼번에 하늘나라로 보냅니다. 강풍이 불어서 집이 무너지는 바람에 자녀들이 몰살당한 것입니다. 욥이 미칠 것 같은 심정으로 사는데 몸에는 또 악창이 생겨서 하루 종일 재 가운데 앉아 기와 조각으로 몸을 긁어야 했습니다. 그런데 그것도 부족해서 아내는 "하나님을 저주하고 죽어 버리시오" 하고 집을 나갔습니다. 그야말로 피눈물의 골짜기를 홀로 걸어야 했습니다. 그런데 그의 신앙 고백이 무엇입니까? 욥기 23장 10절을 보면 그는 이렇게 말합니다.

"그러나 내가 가는 길을 그가 아시나니 그가 나를 단련하신 후에는 내가 순금같이 되어 나오리라."

욥은 극심한 아픔의 골짜기에서도 하나님을 바라보며 참았습니다. 시련 속에서 인내하는 법을 배우고, 그 인내를 통해서 하나님의 위대한 종이 되어 간 것입니다. 사랑하는 우리 성도들에게 이 인내의 신앙이 있기를 바랍니다.

그러면 어려움을 참되 언제까지 참아야 합니까? 하나님의 정하신 때까지 참으면 됩니다. 하나님은 '영원히 참으라'고 말씀하시지 않았습니다. 다만 '오래 참으라'고 말씀하셨습니다. 이 말씀은 참으면 언젠가 고통의 끝은 반드시 온다는 뜻입니다. 그러므로 힘이 들더라도 승리의 날이 올 때까지 잘 참아내야 합니다. 절대 포기해서는 안 됩니다.

제가 아주 감명 깊게 본 영화 중에 〈애수〉라는 영화가 있습니다. 이 영화는 영국의 워털루 다리를 배경으로 만든 사랑 이야기입니다. 제1차 세계대전이 한창 진행 중이던 어느 날, 영국군의 젊은 대위 로

이 크로닌이 워털루 다리를 지나가다 공습경보가 울리자 대피소로 몸을 피합니다. 그런데 그 혼란스런 자리에서 아름답고 청순한 무용수 마이러 레스터를 만납니다. 두 사람은 급속히 사랑에 빠집니다. 그리고서 은은하게 촛불이 흔들리는 캔들 클럽으로 가 달콤한 식사를 하고 춤을 춥니다. 무도회장의 문을 닫아야 할 때가 되면 마지막으로 '올드 랭 사인'(Auld Lang Syne)이 연주되고 그 멜로디에 맞추어 촛불이 하나씩 꺼져 가는데, 맨 마지막 촛불이 꺼지면 깊은 포옹과 함께 사랑의 키스를 나눕니다. 이렇게 급속도로 사랑에 빠진 젊은 장교는 여자에게 청혼을 하고, 성당의 신부님 앞에서 둘만의 결혼식을 올리기로 약속합니다. 그러나 갑자기 군대의 출정 명령이 떨어지면서 두 사람은 결혼식을 올리지 못한 채 헤어집니다.

사랑하는 남자가 전쟁터에 나갔지만 여자는 일편단심으로 하루하루 그를 기다립니다. 그러던 어느 날 신문에 발표된 전사자 명단 속에서 사랑하는 남자의 이름을 발견하고 여자는 실신해버립니다. 그리고는 절망감을 극복하지 못하고 몸을 파는 여자로 전락하고 맙니다. 그러나 이를 어쩌면 좋습니까? 사랑하는 남자는 전사한 것이 아니었습니다. 신문 보도가 잘못된 것이었습니다. 남자는 전쟁 중에 입은 부상을 치료하고 꿈에도 그리던 여인을 찾아옵니다. 남자의 가슴에는 옛날의 순수한 사랑이 그대로 불타고 있었습니다. 그러나 그를 기쁘게 맞이해야 할 여인은 이미 옛날의 여자가 아니었습니다. 결국 여자는 결혼식 전날 밤 편지 한 장을 남기고 남자를 처음 만났던 워털루 다리로 가서 달려오는 자동차에 몸을 던져버립니다.

저는 이 영화를 보고 밤새도록 잠을 설쳤습니다. '아이고, 조금만 더 참지. 그걸 못 참고 왜 몸을 함부로 팔아. 조금만 더 참고 기다려 보지!' 하는 아쉬움을 가졌는데, 지금까지도 그 아쉬움이 남아 있습니다.

인내심 없는 삶은 쉽게 무너집니다. 그러나 오래 참는 삶 속에는 하나님의 능력이 채워집니다. 승리가 있습니다. 반드시 귀한 열매를 거둡니다. 여러분! 예수님이 행한 일 중에서 최대의 기적이 무엇인 줄 아십니까? 한 신학자는 이렇게 말했습니다.

"예수님의 생애 최대의 기적은 병든 자를 고쳐 준 것이 아니다. 오병이어의 기적이 아니다. 죽은 자를 살리신 것도 아니다. 생애 최대의 기적은 십자가 위에서 끝까지 내려오지 않으신 것이다."

아주 의미가 있는 말입니다. 예수님은 십자가 위에서 얼마든지 뛰어내릴 수 있었습니다. 천군 천사를 불러 간악한 무리들을 다 쓸어버릴 수도 있었습니다. 그러나 주님은 내려오시지 않았습니다. 갈보리의 피눈물 나는 십자가에서 끝까지 참으셨습니다. 그 오래 참음이 우리를 구원하신 것입니다. 주님은 오늘도 야고보서 1장 4절을 통해서 말씀하십니다.

> "인내를 온전히 이루라 이는 너희로 온전하고 구비하여 조금도 부족함이 없게 하려 함이라."

시련의 골짜기에서도 주님과 함께 오래 참음으로 주님과 함께 왕 노릇 하는 여러분들이 되시기를 바랍니다

3. 하나님은 우리가 다른 사람을 도와줄 수 있도록 하기 위해서 시련의 골짜기를 지나가게 하십니다

우리나라 속담에 "과부 사정은 과부가 안다"라는 말이 있습니다. 외롭게 살아 본 사람이 외로운 사람의 심정을 알고, 아파 본 사람이 아픈 사람의 심정을 알아준다는 뜻입니다. 누구나 시련의 골짜기를 걸을 때는 고통스러워합니다. 하지만 그 골짜기를 지나간 후에는 뒤따라오는 사람의 고통을 이해하고 위로해 주는 자로 우뚝 서게 됩니다. 시련의 골짜기에서 울고 있는 사람들의 눈물을 닦아 주는 사람으로 살게 되는데, 바로 이것이 시련을 통해서 얻는 큰 축복인 것입니다.

어떤 강도가 한밤중에 남의 집 담을 넘어 들어갔습니다. 잠자는 주인을 깨워 권총을 들이대며 소리쳤습니다.

"꼼짝 말고 손들어!"

잠결에 일어난 주인이 벌벌 떨면서 겨우 한 손을 들었습니다. 그러자 강도는 또 고함을 쳤습니다.

"아, 오른손도 들어야지?"

그래도 집주인은 왼손만 조금 높이 들 뿐 오른손을 들지 않았습니다. 그러자 강도가 또다시 소리를 질렀습니다.

"오른손도 들라니까!"

그때 주인이 벌벌 떨면서 말했습니다.

"강도 선생, 미안하지만 신경통 때문에 오른손은 들 수가 없으니

양해하시오."

그 말을 듣자마자 강도의 얼굴이 싹 변하더니 이렇게 말했습니다.

"신경통이라고? 제기랄, 나도 신경통 때문에 이 짓을 하고 있소."

그 강도 역시 한 손이 신경통으로 마비되어 다른 한 손으로 강도짓을 하고 있었습니다. 결국 신경통이라는 말 때문에 귀가 번쩍 뜨인 강도가 말했습니다.

"주인 양반, 손 내리시오. 그리고 우리 신경통에 대해서 이야기나 해 봅시다. 그래 요즘 무슨 약을 쓰고 있소?"

주인도 긴장을 풀고 강도에게 묻습니다.

"당신은 어떻게 치료하고 있소?"

두 사람은 밤새도록 이런저런 이야기를 하다가 새벽녘에 이르러서야 악수를 하고 헤어졌다는 것입니다. 사실 이 이야기는 오 헨리의 단편소설 '강도와 신경통'의 줄거리입니다. 어디서든 병을 앓아 본 사람이 환자의 고통을 알고 잘 도와줄 수 있다는 메시지를 줍니다. 그렇습니다. 눈물 젖은 빵을 먹어 본 사람이 배고픈 사람의 심정을 이해하기 쉬운 것입니다.

저는 젊은 날 고학을 할 때 인생 공부 좀 하려고 수박 장사를 해 본 적이 있습니다. 그런데 수박 장사가 생각보다 힘이 들었습니다. 수박 장사를 하기 전까지만 해도 수박 장사를 아주 낭만적으로 생각했습니다. 수박을 리어카에 싣고 다니다가 시원한 나무 그늘 아래 받쳐 놓고 "홍도야 우지 마라 오빠가 있다~" 등의 흘러간 옛 노래나 들으면서 수박 파는 일이 뭐가 그리 어렵겠냐는 생각을 했던 것입니다.

그러나 막상 수박 장사를 해보니까 낭만과는 거리가 멀었습니다. 새벽에 일찍 일어나 청과물시장에 가서 수박을 떼어다가 무거운 리어카를 끌고 다니는 일은 문자 그대로 고생길이었습니다. 섭씨 35도를 육박하는 무더위와 싸워야 하는 것도 힘들었지만, 수박을 찔러 보고서 덜 익었다고 그냥 가버리는 사람들의 뒤꼭지를 바라보는 것이 더 힘들었습니다. 거기에다 수박을 사가는 사람마다 하나같이 수박 값을 깎으려고 했는데, 그것이 늘 마음을 힘들게 했습니다. 야속한 마음에 수박을 집어 던져버리기도 하고, 길거리에서 깨진 수박을 한 끼 식사로 때워야 하는 일도 비일비재했습니다. 그렇게 수박 장사를 하면서 비로소 깨달은 바가 있습니다.

'야, 수박 장사가 결코 낭만적인 장사가 아니구나. 먹고 살기 위해서 장사를 하는 것이 쉬운 일이 아니구나.'

그때의 경험 이후로 제가 굳게 결심한 것이 있습니다.

'앞으로 어떠한 일이 있어도 수박 값은 깎지 말자.'

수박 장사의 경험을 통해서 수박 장사의 애환을 알았기 때문입니다. 결혼한 후에 아내에게도 여러 번 유언처럼 말했습니다.

"여보, 혹시 참외 값은 깎을지언정(?) 수박 값은 깎지 마시오."

제 아내가 이 말을 명심하고 지금까지 수박 값은 안 깎습니다.

저는 수박 장사의 경험을 통해서 어려운 사람들의 애환을 조금이라도 더 알게 되었는데, 그것이 목회자인 저에게는 어려운 사람을 이해하고 위로할 수 있는 큰 재산이 되었습니다.

예수님은 이 땅에서 많은 고생을 하셨습니다. 괴로움과 고통 속에서 밤을 새우셨습니다. 여러 번 눈물 흘리셨습니다. 그렇게 인생고를 경험하셨기 때문에 오늘도 우리를 친히 도와주시고 위로해 주십니다.

"수고하고 무거운 짐 진 자들아 다 내게로 오라 내가 너희를 쉬게 하리라"(마 11:28).

여러분, 이보다 놀라운 위로와 소망의 말씀이 어디 있습니까? 사랑하는 우리 성도들도 주님께로부터 받은 위로를 가지고 눈물 흘리는 자들을 넉넉하게 위로할 수 있는 자들이 되시기를 바랍니다.

우리가 아는 대로 골짜기 없는 산은 없습니다. 산에는 반드시 골짜기가 있습니다. 바로 이것처럼 우리 인생살이에도 시련의 골짜기는 반드시 나타나게 마련입니다. 그러나 우리가 낙심하지 않는 이유가 있습니다. 산과 골짜기가 계속되지만 우리의 삶은 마지막에 승리의 산 정상에서 끝나기 때문입니다. 세상 사람들은 인생의 골짜기에서 패배로 끝나지만 우리는 승리의 산 정상에서 주님의 영접을 받고, 승리의 면류관을 받아 씁니다. 그렇다면 우리는 이미 이긴 싸움을 하고 있는 것입니다.

인생의 어느 길목에서 어떠한 시련의 골짜기를 만난다 할지라도 하나님의 사랑을 믿고 인내로써 승리할 뿐만 아니라 마지막 날 영광의 산 정상에서 주님의 영접을 받는 여러분이 되시기를 축원합니다.

있을 때 잘합시다
잠언 23장 22-26절

조선의 임금 효종에 대한 일화가 하나 있습니다. 그가 한번은 민정 시찰을 나갔다가 길거리에서 한 젊은이를 만났습니다. 팔순이 넘은 노모를 업고 서 있는 젊은이를 보고 효종이 물었습니다.

"그대는 무슨 일로 그렇게 늙은 어머니를 업고 서 있는고?"

그러자 젊은이가 공손하게 대답했습니다.

"제 어머님의 평생 소원이 임금님의 용안을 우러러 뵙는 것이옵니다. 그래서 제가 어머니를 업고 10리 길을 걸어와 여기 서 있나이다."

효종 임금이 그 이야기를 듣고 큰 감동을 받았습니다. 그리고서 즉각 신하에게 명령을 내렸습니다.

"여봐라. 이 젊은이의 효행을 널리 알리고 후한 상금을 내리도록 하여라."

이 소문이 쫙 퍼졌습니다. 그때 별로 효자도 아닌 젊은이 하나가

자기 어머니를 업고 길가로 나왔습니다. 임금이 지나다니는 길목에 서서 임금을 기다렸습니다. 효종이 그 젊은이를 보고 똑같은 질문을 던졌습니다.

"그대는 또 어찌하여 여기에 그렇게 서 있는고?"

그러자 젊은이는 기다렸다는 듯이 상금을 탄 사람과 똑같은 대답을 했습니다.

"저의 어머니가 하도 임금님을 뵙고 싶어해서 먼 길을 업고 이렇게 뛰어 나왔나이다."

그때 동네 사람 하나가 갑자기 뛰쳐나와서 큰 소리로 고자질을 했습니다.

"대왕 마마. 저놈은 천하의 불효자식인데 상금에 눈이 어두워서 자기 어머니를 업고 나온 것입니다."

여러분, 여러분이 왕이라면 그 젊은이를 어떻게 했을 것 같습니까? 보통 사람이라면 이렇게 말했을 것입니다.

"여봐라. 당장 저 놈을 잡아다가 곤장을 치고 하옥시키렷다."

그런데 어진 효종은 이렇게 말했다고 합니다.

"효도는 흉내만 내더라도 아름다운 일이 아니겠느냐? 여봐라. 이 젊은이에게도 후한 상금을 내리도록 하여라."

그렇습니다. 효도는 흉내만 내도 아름다운 것입니다. 부모의 나이가 많든 적든 부모에게 효를 다하는 것은 인간의 가장 기본적인 도리요, 가장 아름다운 일입니다. 그러나 오늘날 우리가 사는 세상이 어떻습니까? 많은 가정에서 효도가 실종되어버렸습니다. 실종된 것은 고사하고 부모를 학대하는 가정이 점점 늘어가고 있습니다.

최근에 신문에서 87세 된 할머니가 10년 동안이나 아들과 며느리에게 폭행을 당했다는 기사가 나온 것을 보았습니다. "도대체 자식에게 해준 것이 뭐가 있소? 매일매일 어디를 그렇게 돌아다니는 것이오?" 하며 아들 부부가 폭언과 폭행을 일삼았다는 것입니다. 그래도 평소에 이웃에게 내색 한 번 안 했던 할머니는 얼마 전 차마 입으로 옮길 수 없는 끔찍한 일을 당했습니다. 그 후 할머니는 자신이 죽는 날까지 아들과 며느리의 얼굴을 보고 싶지 않다고 해서 결국 시설로 보내졌습니다.

또 어느 가정에서는 시어머니가 병들어 누워 대소변을 가리지 못하자 추운 겨울인데도 하의를 입히지 않았습니다. 그리고는 죽만 먹이면서 냉방에다 방치해 두었습니다. 무슨 얘기입니까? 어서 빨리 죽으라는 것입니다. 효도를 가장 큰 미덕으로 생각하고 자랑하던 우리나라가 언제부턴지 효를 잃어버렸습니다. 효는커녕 '노인 학대'가 사회의 큰 문제로 떠오르고 있습니다. 얼마나 부끄러운 현주소입니까?

하나님은 에베소서 6장 1절 이하를 통해 이렇게 말씀하셨습니다.

"자녀들아 주 안에서 너희 부모에게 순종하라 이것이 옳으니라 네 아버지와 어머니를 공경하라 이것은 약속이 있는 첫 계명이니 이로써 네가 잘되고 땅에서 장수하리라."

십계명 중 제5계명을 통해서도 분명하게 말씀하셨습니다.

"네 부모를 공경하라 그리하면 너의 하나님 나 여호와가 네게 준 땅에서 네 생명이 길리라."

오늘의 본문에서도 말씀하십니다.

"너를 낳은 아비에게 청종하고 네 늙은 어미를 경히 여기지 말지니라"(22절).
"네 부모를 즐겁게 하며 너를 낳은 어미를 기쁘게 하라"(25절).

부모는 잘났든 못났든 언제든지 귀하게 여기고, 즐겁게 해드리고, 기쁘게 해드리고, 공경하라고 말씀하십니다. 하나님은 부모에게 불효해도 좋다는 말씀을 하신 적이 없습니다. 상황이 좋지 않으면 부모를 경히 여기라고 말씀하신 적도 없습니다. 성경 전체를 통해서 줄곧 말씀하십니다.
'부모를 공경하라. 부모에게 순종하라. 부모를 기쁘게 하라. 부모를 즐겁게 하라.'

그러면 우리가 왜 부모를 공경하고, 왜 부모에게 효를 다해야 합니까?

1. 나의 부모를 통해서 내가 세상에 태어났기 때문에 효를 다해야 합니다

나는 어느 날 하늘에서 뚝 떨어진 존재가 아닙니다. 신화에 나오는 것처럼 달걀에서 깨어난 존재도 아닙니다. 오직 나의 부모에게서 태어났습니다. 하나님께서 나의 부모를 통해서 나를 이 세상에 보내신 것입니다. 그렇다면 우리는 이 사실 하나만으로도 부모를 공경해야 합니다. 내게 살을 물려주고, 피를 물려주고, 생명을 물려준 부모를 잘 봉양해야 합니다. 부모가 아무리 못나고 무식하다 해도 내가 그 부모를 통해서 태어났다면 무조건 효를 다해야 합니다. 이것이 당연한 도리 아닙니까?

그런데 많은 사람들이 부모가 못났다고 무시합니다. 부모가 못 배웠다고 경멸합니다. 부모가 우둔하다고 핀잔을 줍니다. 이는 큰 잘못입니다. 부모는 부모라는 이름 하나 때문에라도 무조건 공경해야 합니다. 물론 부모들 중에는 부모답지 못한 부모도 있습니다. 그러나 하나님은 말씀하십니다.

"그래도 부모니까 공경해라. 부모니까 효도를 다해라."

하나님의 말씀을 따라 효를 다하는 여러분들이 되시기를 바랍니다. 부모가 잘났든 못났든 부모라는 이유 하나로 효를 다하면 하나님께서 반드시 복 주실 줄 믿습니다.

2. 부모의 사랑 때문에 효를 다해야 합니다

여러분, 이 세상에서 하나님의 사랑을 가장 많이 닮은 사랑이 어떤 사랑인 줄 아십니까? 바로 부모의 사랑입니다. 자식을 위해서라면 우리 부모가 무엇인들 못 하겠습니까? 하나님께서 우리를 구원하기 위해 친히 십자가에 매달려 죽으신 것처럼 우리의 부모들도 자식을 위해서라면 목숨도 아까워하지 않습니다. 비바람 눈보라도 무서워하지 않습니다. 허리가 휘고 주름살이 가득해도 그것이 문제가 아닙니다. 자식만 잘된다면 모든 것을 희생하는 사랑이 우리 부모의 사랑입니다.

먼저 우리의 어머니를 생각해 보십시오. 저는 어머니를 생각만 해도 눈물이 납니다. 어머니라는 말만 들어도 감격스럽습니다. 우리의 어머니가 누구 때문에 그처럼 손이 거칠어졌습니까? 누구 때문에 그처럼 주름살로 가득합니까? 누구 때문에 그처럼 허리가 휘었습니까? 다 나 때문입니다. 나 때문에 손이 거칠어지고, 나 때문에 주름살이 늘고, 나 때문에 허리가 휘어졌습니다. 나를 낳기 위해 피 흘리신 어머니는 나를 위해서 땀 흘리시고, 나를 위해서 눈물 흘리셨습니다. 나를 위해 잠 못 이루고, 나를 위해 모든 것을 희생하셨습니다. 그 어머니가 계셔서 오늘의 내가 존재합니다. 그러므로 나의 나 된 것은 어머니의 은혜입니다. 나의 나 된 것은 어머니의 희생으로 가능한 것입니다. 그렇다면 어머니를 공경하는 것은 당연한 일 아닙니까?

우리는 종종 모세의 어머니 요게벳만 훌륭하다고 말합니다. 사무엘의 어머니 한나만 훌륭하다고 말합니다. 율곡의 어머니 신사임당만 훌륭하고, 어거스틴의 어머니 모니카만 훌륭하다고 말합니다. 그러나 아닙니다. 나의 어머니도 훌륭하십니다. 나의 어머니가 없었다면 내가 어떻게 존재합니까? 어머니의 눈물이 없었다면 내가 어떻게 여기 있을 수 있습니까? 어머니의 희생이 없었다면 내가 어떻게 사람 노릇하고 살 수 있습니까? 비록 못 배우고 못 났어도 나의 어머니는 무조건 훌륭하고, 무조건 존경받아야 마땅합니다. 그래서 오늘의 본문에서도 이렇게 강조합니다.

"네 늙은 어미를 경히 여기지 말지니라."

우리를 지으신 하나님의 말씀입니다.

"네 늙은 어미를 경히 여기지 말지니라."

이 말씀에 순종하기를 원하시면 "아멘" 합시다.

어머니를 공경하십시오. 친정어머니든 시어머니든 무조건 공경하세요. 어떤 사람들은 골라서 공경합니다. 친정어머니는 공경하는데 시어머니는 공경하지 않습니다. 친어머니는 공경하는데, 장모님은 공경하지 않습니다. 이는 잘못입니다. 내가 가장 사랑하는 아내를 낳아주고 길러준 장모님이라면 당연히 그 장모님을 공경해야 하지 않습니까? 내가 가장 사랑하는 남편을 낳아 주고 길러 준 시어머니라면 당연히 그 시어머니를 공경해야 하지 않습니까?

어떤 며느리는 시어머니가 하도 싫어서 '시'자 붙은 '시금치'도 안 먹고, '시'자 붙은 '시편'도 안 읽는다는 말이 있습니다. 그러니까 시어머니들도 며느리가 싫어서 '며'자 붙은 '며르치'(멸치)를 안 먹는다는 것입니다. 이게 어찌된 말입니까? 며느리 된 우리 성도들은 시어머니, 친정어머니 가리지 말고 무조건 공경하시기를 바랍니다.

어느 시골 마을에 도시 처녀가 시집을 오게 되었습니다. 그런데 수다를 좋아하던 옆집 아주머니가 그 집 시어머니에게 와서 이렇게 귀띔을 해주었습니다.

"요즘 도시 처녀는 위아래도 모르는 사람들이 많대요. 시어머니가 조금만 허점을 보여도 우습게 안답니다. 그러니 아예 처음부터 잘 휘어잡으세요. 알았죠?"

그 말을 들은 시어머니가 마음의 준비를 단단히 하고서 아침이면 먼저 신문을 들여다보기 시작했습니다. 도시에서 많이 배운 며느리에게 지고 싶지가 않아서 궁리 끝에 신문을 들여다보기 시작한 것입니다. 그것도 그냥 조용히 보는 것이 아니라 신문을 들고 이렇게 소리를 쳤습니다.

"아이고, 이 나쁜 놈들. 이런 놈들이 많으니 세상이 이 꼴이지."

그 말을 들을 때마다 며느리는 자기 시어머니의 지식에 감탄하곤 했습니다. 그래서 어느 날 남편에게 그 이야기를 들려 주었는데, 남편은 고개를 갸우뚱하며 이렇게 말했습니다.

"어, 이상하다. 우리 어머니는 까막눈이신데!"

시어머니는 문맹이라 글자를 하나도 몰랐습니다. 그런데도 기선을 잡으려고 며느리 앞에서 유식한 체를 했던 것입니다. 그 다음날 아침에 시어머니가 또다시 신문을 집어 들었습니다. 그러자 며느리가 다가가서 슬쩍 물어 보았습니다.

"어머니, 오늘은 무슨 기사가 나왔습니까?"

그때도 시어머니가 기사와 함께 실린 사진을 보고 이렇게 말했습니다.

"아! 글쎄 이놈들이 대낮에 몽둥이를 들고 행패를 부리고 있지 않냐? 백주대낮에 이런 죽일 놈들 봤나?"

시어머니가 분통을 터트리며 말하자 며느리가 궁금해서 그 기사를 들여다보았습니다. 그랬더니 거기에는 야구선수가 방망이를 들고 서 있는 사진이 실려 있는 것입니다. 그런데 글을 모르는 시어머니는 그 야구선수를 깡패로 알고 욕을 해댔던 것입니다. 며느리가 얼마나 웃음이 나왔겠습니까? 그런데 이 며느리가 훌륭한 여자였습니다. 웃음을 꾹 참았습니다. 시어머니를 비웃지 않았습니다. 그리고는 시어머니보다 더 화를 내며 장단을 맞췄습니다.

"이런 못된 것들 같으니라고. 이런 깡패들이 있어서 이 사회가 어지러운 거예요."

남들이 보면 배꼽을 잡을 일이지만 얼마나 훌륭한 며느리입니까?

하나님은 본문 25절을 통해서 말씀하십니다.

"너를 낳은 어미를 기쁘게 하라."

시어머니, 친정어머니 가리지 말고 이 땅의 어머니는 무조건 공경하시기 바랍니다. 나의 어머니, 장모 가리지 말고 이 땅의 어머니는 무조건 기쁘게 하시기를 바랍니다.

그러면 아버지에 대해서는 어떻게 해야 합니까? 똑같습니다. 우리의 아버지도 공경해야 합니다. 우리의 아버지가 어떤 아버지입니까? 난생 처음으로 내 얼굴에 뽀뽀를 해준 사람이 나의 아버지입니다. 난생 처음으로 자식을 목에다 무등 태워 준 사람이 나의 아버지입니다. 난생 처음 자장면을 사 준 사람이 나의 아버지입니다. 집에 들어올 때마다 사탕을 사 들고 오던 사람, 자전거 타는 법을 가르쳐 준 사람, 몸이 아파도 아침 일찍 일어나는 사람, 가족들 걱정할까봐 내색도 안 하는 사람, 크리스마스 때 산타였던 사람, 자식이 보낸 편지를 몇 번씩 읽어 보는 사람, 딸이 팔짱 낄 때 행복해 하던 사람, 사위에게 딸을 부탁하며 눈물짓던 사람, 말 한마디로 용기를 심어 주는 사람, 언제나 뒤에서 응원을 해주는 사람, 이 지구상에 하나밖에 없는 사람, 그분이 바로 나의 아버지입니다. 이 세상에 아버지보다 위대한 사람이 없습니다.

그런데 요즘 우리 아버지들이 너무나 불쌍합니다. 역사 이래로 지금처럼 아버지들이 불쌍한 적이 없답니다. 왜 그런 줄 아세요? 아버지의 권위를 인정해 주지 않기 때문입니다. 솔직히 말해서 가장의 권위가 말이 아닙니다. 옛날에는 아버지가 "이리 오너라" 하면 다 나와서 예의를 갖추었습니다. 그런데 요즘에 "이리 오너라"라고 했다가는 찬밥 먹기 딱 좋습니다. 70세 넘은 남자는 이사 갈 때도 미리 트럭에 올라타야지 그렇지 않으면 버리고 간다나요? 아버지의 지위가 너무나 비참해졌습니다.

한때 불효자식 시리즈가 유행했는데 그중의 한 대목이 이렇습니다. 한번은 아버지와 아들이 목욕탕에 갔습니다. 아버지가 뜨거운 열탕에 들어가서 "아, 시원하다" 하고 아들에게 들어오라고 했습니다. 아들이 아버지의 말대로 탕에 들어갔는데 물이 어찌나 뜨거운지 깜짝 놀랐습니다. 그때 아들이 화가 나서 이렇게 중얼거렸다고 합니다.
"세상에 믿을 놈이 하나도 없다니까."
아버지가 아들을 달래기 위해서 이번에는 만두집으로 들어갔습니다. 거기서 만두 한 접시를 시켜서 먹는데 아버지가 일곱 개를 먹고, 아들이 세 개를 먹었습니다. 좀 미안해진 아버지가 아들에게 말했습니다.
"아들아, 배부르지?"
그때 아들이 눈을 크게 뜨고 이렇게 소리치더랍니다.
"만두 세 개 먹은 놈이 배부르면 만두 일곱 개 먹은 놈은 배 터져 죽겠다."
화가 난 아버지가 아들의 머리를 쥐어박았습니다. 그러자 아들이 눈을 부릅뜨며 이렇게 대들었다는 것입니다.
"치시오, 쳐! 죽으면 당신 아들 죽지 내 아들 죽습니까?"

아버지가 무시당하고, 아버지의 권위가 땅에 떨어진 것을 풍자하는 이야기입니다. 이 시대의 아버지들은 점점 설 자리를 잃어가고 있습니다. 가정에서 권위를 잃어버렸을 뿐만 아니라, 일터에서도 언제 밀려날지 모릅니다. 사회에서도 존경받지 못합니다. 아내와 자녀로부터 버림받는 아버지들이 늘어가고 있습니다. 그러나 이는 큰 잘못입니다. 하나님의 가르침에 역행하고 있는 것입니다. 이 땅에 사는 대부분의 아버지들은 하나같이 자식을 사랑합니다. 얼마나 사랑하는지 그것을 산술적으로 계산할 수가 없습니다. 그런데 아버지를 함부로 대할 수 있습니까?

1994년 10월 21일에 서울에서는 기가 막힌 사고가 일어났습니다. 멀쩡하던 성수대교가 무너지면서 시내버스가 추락했고, 그 사고로 무려 32명이나 사망하고 말았습니다. 그때 무학여고 2학년에 재학 중인 이연수라는 학생이 학교에 등교하다가 시내버스 안에서 숨을 거두었는데, 그 여학생의 가방에서 아빠에게 보내는 편지가 나왔습니다.

"사랑하는 아빠 보세요. 아빠, 저는 요즘 얼마나 마음이 아픈지 모릅니다. 아빠가 저를 때리셨을 때 제 마음보다 100배, 1000배나 더 마음 아프셨을 것을 생각하니 눈물을 감출 수가 없습니다. 하지만 아빠! 저를 때린 것이라 생각하지 마세요. 제 속에 있는 나쁜 것들을 때려서 물리친 거라 생각하세요. 아빠, 저를 위해 한번 더 마음을 풀어 주시지 않겠어요?"

46세였던 그녀의 아버지 이식천 씨는 딸이 하늘나라에서 보낸 편지를 받게 된 것입니다. 빗물과 강물에 젖은 채 돌아온 가방 안에는 소소한 잘못으로 아빠에게 매를 맞고 눈물로 쓴 편지가 고이 접혀 있었습니다. 딸을 잃은 후에 죄책감으로 잠 못 이룰 아빠를 안쓰러워하듯이, 편지의 마지막은 이렇게 끝을 맺고 있었습니다.

"아빠, 파이팅이에요?! 94년 10월 20일 아빠를 사랑하는 연수가 드립니다."

그날 아빠는 딸의 가방을 가슴에 품고 대성통곡을 했습니다. 그 후 어떻게 된 줄 아십니까? 연수 양의 아버지는 사고 직후 굴지의 대기업 이사로 스카우트되었지만, 2년 후에 힘없이 숨을 거두고 말았습니다. 아침에 일어나면 멍하니 눈물을 흘리고, 퇴근해서 집에 와서도 훌쩍훌쩍 울고, 회사에서도 남몰래 울었습니다. 밥을 먹다가도 통곡을 하고, 잠이 안 와서 뒤척이는가 보다 하고 살펴보면 뜨거운 눈물이 베개를 적시고 있었습니다. 그렇게 눈물로 세월을 보내다가 불과 2년 만에 중병에 걸려 죽었던 것입니다.

아버지의 사랑을 함부로 평가절하하지 마세요. 아버지의 사랑은 너무 깊어서 헤아릴 수가 없습니다. 내색하지 않아서 그렇지 참으로 큰 사랑이 아버지의 사랑인 것입니다. 그래서 하나님은 오늘도 본문을 통해서 말씀하십니다.

"네 아비를 즐겁게 하라. 너 낳은 아비에게 청종하라."

아버지를 즐겁게 하시기 바랍니다. 아버지의 말을 청종하시기 바랍니다. 아버지를 즐겁게 하고, 아버지의 말을 청종하는 자녀가 하나님의 축복을 받습니다.

성경을 보면 이삭이 큰 복을 받은 족장으로 소개됩니다. 그가 왜 그렇게 큰 복을 받았습니까? 하나님을 경외하는 신앙을 가지고 육신의 아버지 아브라함에게 순종했기 때문입니다. 사실 아버지가 아들을 번제물로 바치려고 할 때 그는 얼마든지 도망갈 수 있었습니다. 한 번 생각해 보세요. 하나님께서 이삭을 제물로 바치라고 하실 때 이삭은 청소년이었고, 아브라함은 100세가 훨씬 넘은 노인이었습니다. 그러므로 아버지가 칼을 들었을 때 '아버지, 왜 이러십니까?' 하고 힘으로 제압하면서 얼마든지 도망갈 수 있었습니다. 그러나 이삭은 도망가지 않고 순종했습니다. '나의 아버지는 하나님 말씀에 무조건 순종하신다. 나도 나의 아버지가 어떻게 하시든지 순종하자' 하고 순종했습니다. 바로 이 순종을 보고 하나님께서 이삭을 축복하셨고, 이삭은 훗날 거부가 되었습니다. 믿음의 족장이 되었습니다. 부모를 즐겁게 하고, 순종하는 자가 복 받는 줄 믿으시기 바랍니다.

부모는 단지 부모이기 때문에 공경해야 합니다. 부모의 사랑은 한이 없기 때문에 효를 다해야 합니다. 그런데 한 가지 기억해야 할 것이 있습니다. 나의 부모가 항상 내 곁에 있지 않다는 사실입니다. 누구나 그러하듯이 나의 부모도 잠깐 있다가 가십니다. 그러므로 이 세상을 떠나시면 효도할 길이 없습니다. 아무리 맛있는 것을 가져다드려도 떠나면 못 드십니다. 아무리 좋은 옷을 사와도 떠나면 입지 못하십니다. 떠나고 나면 아무것도 해드릴 수가 없습니다. 그래서 있을 때 잘해야 합니다.

고훈 목사님은 '어머니'란 제목의 시에서 이렇게 노래했습니다.

    당신은 내가 만난 맨 처음의 사람입니다
    사랑은 받는 것이 아니라 주는 것이란 것을
    몸으로 가르치신 분도 당신입니다
    당신은 언제나 5월의 웃음
    주고도 떨어지지 않는 바다여

    우리는 너무 늦게 당신을 사랑했습니다
    당신이 우리에게 너무 먼 곳에 계신 뒤에야
    사랑은 이토록 강물 되어 흐르고
    우리 또한 당신이 되어 이제야 그 사랑을 깨닫습니다

어머니의 사랑을 너무 늦게 깨닫고, 떠난 뒤에야 아쉬워하는 마음이 절절이 묻어나고 있습니다. 부모님이 살아 계실 때 잘 하라는 말이죠? 부모님이 지금 살아 계실 때 공경하고, 살아 계실 때 효를 다해서 하늘의 복이 넘쳐나기를 간절히 축원합니다.

주여, 정죄할 자가 없나이다

요한복음 8장 1-11절

서울의 유명한 K목사님이 어느 날 아침 일찍 차를 몰고 급하게 집을 나섰습니다. 한참 차를 몰고 가는데 어디선가 나타난 차 한 대가 난폭 운전을 하면서 목사님의 차를 앞질러 갔습니다. 하마터면 추돌 사고가 날 뻔했습니다. 그때 좀 참았으면 좋으련만 성질 급한 목사님이 화를 참지 못하고 그 차를 따라갔습니다. 있는 대로 속도를 내서 그 차를 앞질러 딱 가로막고 차를 세웠습니다. 그리고는 차 문을 열고 나와서 그 운전자를 향해 소리쳤습니다.

"야, 너 나와!"

금방이라도 한 대 칠 듯한 표정으로 소리를 질렀는데, 차문을 열고 나오는 사람을 보니 자기 교회 집사님이더랍니다. 얼마나 부끄럽고 창피했던지 쥐구멍이라도 있으면 들어가고 싶었고, 그 사건은 평생 잊을 수가 없을 거라고 고백한 바 있습니다.

오늘 여기 계신 분들 가운데 운전하는 분들이 많이 있을 줄 아는데, 자동차를 운전할 때는 무조건 성자의 마음을 가지고 운전하시기 바랍니다. 평소에는 순하고 얌전한데 희한하게 핸들만 잡으면 과격해지는 사람이 있습니다. 툭하면 욕을 내뱉는 사람도 있습니다. 일체 양보가 없고 보복운전까지 하는 사람이 있습니다.

여러분, 왜 이렇게 운전하는지 아십니까? 그 이유는 운전철학이 없기 때문에 그런 것입니다. 교육을 잘 시키기 위해서는 교육철학이 있어야 하고, 기업을 잘 경영하기 위해서는 기업철학이 있어야 하는 것처럼, 운전을 잘 하려면 운전철학이 있어야 합니다. 그 운전철학이 바로 '그러려니 철학'입니다. 운전을 할 때는 항상 '그러려니' 하고 운전하라는 얘기입니다.

우리가 아는 대로 운전하는 사람들이 얼마나 다양합니까? 그들 중에는 성질이 급한 사람도 있고, 느긋한 사람도 있습니다. 바쁜 사람이 있는가 하면, 전혀 바쁘지 않은 사람이 있습니다. 부부 싸움하고 나온 사람이 있는가 하면, 사업이 부도가 나서 정신없이 가는 사람도 있습니다. 실연당한 사람, 프러포즈 받은 사람, 다혈질의 사람, 소심한 사람, 장사하는 사람, 직장에 다니는 사람, 운전 경력 30년의 능숙한 사람, 운전 경력 하루의 초보운전자, 돈 빌리러 가는 사람, 돈 떼먹고 도망가는 사람, 화장실이 급한 사람, 싸우러 가는 사람, 착한 사람, 악한 사람, 운전을 희한하게 하는 사람까지 별스런 사람들이 다 차를 몰고 나옵니다. 그렇다면 그러려니 하고 운전해야지 어떻게 그 많은 부류의 사람들을 다 가르치고 지도하겠습니까? 할 수 없습니다. 이처럼 할 수 없다면 그냥 수용하는 게 좋지 않습니까?

이 세상은 그저 '그러려니' 하고 살아야 하는 것입니다. 내가 할 수 없는 일이라면 그대로 수용하는 것이 좋은데, 어떤 면에서 이것이 사랑이고, 배려이고, 지혜입니다. 사랑하는 우리 성도들은 항상 '그러려니 철학'을 가지고 살아가시기를 바랍니다.

오늘의 본문을 보면 인간적으로 아주 나쁜 사람들이 나옵니다. 운전하는 사람들 가운데 질이 좋지 않은 사람들이 있는 것처럼 본문에 나오는 서기관과 바리새인들은 보통 나쁜 사람들이 아닙니다. 예수님이 어느 날 감람산에서 밤을 새며 기도하시다가 아침이 되자 성전에 들어가 백성들을 가르치셨습니다. 그런데 그 성스러운 아침에 한 떼의 서기관과 바리새인들이 간음하다 붙들린 여자 한 사람을 데리고 와서 예수님께 물었습니다.

"예수여, 이 여자를 어떻게 하면 좋겠습니까?"

모세의 율법에 의하면 이런 사람은 끌어다가 돌로 쳐 죽이라고 했습니다. 그런데 그들이 왜 여인을 예수님 앞으로 끌고 와서 질문을 던졌겠습니까? 본문 6절 말씀처럼 예수님을 고발할 조건을 얻고자 하여 그랬던 것입니다. 모세의 율법대로 한다면 그 여자는 분명히 돌로 쳐 죽여야 합니다. 그러나 당시 로마 사람들의 법으로는 사형 집행은 로마에서만 하게 되어 있습니다. 그러니까 만약 '율법대로 쳐 죽여라' 하면 로마의 법을 어기는 것이 되고, 또 '죽이지 말라' 하면 율법을 어기는 것이 됩니다. 이것이 딜레마죠? 이래도 걸리고 저래도 걸리는 것입니다. 이런 묘한 질문을 가지고 나와서 예수님을 곤궁에 빠뜨려 죽이려고 했는데, 그때 예수님이 어떻게 하셨습니까? 손가락으로 땅에다가 무언가를 쓰신 후에 그들에게 말씀하셨습니다.

"너희 중에 죄 없는 자가 먼저 돌로 치라."

그리고 나서 다시 몸을 굽혀 땅에 무언가를 쓰셨습니다. 그러자 무리들이 하나씩, 둘씩 그 자리를 떠났습니다. 마지막에는 예수님과 그 여인만 남았습니다. 그때 예수님이 여인에게 물으셨습니다.

"여자여, 너를 고발하던 그들이 어디 있느냐? 너를 정죄한 자가 어디 있느냐?"

여인이 대답했습니다.

"주여, 아무도 없나이다."

예수님이 선언하셨습니다.

"나도 너를 정죄하지 아니하노니 가서 다시는 죄를 범하지 말라."

사건의 막이 내렸습니다. 그러나 이 사건은 우리에게 참으로 놀라운 메시지를 던져 주고 있습니다. 이 사건 속에는 우리를 용서하시고 구원하시는 예수님의 사랑이 태산처럼 드러나고 있기 때문입니다. 이것이야말로 복음 중의 복음이 아닐 수 없습니다.

그러면 이 사건이 주는 메시지의 내용이 구체적으로 무엇입니까?

1. 사람은 모두 다 죄인이라는 것입니다

오늘의 본문 7절을 보면 예수님께서 이렇게 말씀하셨습니다.

"너희 중에 죄 없는 자가 먼저 돌로 치라."

그러자 그들의 반응이 어떠했습니까? 9절을 보면 이렇게 말씀합니다.

"그들이 이 말씀을 듣고 양심에 가책을 느껴 어른으로 시작하여 젊은이까지 하나씩 하나씩 나가고 오직 예수와 그 가운데 섰는 여자만 남았더라."

"죄 없는 사람이 돌로 치라" 하고 말씀하셨지만 돌을 들어 친 사람은 단 한 명도 없었습니다. 어른부터 시작해서 젊은이 순으로 하나씩 하나씩 그 자리에서 도망쳤습니다. 나중에는 한 명도 남지 않았습니다. 다 도망친 것입니다. 왜 그랬습니까? 간음한 여인이나 돌로 치려는 그들이 똑같은 죄인이었기 때문입니다. 여인은 죄가 드러났고, 그들은 죄가 드러나지 않았을 뿐 모두가 똑같은 죄인이었던 것입니다.

본문을 보면 재미있게도 어른부터 시작해서 젊은이 순으로 도망갔다고 말씀합니다. 왜 그런 줄 아시죠? 나이가 들어갈수록 죄가 더 많아지니까 그렇게 노인부터 도망간 것입니다. 그러니까 어디 가서 나이 자랑하지 말라고 하죠? 나이가 많다는 것은 그만큼 죄가 많다는 얘기입니다. 어쨌든 우리가 조금만 정직하면 그 누구도 죄인인 것을 부인할 수가 없을 것입니다. 바로 이것이 우리의 실상입니다.

옛날 러시아에 니콜라스 황제가 있었습니다. 그는 백성들을 살피려고 가끔씩 혼자서 외출을 했습니다. 어느 날도 길을 떠났다가 갈림길을 만났습니다. 마침 그곳에 한 군인이 서 있기에 길을 물었습니다. "죄송합니다만 마을은 어느 길로 가야 합니까?" 그러자 군인이 거드름을 잔뜩 피우며 말했습니다. "저쪽 길로 가게나." 거만이 줄줄 흐르고 있었습니다. 왕이 도저히 보아줄 수가 없었습니다. 그래서 물었습니다. "당신 계급이 뭐요?" 군인은 기다렸다는 듯이 배를 불쑥 내밀고 말했습니다. "자네가 한번 맞춰 보게나." "예, 상사인가요?" "아니, 그 윗세." "그러면, 소위인가요?" "아니, 그 윗세." "아, 그러면 중위시군요." "아니, 그 위야." "그럼, 대위신가요?" 그제야 빙그레 웃으면서 "그래, 내가 대위야" 하고 말했습니다. 가당치도 않아서 황제가 돌아섰습니다.

그런데 아무래도 태도가 이상하자 이번에는 대위가 물었습니다. "잠깐, 자네도 계급이 있는가?" "네, 대위님. 이번에는 대위님이 한번 맞춰보시겠습니까?" "그래? 자네 일병인가?" "아니, 그 윕니다." "그럼, 상병?" "아니, 그 윕니다." "그럼, 소위?" "아니, 그 윕니다." "그럼, 중위?" "아니, 그 윕니다." "그럼, 대위?" "아니, 그 윕니다." 대위는 당황되었습니다. 그래서 물고 있던 담배를 내던져버리고 부동자세로 묻기 시작했습니다. "그럼, 소령이십니까?" "아니, 그 윗세." 이제는 황제도 말투가 바뀌었습니다. "그럼, 중령이십니까?" "아니, 그 윗세." "그럼, 대령이십니까?" "아니, 그 윗세." "그럼, 소장이십니까?" "아니, 그 윗세." "그럼, 대장이십니까?" "아니 그 윗세." 대위는 초주검이 되어 있었습니다. "그럼, 원수입니까?" "아니, 그 윗세." 그러자 대위는 벌벌 떨면서 그 자리에서 무릎을 꿇었습니다. "폐하, 죽을죄를 지었습니다. 용서하여 주시옵소서." 그때 니콜라스 황제가 그의 팔을 잡아 일으키면서 이렇게 말했다고 합니다.

"일어나라. 너나 나나 다 같은 죄인이고, 바로 너와 나를 위해 우리 예수님이 죽으신 거야."

그렇습니다. 우리는 너 나 할 것 없이 모두 다 죄인입니다. 황제도 죄인이고, 일반 백성도 죄인입니다. 많이 배운 사람도 죄인이고, 적게 배운 사람도 죄인입니다. 부자도 죄인이고, 가난한 자도 죄인입니다. 이 땅에 죄 없는 사람은 하나도 없습니다. 그래서 성경은 말씀합니다.

"의인은 없나니 하나도 없으며"(롬 3:10).
"모든 사람이 죄를 범하였으매 하나님의 영광에 이르지 못하더니"(롬 3:23).

하나님 앞에서 우리는 모두 다 죄인입니다. 그런데 내가 죄인이면서도 죄인임을 모르는 데 문제가 있습니다. 이것을 알아야 복음이 복음 되는 것이고, 이것을 깨달아야 구원의 길이 열리는데, 이것을 모릅니다. 그래서 많은 사람들이 말합니다.

"저는 국가의 법에 저촉되는 일을 한 적이 없습니다. 이만하면 내가 다른 사람보다 낫지 않습니까? 그래도 나는 지금의 자리에서 최선을 다하고 사는 사람입니다. 죄악된 생활보다는 선한 생활을 더 많이 하고 사니까 괜찮지 않습니까?"

모두가 죄인임을 부정합니다. 그러나 여러분! 다른 사람보다 죄가 적다고 해서 죄가 없다고 할 수 있습니까? 최선을 다했다고 죄가 의로 바뀝니까? 선한 행실이 많다고 해서 악한 행위가 덮입니까? 그렇지 않습니다. 모두가 다 죄를 인정하지 않으려고 하는 인간의 변명일 뿐입니다. 우리는 모두가 죄인입니다. 독사의 새끼가 태어날 때부터 독을 머금고 태어나듯이 우리는 죄를 품고 이 땅에 태어납니다. 그래서 오늘도 주님은 말씀하십니다.

> "내가 의인을 부르러 온 것이 아니요 죄인을 불러 회개시키러 왔노라"(눅 5:32).

예수님은 분명히 모든 사람을 죄인으로 보셨고, 죄인 된 우리들을 구원하러 오셨습니다. 그러므로 그분 앞에 겸손하게 무릎 꿇는 자가 은혜의 보좌를 바라볼 수 있습니다. 솔직하게 죄인임을 고백하는 자만이 구원을 받을 수가 있습니다. 내가 죄인인 것을 인정하지 않는 한 절대로 구원의 문은 열리지 않는 것입니다. 서기관과 바리새인들을 보세요. 그들은 예수님의 말씀을 듣고도 자신들이 죄인인 것을 인정하지 않았습니다. 그 결과가 무엇입니까? 그들은 평생을 영적 소경으로 살았고, 인생의 어두운 밤길을 더듬거리다가 멸망하고 말았습니다.

잊지 마십시오. 구원받기를 원하는 자는 먼저 주님 앞에서 솔직해야 합니다. '주님, 저는 죄인입니다. 오직 주님의 은총만 필요할 뿐입니다'라는 진지한 고백이 있어야 합니다. 그래야 십자가가 눈에 들어오고, 나를 위해 죽으신 주님 앞에 엎드릴 수 있습니다.

오늘 예배드리는 우리 성도들에게 자신의 모습을 솔직하게 볼 수 있는 눈이 있기를 간절히 바랍니다. '주님, 저는 죄인입니다' 하고 무릎 꿇을 수 있는 은혜가 있기를 바랍니다. '내가 참으로 죄인이로구나' 하고 깨닫는 순간부터 구원의 문은 열리는 것입니다.

다음으로 본문이 주는 두 번째 메시지는 무엇입니까?

2. 죄인일지라도 예수님 앞에만 가면 산다는 것입니다

본문 3절을 보면 이렇게 말씀합니다.

> "서기관들과 바리새인들이 음행 중에 잡힌 여자를 끌고 와서 가운데 세우고."

서기관과 바리새인들은 여인을 죽이려고 예수님 앞에 끌고 왔습니다. 그러나 이것이 여인을 살리는 결과가 되었습니다. 저들은 여인을 죽이려 했지만 예수님은 그 여인을 살리기 위해서 벌써부터 기다리고 계신 것입니다. 그러므로 살기를 원하는 자는 예수님 앞에 나와야 합니다. 그분 앞에 억지로라도 끌려와야 합니다. 주님 앞에 나아오기만 하면 그 어떤 죄인도 사죄의 은총을 입고, 구원받고, 새사람으로 태어나기 때문입니다.

한 여고생이 있었습니다. 공부하기가 싫어서 무조건 가출했습니다. 도시에 가서 밤무대를 전전하며 인생을 즐기기 시작했습니다. 인물이 반반해서 그 세계에서는 인기가 있었습니다. 그러다가 점점 나이가 들고 나중에는 삼류 술집으로 가게 되었습니다. 그렇게 몇 년을 보내던 어느 날, 몸이 좋지 않아서 병원에 갔더니 청천벽력의 선고가 떨어졌습니다.

"당신은 앞으로 3개월 정도밖에 살지 못하겠으니 집에 가서 먹을 것이나 실컷 먹고 인생을 정리하시오."

의사의 말에 이 여인은 엄청난 충격을 받았습니다. 몇날 며칠을 뜬눈으로 지새우며 괴로워하다가 마지막으로 부모님을 찾아가기로 했습니다. 부모님께 인사나 하고 그 품에서 죽고 싶었던 것입니다. 집으로 돌아갔습니다. 그러나 날이 어두워졌어도 집안으로 들어갈 용기가 없었습니다. 여러 번 망설이다가 자기 집 창가에 서서 귀를 기울여 보았습니다. 그랬더니 아버지의 기도 소리가 들렸습니다.

"하나님 아버지, 나의 딸이 돌아오게만 해주시옵소서. 살아서 돌아오게만 해주시면 더 이상 바랄 것이 없겠나이다."

딸이 이 기도 소리를 듣고 통곡을 하며 집안으로 들어갔습니다. 아버지는 너무도 좋아서 딸을 껴안고 기쁨의 눈물을 흘리며 감사했습니다. "하나님, 감사합니다. 부족한 종의 기도를 들어 주셔서 감사합니다." 그리고 나서 즉시 목사님을 불러 예배를 드렸습니다. 몸과 마음이 지칠 대로 지친 이 딸이 예배를 드리면서 처음으로 평안을 얻었습니다. 그리고 그때부터 부모님과 함께 교회에 나가기 시작했습니다. 교회에 나가 엎드리자 그동안 지은 죄가 주마등처럼 스쳐 지나갔습니다. 눈물로 회개했습니다. 기왕 죽더라도 모든 죄를 용서받고 깨끗한 모습으로 하나님 앞에 서기를 소원했던 것입니다.

그런데 이게 웬일입니까? 3개월이 지나도 죽을 조짐이 보이질 않았습니다. 오히려 얼굴에 홍조가 돌고 활력이 넘쳤습니다. 병원에 가서 진찰해 보니 병이 씻은 듯이 사라졌습니다. 이 여인이 그날 밤 예배에 참석하여 자진해서 간증 시간을 달라고 했습니다. 눈물의 간증을 했습니다. 그리고 맨 마지막에는 그녀의 신앙고백과 같은 찬송가 289장을 불렀습니다.

> 1. 주 예수 내 맘에 들어와 계신 후 변하여 새사람 되고
>   내가 늘 바라던 참 빛을 찾음도 주 예수 내 맘에 오심
>   주 예수 내 맘에 오심 주 예수 내 맘에 오심
>   물밀듯 내 맘에 기쁨이 넘침은 주 예수 내 맘에 오심
> 2. 주 예수 내 맘에 들어와 계신 후 망령된 행실을 끊고
>   머리털보다도 더 많던 내 죄가 눈보다 더 희어졌네
>   주 예수 내 맘에 오심 주 예수 내 맘에 오심
>   물밀듯 내 맘에 기쁨이 넘침은 주 예수 내 맘에 오심

이 찬송을 부를 때 교회는 눈물바다가 되고 성도들은 큰 은혜를 받았습니다.

잊지 마십시오. 주님은 내가 머리로 지은 죄를 사하시려고 머리에 가시면류관을 쓰셨습니다. 내가 손으로 지은 죄를 사하시려고 양손에 못을 박으셨습니다. 내가 발로 지은 죄를 사하시려고 양발에 못을 박으셨습니다. 내가 마음으로 지은 죄를 사하시려고 옆구리에 창을 받으셨습니다. 우리가 지은 죄의 값을 치르기 위해 갈보리산 십자가 위에서 기꺼이 희생제물이 되셨습니다. 그분 예수 그리스도께서 오늘 우리에게 말씀하십니다.

"내가 정죄를 받았으니 너희에게 더 이상 정죄가 없노라."

얼마나 놀라운 은혜입니까? 얼마나 감사한 일입니까? 주님은 죄는 미워하지만 죄인은 사랑하십니다. 가난은 미워하지만 가난한 사람은 사랑하십니다. 실패는 미워하지만 실패한 사람은 사랑하십니다. 질병은 미워하지만 병든 사람은 사랑하십니다. 그러므로 누구든지 예수님 앞에 나오기만 하면 살아나게 될 줄 믿으시기 바랍니다. 완전히 새로운 역사가 시작될 줄 믿으시기 바랍니다.

또 본문이 주는 세 번째 메시지가 무엇입니까?

3. 예수님 앞에 나아오기만 하면 예수님을 구주로 모시고 사는 은총을 얻습니다

예수님이 여자에게 물었습니다.

"여자여, 너를 고발하던 그들이 어디 있느냐, 너를 정죄한 자가 있느냐?"

여자가 대답했습니다.

"주여 없나이다"(11절).

4절을 보면 바리새인들은 예수님을 선생이라고 불렀습니다. 그러나 이 여인은 "주여!" 하고 불렀습니다. 이것이 구원받는 사람들의 응답입니다. 여인은 비록 죄가 많았지만 예수님을 구세주로 보는 눈이 있었습니다. 그래서 예수님을 "주여!" 하고 부른 것입니다. 바로 이것이 그녀를 구원하고 죄악 가운데서 건져냈습니다.

누가복음 5장을 보면 베드로가 예수님께 부름을 받는 장면이 나옵니다. 언제나 그렇듯이 예수님은 베드로를 먼저 찾아가셨습니다. 그리고 밤새도록 고기 한 마리 못 잡고 그물을 씻고 있는 베드로에게 말씀하셨습니다.

"깊은 데로 가서 그물을 내려 고기를 잡으라."

그때 시몬 베드로가 이렇게 대답했습니다.

"선생이여, 우리들이 밤이 새도록 수고를 하였으되 얻은 것이 없지마는 말씀에 의지하여 내가 그물을 내리리이다."

베드로가 그물을 던졌습니다. 그랬더니 그물이 찢어질 만큼 고기를 많이 잡았습니다. 그때 베드로가 예수님 앞에서 뭐라고 했습니까? 누가복음 5장 8절을 보면 이렇게 말합니다.

"주여, 나를 떠나소서. 나는 죄인이로소이다."

예수님을 '선생'이라 부르던 베드로가 이제는 "주여!" 하고 부릅니다. "주여, 나를 떠나소서. 나는 죄인이로소이다." 드디어 예수님의 신성을 보고, 자신이 죄인임을 발견합니다. 이 발견이 베드로를 위대한 제자가 되게 한 것입니다.

주님은 죄 많은 인간의 구세주로 오셨습니다. 그러나 아직도 우리 중에는 예수님을 선생이라 부르면서 무엇을 배우는 데 그치려 합니다. 세상적인 지식을 얻으려고 "예수 선생이여!" 하고 말합니다. 이런 사람들은 복을 받지 못합니다. 히브리서 4장 2절을 보면 이렇게 말씀합니다.

> "그들과 같이 우리도 복음 전함을 받은 자이나 들은 바 그 말씀이 그들에게 유익하지 못한 것은 듣는 자가 믿음과 결부시키지 아니함이라."

그렇습니다. 똑같이 예수님 앞에 서도 믿음이 없는 자들은 예수님을 주님이라고 부르지 못해서 구원받지 못했습니다. 그러나 여인은 "주여" 하고 불렀습니다. 그때 주님이 물으셨습니다.

"여자여, 너를 정죄한 자가 어디 있느냐?"

여인이 대답했습니다.

"주여, 없나이다. 주님이 정죄하지 아니하시니 정죄할 자가 아무도 없나이다."

바로 이것이 복음입니다. 예수님을 선생이라 부를 때는 아직도 정죄가 있고 근심, 걱정이 있지만 예수님을 주라 부를 때에는 더 이상 정죄가 없습니다. 심판이 없습니다. 저주가 없고, 슬픔이 없고, 요동하는 바다도 없습니다. 예수님을 구주라 고백하는 순간 나를 불행하게 얽어매는 세상적인 것들이 모두 다 사라지는 것입니다.

우리는 가끔 태양을 등지고 갈 때가 있습니다. 그때는 그림자가 내 앞에 있습니다. 이 그림자는 뛰어가도 잡을 수가 없고, 온갖 힘을 써도 없앨 수가 없습니다. 그러나 내가 태양을 향해 돌아서기만 하면 그림자는 더 이상 보이지 않습니다. 우리의 신앙도 마찬가지입니다. 내가 빛이 되신 주님을 등지고 달리면 달릴수록 내 앞에 인생의 그림자가 앞서 가고, 어두움이 나를 가로막습니다. 장애가 있습니다. 그러나 빛이 되신 주님을 바라볼 때는 그림자가 없습니다. 모든 어두움이 사라집니다. 오직 예수님만 보이는 것입니다. 그래서 찬송가 288장을 보면 이렇게 노래합니다.

주 안에 기쁨 누림으로 마음의 풍랑이 잔잔하니
세상과 나는 간 곳 없고 구속한 주만 보이도다

오직 구주 예수 그리스도만 바라보고 살아서 인생의 모든 어두운 세력을 다 몰아내는 축복이 있기를 바랍니다.

이제 우리는 이 여인이 그 후 어떻게 살았을까 하는 것을 상상해 볼 수 있습니다. 그 여인은 분명 새로운 삶을 살았을 것입니다. 이제는 예수님이 그녀의 주님이 되셨기 때문입니다. 살아도 예수, 죽어도 예수, 오직 예수로 충만했을 것입니다. 예수님이 삶의 전부가 되었을 것입니다.

그런데 여러분! 이 여인이 누구입니까? 2000년 전에 살았던 한 여인입니까? 아닙니다. 이 여인은 바로 우리들의 모습입니다. 우리가 바로 그 여인과 같은 죄인이고, 율법의 돌에 맞아 죽어야 할 사람이었습니다. 그러나 주님은 우리를 정죄하지 않으셨습니다. 구원하셨습니다. 우리로 하여금 오늘 이 은혜의 자리에 있게 하셨습니다. 그러므로 잘살아야 합니다. 예수님을 "주여!" 하고 부르던 그 첫 감격을 잊어서는 안 됩니다. 날마다 주 예수로 옷 입고 살아야 합니다. 주님 앞에 서는 그날까지 범사에 승리하고, 매순간 하나님의 사랑을 간증하는 여러분이 되시기를 축원합니다.

염려를 선택하지 말라

빌립보서 4장 6-7절

세상에는 검은 거짓말과 하얀 거짓말이 있습니다. 하얀 거짓말은 애교로 봐 줄 수 있는 거짓말을 의미하는데, 이 하얀 거짓말의 대표적인 거짓말 세 가지가 있습니다. '처녀가 시집 안 간다는 거짓말'과 '늙은이가 빨리 죽어야겠다고 말하는 거짓말', 그리고 '장사가 밑지고 판다는 거짓말'이 그것입니다. 그런데 성도들 중에는 조금 다른 거짓말을 하는 경우가 종종 있습니다.

"목사님, 우리 아들이 좋은 대학에 들어가야 하는데 걱정입니다. 기도해 주세요. 좋은 대학만 들어가면 걱정이 없겠습니다."

이 말을 왜 거짓말이라고 말하는지 아십니까? 아들이 좋은 대학만 들어가면 더 이상 걱정이 없겠다고 해놓고 또다시 걱정하기 때문입니다. 아들이 좋은 대학에 들어가서 얼마만큼 지나면 또다시 이렇게 말합니다.

"목사님, 우리 아들이 좋은 직장에 들어가야 하는데 걱정입니다. 기도해 주세요. 좋은 직장만 들어가면 더 이상 걱정이 없겠습니다."

대학만 들어가면 걱정을 안 한다고 해놓고 또다시 걱정을 하고 있습니다. 그래서 간절히 기도해 주면 얼마 지나지 않아 또다시 찾아와 기도를 부탁합니다.

"목사님, 우리 아들이 장가를 안 갑니다. 저러다 노총각으로 늙어버릴까봐 걱정입니다. 좋은 여자 만나서 가정을 꾸리기만 하면 더 이상 걱정이 없겠습니다."

여기서 또 한 번 거짓말을 합니다.

"가정을 꾸리기만 하면 더 이상 걱정이 없겠습니다."

그러다가 얼마 지나지 않아서 또다시 손자가 생기지 않는다고 걱정을 하고, 손자가 생기면 그 손자가 눈이 작다고 걱정하고, 키가 작다고 걱정하고, 공부 못한다고 걱정하고, 밥을 안 먹는다고 걱정하는데, 그야말로 쉬지 않고 걱정을 합니다. 평생 염려와 걱정에서 벗어나질 못합니다. 여러분, 사람들이 왜 이렇게 염려의 포로가 되어 살고 있습니까?

본래 에덴 동산에는 염려가 없었습니다. 아무런 걱정, 근심이 없었습니다. 그러나 인간이 범죄하고 에덴 동산에서 추방당하면서부터 염려가 생겼습니다. 염려가 주인 노릇하는 세상에서 살게 되었습니다. 그래서 이 세상 어느 곳을 가든 염려 없는 곳이 없고, 염려 없는 사람이 없습니다. 문자 그대로 우리는 염려가 가득 찬 세상에서 살아갑니다.

오늘의 말씀을 받았던 빌립보 교회 교인들도 마찬가지였습니다. 그 당시 빌립보 교인들은 사방에서 공격을 받았습니다. 다투기 좋아하는 교인들 때문에 교회가 흔들렸습니다. 거짓 선생들이 들어와서 십자가 없는 구원을 가르쳤습니다. 음식과 잠자리가 없어서 쩔쩔매는 교인들이 많았습니다. 밖에서는 박해가 여전하고 안에서는 온갖 문제들이 돌출했습니다. 어디를 봐도 염려뿐이었습니다. 그런데 하나님께서 말씀하셨습니다.

"아무것도 염려하지 말라."

눈만 뜨면 염려거리가 덤벼드는데 일체 염려하지 말고 살아가라는 것입니다. 너무 무리한 요구라고 생각되지 않습니까? 그러나 하나님은 말씀하셨습니다.

"아무것도 염려하지 말라."

오늘 우리에게도 분명하게 말씀하십니다.

"아무것도 염려하지 말라."

왜 그렇습니까? 그 이유가 있습니다.

먼저, 염려는 일절 쓸 데가 없기 때문입니다.

여러분, 상식적으로 한번 생각해 보세요. 걱정거리가 있는데 그것을 놓고 염려한다고 해서 문제가 해결됩니까? 염려해 봐야 달라질 게 없습니다. 아무런 소용이 없습니다. 어떤 사람이 이렇게 말했다고 가정해 봅시다.

"여러분, 저에게는 빚이 산더미같이 쌓여 있었습니다. 그래서 부채를 해결하기 위해 걱정을 해야겠다고 마음먹었습니다. 당장 실천했습니다. 얼마나 많은 밤을 걱정하며 지새웠는지 모릅니다. 하루 종일 토해 보기도 하고 머리칼을 쥐어뜯기도 했습니다. 아이들에게 욕을 퍼붓고 거의 술독에 빠져 살았습니다. '염려는 나의 목자시니 내가 부족함이 없으리로다'라고 하며 염려로 충만했습니다. 그랬더니 어느 날 방바닥에 돈다발이 뚝 떨어지는 게 아니겠습니까? 그래서 빚을 싹 갚았습니다. 저는 이 자리를 빌어서 염려, 걱정, 근심에게 모든 영광을 돌립니다."

여러분, 이런 일이 일어나겠습니까? 죽었다 깨어나도 이런 일은 일어나지 않습니다. 염려와 걱정으로 바꿀 수 있는 일은 아무것도 없습니다. 그렇습니다. 우리가 한 생을 살면서 체험으로 아는 것이지만 염려는 전혀 도움이 되질 않습니다. 염려한다고 키가 갑자기 커지지 않습니다. 염려한다고 낮은 코가 갑자기 높아지지 않습니다. 염려해서 작은 눈이 커지고, 염려해서 생명이 연장된다면 백 번, 천 번이라도 염려해야죠. 그러나 그것이 아니잖습니까? 염려는 아무런 도움을 주지 않고, 문자 그대로 백해무익입니다. 어떤 사람이 이렇게 말했습니다.

"염려는 마치 흔들의자와 같다."

여러분! 흔들의자를 잘 아시죠? 아무리 흔들어도 흔들의자는 언제나 제자리에 있습니다. 바로 이처럼 염려는 아무리 많이 해도 우리의 걸음을 한 발자국도 전진시키지를 못합니다. 노상 그 자리에 있을 뿐입니다. 그런데도 염려해야 합니까?

노먼 빈센트 필 박사가 한 연구기관의 조사를 인용하여 사람들의 걱정을 분석해 놓은 것이 있는데 그 내용이 다음과 같습니다.

"사람들이 하는 걱정 중 절대로 발생하지 않을 일에 대해 걱정하는 것이 40퍼센트이고, 이미 일어난 일에 대한 걱정이 30퍼센트, 별로 신경 쓸 일이 아닌 것에 대한 걱정이 22퍼센트, 우리가 어떻게 바꿀 수 없는 사건에 대한 걱정이 4퍼센트다. 이에 반해 우리들이 해결해야 할 진짜 사건에 대한 걱정은 4퍼센트밖에 안 된다. 결국 사람들은 96퍼센트의 쓸데없는 걱정 때문에 기쁨도 잃어버리고, 웃음도 잃어버리고, 마음의 평화도 잃어버린 채 한 생을 살아가고 있다."

염려의 실체가 이렇습니다. 그렇다면 염려한다고 해서 무슨 소용이 있겠습니까? 이 세상에서 가장 쓸데없는 일이 염려입니다. 염려하지 마시기 바랍니다. 걱정의 노예가 되지 마시기 바랍니다.

다음으로, 염려는 오히려 해악을 가져다주기 때문입니다.
제가 퀴즈를 하나 내겠습니다. 맞춰 보세요.
"나는 누구일까요? 나는 질병에 대한 저항력을 파괴합니다. 나는 소화불량, 신경쇠약, 위궤양, 두통, 발진을 일으킵니다. 사람을 초조하게 만들고, 숨이 가쁘게 만들며, 잠을 못 이루게 하고, 쉽게 피곤

하게 만듭니다. 식욕을 빼앗고, 소변을 자주 보고 싶은 충동을 느끼게 하며, 혈압을 변화시키고, 혈액 속에 화학적인 변화를 주며, 성격이 조급해지게 만들고, 무관심과 이기적인 기질을 형성하게 만듭니다. 나는 과연 누구일까요?"

눈치가 빠른 사람은 "바로 염려구나" 하고 말할 것입니다. 그렇습니다. 이렇게 사람을 망가뜨리는 것이 바로 염려입니다. 염려는 '목을 조른다'라는 뜻을 가지고 있습니다. 그래서 염려하게 되면 목이 졸리는 것처럼 가슴이 답답해지고, 눌리게 되고, 고통을 당하다가 각종 질병에 시달리는 것입니다. 실제로 W. C. 알버리즈는 임상실험 결과 위장병의 80퍼센트, 한센씨 병의 6퍼센트가 염려에서 오고, 류마티스 관절염도 염려가 가져다주는 부작용이라고 말합니다.

잠언 15장 13절에 "마음의 즐거움은 얼굴을 빛나게 하여도 마음의 근심은 심령을 상하게 하느니라"라고 했습니다. 근심이 많은 사람일수록 소심하게 되어 정서적인 질환이 생긴다는 것입니다.

잠언 17장 22절에서도 이렇게 말합니다.

"마음의 즐거움은 양약이라도 심령의 근심은 뼈를 마르게 하느니라."

근심은 뼈 속의 진액까지 마르게 해서 골다공증을 유발시킨다는 얘기입니다. 그러므로 염려가 얼마나 무서운 것입니까? 염려는 백해무익인 것입니다.

그리고 염려는 불신앙을 드러내는 것이기 때문입니다.

여러분, 염려하고 있는 사람들의 의식 밑바닥에 무엇이 흐르고 있는 줄 아십니까? 바로 불신앙입니다. 하나님을 믿지 못하기 때문에 염려하는 것입니다. 우주를 창조하신 하나님께서 나를 창조하시고, 내 삶에 대한 계획을 가지고 계시며, 나를 돌보시고, 나에게 관심을 가지시고, 내 삶 속에 들어오기를 원하시고, 내 삶을 다스리신다는 신앙이 있다면 왜 염려합니까? 염려는 하나님 없는 삶을 살아가는 불신자가 하는 것입니다. 신앙인이 소유할 것이 아닙니다. 그래서 주님은 마태복음 6장 31-32절을 통해서 이렇게 말씀하십니다.

"그러므로 염려하여 이르기를 무엇을 먹을까 무엇을 마실까 무엇을 입을까 하지 말라 이는 다 이방인들이 구하는 것이라 너희 하늘 아버지께서 이 모든 것이 너희에게 있어야 할 줄을 아시느니라."

염려는 하나님 없는 이방인들이 하는 것이지 하나님을 믿는 신앙인은 하지 않는다는 것입니다. 그렇습니다. 하나님을 전적으로 신뢰하는 자들은 염려하지 않습니다. 염려할 필요가 없습니다. 그래서 기도의 성자인 조지 뮬러는 이런 말을 했습니다.

"염려의 시작은 신앙의 끝이다. 그러나 신앙의 시작은 염려의 끝이다."

하나님을 전적으로 믿고 의지하는 자들은 염려가 끝난다는 얘기입니다. 그렇다면 오늘 여러분은 어느 단계에 있습니까?

어떤 성도는 염려의 짐을 잔뜩 지고 왔다가 말씀에 은혜 받고 염려의 짐을 다 내려놓습니다. 거기까지는 참 좋습니다. 그런데 목사님의 축도가 끝나면 그때부터 또다시 염려의 보따리를 주섬주섬 챙깁니다. 그것도 자기 것만 챙기는 것이 아닙니다. 집에 돌아갈 때는 옆에 있는 집사님의 짐까지 챙겨서 돌아갑니다. 이런 성도가 즐겨 부르는 찬송이 이것입니다.

"무거운 짐을 나 홀로 지고 견디다 못해 쓰러질 때~"

염려는 불신앙입니다. 깊이 들어가 보면 하나님을 믿지 못하기 때문에 염려하는 것입니다. 사랑하는 우리 성도들은 오늘부로 염려와는 결별하시기 바랍니다. 염려 대신에 믿음으로 사시기를 바랍니다.

그러면 염려를 떨쳐버리고, 염려를 극복하는 비결이 무엇입니까? 오늘의 본문이 가르쳐 줍니다. 예수님이 바울을 통해서 두 가지 처방을 내리셨는데 그것이 무엇인 줄 아십니까?

1. 염려를 극복하기 위해서는 기도해야 합니다

오늘의 본문 6절을 보면 이렇게 말씀합니다.

> "아무것도 염려하지 말고 다만 모든 일에 기도와 간구로 너희 구할 것을 감사함으로 하나님께 아뢰라."

염려 대신에 기도와 간구로 하나님께 아뢰라고 말씀합니다. 바로 이것입니다. 염려를 극복하는 최고의 비결은 기도와 간구입니다. 우리가 아는 사실입니다만, 세상 사람들에게는 하나님이 없습니다. 그들은 고아와 같습니다. 하나님 아버지께 부르짖고 간청할 수가 없습니다. 그러나 우리에게는 하나님 아버지가 계십니다. 하나님의 자녀들인 우리는 부르짖고 간구할 수 있습니다. 그래서 주님은 말씀하십니다.

"항상 기도하고 낙망하지 말아야 할 것을 비유로 말씀하여"(눅 18:1).
"기도를 계속하고 기도에 감사함으로 깨어 있으라"(골 4:2).
"너희 중에 고난당하는 자가 있느냐 그는 기도할 것이요"(약 5:13).
"구하라 그리하면 너희에게 주실 것이요 찾으라 그리하면 찾아낼 것이요 문을 두드리라 그리하면 너희에게 열릴 것이니 구하는 이마다 받을 것이요 찾는 이는 찾아낼 것이요 두드리는 이에게는 열릴 것이니라"(마 7:7-8).

기도하라고 말씀하십니다. 염려하라는 말씀은 단 한마디도 없습니다. 왜 그렇습니까? 하나님은 우리의 아버지가 되시고, 우리의 형편과 처지를 다 알고 계시기 때문입니다. 그러므로 하나님의 자녀들은 염려 대신에 기도해야 합니다. 염려는 떨쳐버리고 기도하는 자들이 되시기를 바랍니다.

오늘의 본문을 보면 "모든 일에 기도와 간구로 구하라"라고 했습니다. 이 말씀은 아기 목욕시킬 때도 기도하고, 자녀를 가르칠 때도 기도

하고, 설거지할 때도 기도하고, 데이트할 때도 기도하고, 운전할 때도 기도하고, 사업할 때도 기도하고, 아직 시작되지 않은 일까지도 기도하라는 얘기입니다. 모든 일에 기도하라고 말씀합니다. 그래서 저는 자녀들의 결혼 문제를 놓고도 오래 전부터 이렇게 기도했습니다.

"하나님, 저희에게 3남매의 자녀를 선물로 주셔서 감사합니다. 건강하고 지혜롭게 성장할 수 있도록 복을 주시니 감사합니다. 앞으로 좋은 사람 만나서 행복하게 살아야 하겠는데, 제 자녀의 배우자들이 지금 어딘가에 있을 줄 믿습니다. 오늘도 저의 사위 될 청년과 며느리 될 소녀가 하나님을 잘 섬기고 이웃을 사랑할 줄 알고 성결하고 아름답게 성장하게 해주세요. 그래서 하나님의 정하신 때에 성숙한 모습으로 만나게 해주시고, 아름다운 가정을 이루어서 하나님의 영광을 높이 드러내게 해주세요."

이렇게 기도했더니 하나님께서 꼭 그대로 응답해 주셨습니다. 앞으로 아들만 결혼시키면 되는데, 지금도 기도는 계속되고 있습니다. 모든 일에 기도하라고 했으니 항상 기도하며 살아가는 것입니다.

기도하면 하나님께서 모든 일을 해결해 주신다고 약속하셨습니다. 그러므로 기도는 나의 일이고, 문제 해결은 하나님의 일입니다. 문제가 생겼을 때 내가 걱정할 필요가 없습니다. 나는 하나님께 맡기고 기도하면 그것으로 나의 일은 끝나는 것입니다. 문제 해결은 하나님의 몫입니다.

미국 교회의 역사에서 빼놓을 수 없는 인물이 있는데, 바로 윌리엄 퀘일(1860~1925년)입니다. 감리교 목사였던 그는 능력 있는 설교와 설득력 있는 설교로 모든 이들에게 주목을 받았습니다. 그가 얼마나 유연하게 설교를 했던지 사람들은 그를 '감리교의 종달새'라고 불렀습니다. 모든 사람들이 그를 존경했습니다.

그러나 그에게도 어느 날 고통스러운 일이 생겼습니다. 너무나 마음이 아파서 잠을 이룰 수가 없었습니다. 밤새 뒤척이던 그가 마침내 침대 아래로 내려가 무릎을 꿇었습니다. 자신이 베고 있던 베개를 끌어안고 기도했습니다.

"하나님, 이 고통스러운 문제를 제가 어떻게 해결해야 하겠습니까?"

눈물을 흘리며 울부짖었습니다. 그때 하나님의 음성이 들렸습니다.

"아들아, 네가 문제를 끌어안고 고통당하고 있구나. 그러나 그 문제는 네가 해결할 일이 아니라 내가 해결할 일이다. 그러니 너는 어서 자라. 남은 밤 시간 동안 나 혼자 깨어 있으마."

퀘일 목사님은 하나님께 감사하며 평안히 잠을 잤습니다. 그 후 문제가 깨끗이 해결됐습니다. 그때부터 그는 이렇게 증거했습니다.

"여러분, 기도한 다음에는 평안히 주무십시오. 하나님께서 깨어 계시니 여러분은 평안히 주무십시오."

하나님은 오늘도 말씀하십니다.

"너희들은 내 곁에 딱 붙어서 뭐든지 얘기해라. 나에게 기도해라. 나를 들이마시고 걱정은 내뿜어버려라. 문제는 내가 해결해 주마."

여러분 가운데 혹시 걱정에 사로잡혀서 잠 못 이루는 분이 있습니까? 인생이 우울한 분이 있습니까? 눈을 들어 하나님을 바라보고 기도하시기를 바랍니다. 기도할 때 걱정은 사라지고, 하나님은 문제 해결의 열쇠를 주실 줄 믿습니다.

2. 감사해야 합니다

오늘의 본문 6절을 보면 이렇게 말씀합니다.

> "다만 모든 일에 기도와 간구로 너희 구할 것을 감사함으로 하나님께 아뢰라."

모든 일에 기도하되 감사함을 가지고 하나님께 아뢰라고 했습니다. 바로 이것이 염려를 극복하는 비결입니다. 눈앞에 놓인 문제만 크게 볼 때는 염려에서 벗어날 수가 없습니다. 그러나 지난 세월 동안 하나님께서 어떻게 돌보시고 인도하셨는지를 회고하며 감사할 때는 염려에서 벗어날 수가 있습니다.

목동으로 일하던 다윗을 보세요. 그는 비록 어린 소년이었지만 골리앗 앞에서 기죽지 않았습니다. 겁먹지 않았습니다. 오히려 강한 자신감을 가졌습니다. 그 이유가 무엇인 줄 아십니까? 하나님이 과거에 행하신 일들을 기억했기 때문입니다. 다윗은 골리앗과 싸우러 가는 것을 사울 왕이 허락해 주지 않자 그 앞에서 이렇게 말했습니다.

"주의 종이 아버지의 양을 지킬 때에 사자나 곰이 와서 양 떼에서 새끼를 물어가면 내가 따라가서 그것을 치고 그 입에서 새끼를 건져내었고 그것이 일어나 나를 해하고자 하면 내가 그 수염을 잡고 그것을 쳐 죽였나이다 주의 종이 사자와 곰도 쳤은즉 살아 계시는 하나님의 군대를 모욕한 이 할례 받지 않은 블레셋 사람이리이까 그가 그 짐승의 하나와 같이 되리이다 또 다윗이 이르되 여호와께서 나를 사자의 발톱과 곰의 발톱에서 건져내셨은즉 나를 이 블레셋 사람의 손에서도 건져내시리이다"(삼상 17:34-37).

그러자 사울 왕이 다윗에게 말했습니다.

"가라 여호와께서 너와 함께 계시기를 원하노라"(삼상 17:37).

다윗은 즉각 골리앗을 향해 나아갔고, 마침내 여호와의 이름으로 그를 쓰러뜨렸습니다. 위대한 승리자가 되었습니다.

여러분, 지금 여러분 앞에 골리앗과 같은 거인이 있습니까? 그것만 직시하지 마세요. 눈앞의 골리앗만 보면 염려의 그늘에서 벗어날 수가 없습니다. 눈을 돌려 지난 세월을 돌아보세요. 하나님께서 걸음걸음 어떻게 인도하셨는지를 생각하며 감사의 눈으로 돌아보세요. 하나님이 행하신 일을 망각하면 두려움과 염려뿐이지만, 하나님의 은혜를 기억하는 마음속에는 담대함과 믿음이 자리 잡습니다. 염려는 사라지고 미래를 준비할 힘으로 충만해지는 것입니다.

저는 다섯 살 때 우물에 빠졌다가 혼자 기어나온 적이 있습니다. 추위와 공포 속에서 오들오들 떨다가 젖 먹던 힘까지 다 쏟아 겨우 기어 나왔습니다. 그런데 말이 기어 나온 것이지 실제로는 하나님께서 저를 건져내신 것입니다. 다섯 살짜리 실력으로는 어림도 없는 일이어서 동네 사람들이 믿지 못할 정도였습니다. 그 후 다른 동네로 이사 가서 일곱 살 때 또다시 우물에 빠지고 말았습니다. 그때는 우물 속에서 기어 나오지 못하고 실신해 있는 것을 동네 사람들이 건져냈습니다. 그것도 역시 하나님의 은혜로 살아난 것입니다.

또한 빙판 길에서 자동차가 100미터나 미끄러지면서 제멋대로 돌다가 가드레일을 들이받고 360도나 회전하는 사고가 있었지만, 털끝 하나 상하지 아니하고 살아난 적이 있습니다. 참으로 불가항력적인 사고였는데 하나님의 보호하심으로 온 식구가 생명을 건진 것입니다.

그뿐 아닙니다. 하나님은 어려울 때마다 좋은 사람들을 붙여 주시고, 가장 적절하게 필요한 것을 채워 주셨습니다. 합력하여 선을 이루어 주셨습니다. 그래서 어려운 일이 생길 때마다 지난날을 회고하며 용기를 얻습니다.

'사망의 음침한 골짜기에서도 하나님께서 나를 건져 주신 적이 몇 번인가? 죽을 만큼의 고통 속에서 나를 일으켜 주시고 나의 등을 밀어 주신 적이 몇 번인가? 인간적인 생각으로 도저히 희망이 없던 때에 기적적으로 문제를 해결해 주신 적이 몇 번인가?'

희한하게도 이렇게 하나님의 은혜를 회고하며 감사하면 염려는 힘을 쓰지 못하고 도망갑니다. 새로운 힘을 얻고 미래를 준비하게 됩니다. 하나님은 오늘도 우리에게 말씀하십니다.

"지난날의 은혜를 잊지 말고 감사함으로 기도하라."
우리에게 승리 주시려고 말씀하시는 줄 믿으시기 바랍니다.

하나님은 우리가 염려의 포로가 되어 살기를 원하시지 않습니다. 염려 대신에 기도하기를 원하십니다. 염려 대신에 감사하기를 원하십니다. 그러므로 우리가 선택할 것은 기도와 감사뿐입니다. 염려가 아닙니다. 그러면 우리가 하나님의 말씀대로 살아갈 때 어떻게 복 주신다고 했습니까? 본문 7절을 보면 이렇게 약속하십니다.

"그리하면 모든 지각에 뛰어난 하나님의 평강이 그리스도 예수 안에서 너희 마음과 생각을 지키시리라."

믿음의 기도가 하나님의 평강을 불러옵니다. 감사가 하나님의 평강을 불러옵니다. 하나님께서 주시는 평강은 세상의 평강과 다릅니다. 완벽한 평강입니다. 완벽한 평강이 임하면 그 자체가 곧 승리요 성공입니다. 염려 앞에서도 오직 기도와 감사함으로 살아서 하나님의 평강이 넘쳐나고 모든 일에 승리하는 여러분들이 되시기를 간절히 축원합니다.

죽음을 잘 준비합시다
디모데후서 4장 6-8절

아론 랠스톤이라는 산악가가 있습니다. 그는 휴가 때마다 로키 산맥의 준봉들을 차례로 등정했는데, 21세의 나이에 총 45개의 봉우리를 밟았습니다. 대단한 기록이죠? 그는 산에 오를 때마다 항상 단독으로 등반했고, 주로 겨울철에 산을 찾았습니다. 그래서 대부분 자정이 넘어 정상에 서곤 했습니다. 그러던 어느 날 갑자기 굴러 떨어진 바위에 오른손이 짓눌리는 사고를 당했습니다. 360킬로그램이 넘는 바위 밑에 깔린 그는 어깨로 바위를 밀어 보기도 하고, 칼로 바위를 파헤쳐 보기도 했습니다. 밧줄과 등반용 도르래를 써서 들어올려 보려고 온갖 노력을 다 해보았습니다. 그러나 바위는 꿈쩍도 하지 않았습니다.

그렇게 씨름을 하다가 닷새가 지나갔고, 음식과 물이 다 떨어지고 말았습니다. 그는 누군가가 자기를 구하러 올지도 모른다는 기대감과 그대로 죽고 말 것이라는 좌절감 사이를 숱하게 오고 가다가, 마침내 보통 사람은 생각지도 못하는 결단을 내렸습니다. 바위틈에 낀 오른손을 잘라내기로 작정한 것입니다. 그래서 잘 들지도 않는 칼을 이용해서 살을 자르고 뼈를 떼어냈는데, 그 시간이 1시간이나 걸렸습니다. 하지만 그것으로 끝난 게 아니었습니다. 그는 한 팔로 한참이나 계곡을 기어가서 18미터 높이의 절벽을 내려온 뒤에 약 20리 길을 걸어갔습니다. 그리고는 길가에서 사람을 만나자마자 기절해버렸습니다. 그렇게 해서 극적으로 생명을 건진 그에게 사람들이 물었습니다.

"아니, 당신은 그 상황에서 어떻게 손목을 잘라내는 결단을 내릴 수 있었습니까?"

그때 아론 랠스톤이 이렇게 말했습니다.

"별말씀을 다 하십니다. 저는 그저 실리적인 선택을 했을 뿐입니다."

그의 말이 맞는 얘기죠? 손목 하나와 목숨을 바꾸었으니 얼마나 실리적인 선택입니까? 그는 손 하나를 잃었지만 생명을 건졌던 것입니다.

이처럼 사람들은 생명을 귀하게 여깁니다. 죽기보다는 살기를 힘씁니다. 어떠한 대가를 치르더라도 생명을 연장시키려고 노력합니다. 그런데 이렇게 애쓰고 노력한다고 해서 우리가 언제까지나 죽음의 그림자를 피할 수 있습니까? 그럴 수 없습니다. 아무리 발버둥을 친다 해도 죽음을 피할 수 있는 사람은 없습니다. 잘난 사람이나 못난 사람이나, 부자나 가난한 자나, 배운 자나 못 배운 자나, 한 사람 예외 없이 언젠가는 다 죽음의 문을 지나가야 합니다. 그래서 욥기 21장 23-26절을 보면 이렇게 말씀합니다.

> "어떤 사람은 죽도록 기운이 충실하여 안전하며 평안하고 그의 그릇에는 젖이 가득하며 그의 골수는 윤택하고 어떤 사람은 마음에 고통을 품고 죽으므로 행복을 맛보지 못하는도다 이 둘이 매한가지로 흙 속에 눕고 그들 위에 구더기가 덮이는구나."

전도서 8장 8절에서도 같은 뜻으로 말씀합니다.

> "바람을 주장하여 바람을 움직이게 할 사람도 없고 죽는 날을 주장할 사람도 없느니라."

누구나 죽음의 문을 지나가야 하면서도 죽음은 100퍼센트 인간의 권한 밖에 있다는 말씀입니다. 그렇습니다. 인간의 출생도 그렇지만 죽음 역시 하나님의 권한이지 인간의 권한이 아닙니다. 때가 되어 하나님께서 부르시면 우리는 언제라도 돌아가야 합니다. 좀더 빨리 가고 늦게 갈 뿐, 조만간에 우리는 다 가야 합니다.

어떤 목사님이 충청도 사람을 만나서 농담 삼아 한 마디 했답니다.
"충청도 사람은 말이 느려서 죽는 것도 천천히 죽을 것 같아서 좋겠습니다."

그랬더니 충청도 사람이 하는 얘기가 이랬답니다.

"목사님, 목사님이 뭘 모르시네요. 죽었다는 표현을 충청도 사람보다 더 급하고 간단하게 하는 사람들이 어디 있습니까? 서울 사람들은 사람이 죽으면 '돌아가셨습니다'라고 말하고, 경상도 사람은 '돌아가셨다 아입니꺼?'라고 말합니다. 그리고 전라도 사람은 '세상을 버려버렸당게'라고 말합니다. 그러나 우리 충청도 사람은 아주 간단하게 '갔슈' 하고 끝내버립니다. 이보다 더 급하고 간단한 표현이 어디 있습니까?"

이 말에 목사님이 박장대소하며 공감했다고 합니다. 충청도 사람이 죽음의 표현에 있어서만큼은 제일 간단하고 급합니다. 어쨌든 우리는 빨리 가든 천천히 가든 언젠가 반드시 죽음을 맞이해야 합니다. 다른 것은 올 수도 있고 안 올 수도 있습니다. 그러나 죽음만큼은 반드시 찾아옵니다. 100퍼센트 찾아옵니다.

그러면 죽음을 어떻게 맞이해야 합니까? 언젠가 죽어야 한다면 그 죽음을 어떻게 준비해야 하겠습니까?

미국의 부자 가운데 윌리엄 할스트라는 사람이 있었습니다. 이 사람은 60세가 되었을 때 자기 자녀들과 친척, 친구들을 불러놓고 이렇게 엄명을 내렸습니다.

"앞으로 내 앞에서는 절대 죽음이라는 단어를 입 밖에 꺼내지 마시오. 농담으로라도 죽음에 대한 이야기는 하지 마시오."

그의 마음속에는 죽음에 대한 두려움이 가득 차 있어서 말도 꺼내지 못하게 했던 것입니다. 그러나 그리스의 한 황제는 신하들이 아침마다 자기를 알현할 때 이렇게 인사하라고 명령했습니다.

"폐하, 폐하도 언젠가는 반드시 죽는다는 것을 기억하십시오."

두 사람이 너무나 대조적이죠? 그런데 재미있는 결과가 나타났습니다. 윌리엄 할스트는 죽을 때 무지무지한 고통 속에서 몸부림치다가 갔고, 그리스의 황제는 아주 편안한 죽음을 맞이했다고 합니다.

죽음은 준비하는 사람들에게만 승리를 가져다줍니다. 죽음은 준비하는 사람에게만 참 안식과 평안을 가져다주는 것입니다. 사랑하는 우리 성도들은 죽음을 잘 준비하는 지혜로운 자들이 되시기를 바랍니다.

그러면 죽음을 잘 준비한다는 말이 무슨 뜻입니까? 죽음의 의미를 바르게 이해한다는 얘기입니다. 죽음이 무엇인지 바르게 이해하는 사람만이 죽음을 잘 준비할 수 있는 것입니다.

오늘의 본문을 보면 죽음의 의미를 잘 이해했던 바울의 고백이 나옵니다. 바울은 세상을 떠나기 직전인 AD 67년경에 로마의 감옥에서 자신의 죽음을 예견하며 이렇게 고백했습니다.

"전제와 같이 내가 벌써 부어지고 나의 떠날 시각이 가까웠도다."

여기서 전제라는 말은 구약 시대의 한 제사법으로서 관제라고도 하는데, 제물 위에 포도주를 붓는 제사를 뜻합니다. 이 제사를 드릴 때 맨 마지막에 포도주를 붓는데, 그렇게 포도주를 부으면 모든 예식이 끝납니다. 바로 그것처럼 바울은 자신의 생명을 하나님께 쏟아 붓고 이제는 떠나갈 때가 되었다는 얘기입니다. 바울은 죽음을 바라보고, 죽음을 준비한 자였습니다. 오늘은 바울의 이 고백을 통해서 죽음이 무엇인지를 생각해 보고 함께 은혜를 나누고자 합니다. 죽음이 무엇입니까?

1. 죽음은 떠나는 것입니다

본문 6절을 보면 바울이 이렇게 말합니다.

"전제와 같이 내가 벌써 부어지고 나의 떠날 시각이 가까웠도다."

바울은 자신의 죽음이 얼마 남지 않은 것을 알고 떠날 때가 가까이 왔다고 고백하고 있습니다. 바로 이 고백처럼 죽음은 세상을 떠나는 것입니다. 우리의 영혼이 육체에서 떠나고, 세상에서 떠나는 것이 죽음이라는 얘기입니다.

그렇습니다. 죽음은 이 세상을 떠나고, 사랑하는 사람을 떠나가는 것입니다. 그러나 떠난다고 해서 종말을 의미하는 것이 아닙니다. 소멸을 뜻하지도 않습니다. 성경에서 말하는 죽음은 결코 비극적인 종말을 의미하지 않습니다. 본문의 '떠난다'라고 하는 말이 헬라어로는 '아날뤼세오스'라고 되어 있는데, 이 용어는 두 가지 의미를 가지고 있습니다. 하나는 '선원이 배를 바다로 출항시키기 위해서 정박해 놓았던 배의 밧줄을 푼다'라는 뜻입니다. 그러므로 배의 밧줄을 푼다는 얘기는 또 다른 목적지를 향해서 새로운 여행을 하게 된다는 것입니다. 죽음이 절대로 종말이나 소멸을 의미하는 것이 아니라는 말입니다.

또 하나, '떠난다'라는 말은 '나그네가 다음날 새로운 행진을 하기 위해서 자신이 거처하던 장막을 걷는다'라는 뜻을 가지고 있습니다. 유목민들은 천막을 치고 살다가 새로운 목적지를 향해 떠날 때면 그 천막을 거둡니다. 바로 그것을 의미합니다. 그러므로 여기서도 '떠난다'는 말이 종말을 의미하는 것이 아닙니다. 죽음은 새로운 곳으로 이사 가는 여행의 출발이라고 할 수가 있습니다. 이것이 우리에게 얼마나 큰 소망을 줍니까? 죽음은 마지막이 아니라 새로운 여행의 출발인 것입니다.

이것을 확신하고 살았던 본회퍼 목사님의 일화가 있습니다. 독일의 본회퍼 목사님은 나치에 반대운동을 하다가 감옥에 갇혀 교수형을 당하게 되었습니다. 어느 날 간수가 그의 이름을 불렀습니다. 그때 그는 직감적으로 자기의 마지막이 온 것을 알았습니다. 그래서 감옥에 있던 동료들에게 이런 말로 인사를 했습니다.

"친구 여러분, 이제 저의 새로운 여행이 시작됩니다. 이것은 결코 저의 마지막이 아닙니다. 저는 새로운 여행을 위해서 출발하는 것입니다. 천국에서 다시 만납시다."

얼마나 당당한 고백입니까? 성경이 가르쳐 주는 죽음이 바로 이런 것입니다. 죽음은 새로운 목적지를 향한 떠남입니다. 그러면 우리는 어디로 갑니까? 하나님께서 예비해 놓으신 하늘나라로 갑니다. 거기에는 눈물이 없습니다. 애통하는 것이 없습니다. 곡하는 것이 없습니다. 아픈 것이 없습니다. 다시는 사망도 없습니다. 영원한 기쁨만 있는 하늘나라가 우리의 목적지입니다. 그래서 천상병 시인은 "귀천"이라는 시에서 이렇게 노래했습니다.

> 나 하늘로 돌아가리라
> 새벽빛 와 닿으면 스러지는
> 이슬 더불어 손에 손을 잡고
>
> 나 하늘로 돌아가리라
> 노을빛 함께 단둘이서
> 기슭에서 놀다가 구름 손짓하며는
>
> 나 하늘로 돌아가리라
> 아름다운 이 세상 소풍 끝내는 날
> 가서, 아름다웠더라고 말하리라

우리는 잠시 하늘나라에서 소풍을 나온 사람들입니다. 그래서 소풍이 끝나면 다 하늘나라로 돌아가야 합니다. 이 세상을 떠나야 합니다. 사랑하는 우리 성도들은 그날 하나님 앞에 서게 되면 세상에서의 소풍은 참으로 아름다웠다고 고백할 수 있기를 축원합니다.

2. 죽음은 다시 태어나는 것입니다

우리에게는 늘 죽음의 그림자가 따라다닙니다. 한쪽에서는 새 생명이 태어나지만 한쪽에서는 쉴 새 없이 죽음의 길로 가는 것입니다. 최근 메르스 때문에 세상을 떠난 사람이 수십 명 생겼지만 다른 질병이나 사고로 죽는 사람들이 얼마나 많습니까? 지금도 사람들은 쉬지 않고 무덤을 향하고 있습니다. 예수 잘 믿는 사람이라 해도 예외가 아닙니다. 예수 믿는 사람이나 세상 사람이나 할 것 없이 다 죽음을 맞이하게 됩니다.

그러나 하나님의 관점에서 보면 예수 믿는 사람의 죽음이 절대 슬픈 일이 아닙니다. 참으로 기쁘고 복된 일입니다. 왜 그런 줄 아십니까? 성도에게 있어서의 죽음은 하늘나라에서 새로 태어나는 것을 의미하기 때문입니다. 성도는 죽음을 통해 천국에서 다시 태어납니다. 다시 태어나서 앞서간 믿음의 선진들을 전부 다 만나고, 영원토록 영광을 누리는 것입니다. 그래서 전도서 7장 1절을 보면 "죽는 날이 출생하는 날보다 나으며"라고 했습니다.

우리의 임종이 가까워지면 천국 백성들은 마치 분만실 앞에서 손자를 기다리는 할머니의 심정으로 우리를 지켜보며 말할 것입니다.

"조용히 좀 해봐. 조금 있으면 태어날 것 같으니까."

얼른 새 식구를 보고 싶어서 다들 안달할 것입니다. 세상에서는 유족들이 검은색 정장을 입고 영구차를 따라가지만, 하늘나라에서는 천국 백성들이 가장 아름다운 옷을 입고 우리를 기다릴 것입니다. 이 땅에서 아기가 태어나는 것을 보고 우는 사람은 없습니다. 아기는 울지만 식구들은 환하게 웃습니다. 하늘나라에서도 마찬가지입니다. 주님의 자녀들이 이 세상을 떠나는 순간 천국 시민은 누구도 눈물짓지 않습니다. 환한 미소를 지으면서 열렬히 환영합니다. 그러니까 하늘과 땅은 정반대의 현상이 일어나는 것입니다. 사람이 죽으면 땅에서는 슬픔의 눈물을 흘리지만, 하늘나라에서는 활짝 웃으며 잔치를 벌인다는 얘기입니다. 그런데도 많은 사람들이 죽음을 생각하며 슬퍼합니다. 죽음의 공포 때문에 우울하게 살아갑니다.

한 여인이 있었습니다. 이 여인은 젊었을 때부터 자신의 목숨은 바람 앞의 촛불과 같아서 언제 끊어질지 모른다고 두려워했습니다. 얼마나 걱정이 되었던지 37세 때부터는 아예 침대에서 살다시피 했습니다. 무려 53년을 그렇게 살았습니다. 젊은 시절에 스스로 내린 사망 선고는 90세가 되어서야 현실이 되었지만, 그녀는 평생 죽음을 두려워하고 강박감 속에서 살았습니다. 하지만 크림 전쟁이 한창이던 3년 동안만큼은 죽음을 겁내는 여인이 아니라 그런 이들을 돕는 친구로 명성을 떨쳤습니다. 여러분, 이 여인이 누구인 줄 아십니까? 역사상 가장 위대했던 간호사 플로렌스 나이팅게일이었습니다. 나이팅게일은 딱 3년만 빼고는 일생 죽음이라는 괴물 앞에서 바짝 얼어붙은 삶을 살다가 죽었습니다.

여러분, 오늘 여러분은 어떻습니까? 혹시 죽음의 공포가 삶의 기쁨을 갉아먹고 있지는 않습니까? 그렇다면 지금 은혜의 생수를 들이키시기 바랍니다. 예수님은 죽는 것을 무서워하여 일생 마귀에게 종 노릇하는 사람들을 자유케 하려고 이 세상에 오셨습니다. 죽음의 공포를 물리치고 영원한 소망을 갖게 하려고 이 땅에 오셨습니다. 그분 예수 그리스도께서 오늘도 요한복음 11장 25-26절을 통해 말씀하십니다.

"나는 부활이요 생명이니 나를 믿는 자는 죽어도 살겠고 무릇 살아서 나를 믿는 자는 영원히 죽지 아니하리니 이것을 네가 믿느냐."

죽었다가 사흘 만에 다시 살아나신 예수님은 부활의 첫 열매가 되셨습니다. 그러므로 이제 우리도 예수님과 연합하기만 하면 부활의 영광을 누립니다. 천국에서 다시 태어나는 기쁨을 누립니다. 주님과 함께 영원히 사는 복을 누리는 줄 믿으시기 바랍니다.

성경을 보면 예수님이 삶과 죽음의 주관자라는 것을 보여주는 사건이 있습니다. 어느 날 예수님의 총애를 받던 나사로가 갑자기 세상을 떠났습니다. 그때 예수님이 그의 돌무덤 앞에 가서 명령하셨습니다.

"나사로야, 나오너라."

그러자 죽은 지 나흘이나 된 나사로가 돌무덤 속에서 걸어 나왔습니다. 가족들이 참으로 기뻐했습니다. 그러나 그중에는 이런 생각을 한 사람도 있었을 것입니다.

'어차피 살려내실 것이라면 왜 나사로가 죽도록 내버려 두셨나?'

하지만 그 이유가 있습니다. 주님께서는 그 사건을 통해서 주님이 삶과 죽음의 주관자임을 보여주시고자 했던 것입니다. 그렇습니다. 주님은 삶과 죽음의 주관자이십니다. 그래서 사탄의 목을 짓밟고 죽음과 정면으로 맞서서 이렇게 선포하셨습니다.

"네가 죽음을 끝이라고 했느냐? 그것은 틀린 얘기다. 죽음은 하늘나라로 올라가는 엘리베이터일 뿐이다."

그렇습니다. 죽음은 하늘나라로 가는 엘리베이터와 같습니다. 그러므로 천국에 가기 위해서는 반드시 죽음이라고 하는 관문을 지나가야 합니다. 죽음의 관문을 지나가기만 하면 우리는 천국에서 다시 태어나는 영광을 누립니다. 그날이 되면 우리는 그렇게도 사모하던 예수님을 만나게 될 줄 믿으시기 바랍니다. 나를 위해 십자가에서 못 박혀 죽으신 주님을 만나는 것입니다. 나를 위해 죽으시고, 나를 위해 다시 사신 주님의 손을 붙잡고 기쁨으로 주님의 얼굴을 뵙게 되는 것입니다.

평생 맹인으로 살았던 크로스비 여사는 그날의 감격을 생각하며 찬송가 240장을 통해 이렇게 노래한 바 있습니다.

   1. 주가 맡긴 모든 역사 힘을 다해 마치고
     밝고 밝은 그 아침을 맞을 때
     요단 강을 건너가서 주의 손을 붙잡고
     기쁨으로 주의 얼굴 뵈오리
     나의 주를 나의 주를
     내가 그의 곁에 서서 뵈오며

나의 주를 나의 주를

　　　손에 못 자국을 보아 알겠네

　4. 영화로운 시온 성에 들어가서 다닐 때

　　　흰옷 입고 황금 길을 다니며

　　　금거문고 맞추어서 새 노래를 부를 때

　　　세상 고생 모두 잊어버리리

　　　나의 주를 나의 주를

　　　내가 그의 곁에 서서 뵈오며

　　　나의 주를 나의 주를

　　　손에 못 자국을 보아 알겠네

　죽음의 문을 지나간 후에는 천국에서 주님의 영접을 받고 영원토록 기쁨의 노래를 부르는 여러분들이 되시기를 축원합니다.

3. 죽음은 상급입니다

　바울은 하늘의 상을 받기 위해서 죽음의 문을 지나간다고 말했습니다. 그래서 본문 7-8절을 보면 바울은 이렇게 선언합니다.

　"나는 선한 싸움을 싸우고 나의 달려갈 길을 마치고 믿음을 지켰으니 이제 후로는 나를 위하여 의의 면류관이 예비되었으므로 주 곧 의로우신 재판장이 그날에 내게 주실 것이며 내게만 아니라 주의 나타나심을 사모하는 모든 자에게도니라."

바울은 평생 복음 전파를 위해서 선한 싸움을 싸우고, 사명을 다하고, 믿음을 지켜서, 이제 하늘나라에 가면 의의 면류관을 수여받는다는 것입니다. 그러므로 그에게 있어서는 죽음이 곧 상급이었습니다. 그렇습니다. 믿는 자에게는 죽음이 상급이나 마찬가지입니다. 죽음을 통해서 하늘의 상을 받고, 죽음을 통해서 승리의 면류관을 수여받기 때문입니다.

죽음의 순간이 우리에게 다가올 때 우리는 무력감을 느낄 수밖에 없습니다. '이제는 정말 어쩔 수 없구나'라는 감정을 느끼는 것입니다. 그러나 그때 우리가 취해야 할 일이 있습니다. 그것이 무엇인 줄 아십니까? 바로 우리의 '무력감'을 주님께 대한 '의존감'으로 바꾸는 것입니다. 어린아이가 엄마에게 다 맡기는 것처럼 주님께 모든 것을 맡기는 신앙이 필요합니다.

여러분, 삶이 무엇입니까? 삶이라는 것은 우리의 욕망을 채우기 위해서 끊임없이 몸부림치는 하나의 과정이라고 할 수 있습니다. 너나 할 것 없이 우리는 무엇인가를 움켜쥐기 위해서 몸부림치며 살아갑니다. 그러나 죽음이 찾아오면 이 몸부림을 포기해야 합니다. 몸부림을 깨끗이 포기하고 나의 전 존재를 하나님 앞에 내어드려야 합니다. 오늘 여러분에게 그 준비가 되어 있습니까?

바울이라고 해서 죽음을 피할 수 있는 것이 아니었습니다. 그래서 죽음을 예감한 바울은 감옥에서 죽음을 기다리고 있었습니다. 그에게는 특별히 할 일이 없었습니다. 오직 죽음만을 기다려야 했습니다. 인간적으로 생각하면 억울한 감정이 적지 않았을 것입니다. 그러나 바울은 원망하지 않았습니다. 낙심하지 않았습니다. 모든 것을 하나님께 맡기고 하나님의 처분만 기다렸습니다. 그리고 그는 이렇게 선언합니다.

"이제 후로는 나를 위하여 의의 면류관이 예비되었는데, 의로우신 재판장인 주님께서 그날에 내 머리에 씌워 주실 것이다."

바울의 기다림은 소망의 기다림이요, 신뢰의 기다림이었습니다. 왜 그렇습니까? 장차 의로우신 재판장인 하나님께서 자기에게 의의 면류관을 씌워 주신다는 믿음이 있었기 때문입니다. 바울에게는 하늘의 상급을 기대하는 믿음이 있었습니다. 자신뿐만 아니라 주님을 사모하는 사람들에게도 똑같이 상급이 주어진다고 선언했습니다. 바로 이것이 바울의 위대한 신앙이요, 승리의 노래인 것입니다. 바울에게는 죽음이 패배가 아니었습니다. 죽음이 승리였고, 안식이었고, 상급이었습니다. 오늘 이 고백이 여러분의 고백이 될 수 있기를 바랍니다. 마지막 순간에 하늘의 상급을 바라보는 자들이 되시기를 바랍니다.

그런데 우리가 마지막 순간에 바울처럼 당당하게 죽음을 맞이하려면 어떻게 살아야 하겠습니까? 바울의 고백처럼 평생 선한 싸움을 싸우고, 달려갈 길을 마치고, 믿음을 지켜야 합니다. 한평생 하나님의 영광을 위해서, 복음 전파를 위해서 선한 싸움을 싸울 때 죽음을 잘 준비하는 사람이 될 수 있습니다. 또 달려갈 길을 잘 달려야 합니다. 주신 사명을 잘 감당해야 죽음을 당당하게 맞이할 수 있습니다. 그리고 믿음을 지켜야 합니다. 괴로우나 즐거우나 주님만 바라보고 주님만 의지하는 믿음을 가질 때 죽음이 곧 상급이 되는 것입니다. 잠시 잠깐 후에 하나님 앞에서 의의 면류관을 받아 쓸 것을 생각하며 죽음을 잘 준비하고 사는 여러분이 되시기를 간절히 축원합니다.

이단을 경계하라

디도서 1장 10-16절

어느 동물원에서 고릴라가 갑작스럽게 죽자 동물원 관계자들이 급히 모여서 대책을 세웠습니다.

"어떻게 하면 좋겠소?"

그러자 한 사람이 좋은 아이디어를 냈습니다.

"사람을 한 명 고용해서 고릴라로 변장시킨 뒤에 관람객들에게 재롱을 떨게 합시다."

좋은 아이디어라고 하면서 한 사람을 고용했습니다. 그런데 이 가짜 고릴라가 아침에 출근해서 고릴라 우리로 들어가야 하는데, 그만 곰이 살고 있는 우리로 들어가고 말았습니다. 그가 곰 우리로 들어가니 즉각 큰 곰 한 마리가 다가왔습니다. 빨리 빠져나가야 하는데 이미 늦었습니다. 어떡합니까? 그래서 그냥 그 자리에 엎드려 죽은 척하고 있었습니다. 그러자 곰이 어슬렁어슬렁 다가와서 가짜 고릴라 귀에 대고 이렇게 말하더랍니다.

"여보시오. 가짜 고릴라 씨, 죽은 척하지 말고 일어나시오. 사실은 나도 가짜 곰인데, 당신은 한 달에 얼마나 받기로 하고 왔소?"

세상에 고릴라도 가짜고, 곰도 가짜 곰이었습니다. 그래도 이런 것은 애교로 봐줄 수가 있습니다. 하지만 도저히 봐줄 수 없는 가짜가 있습니다.

몇 년 전 한 중견 의류업체 간부로 일하던 남자가 사업상 만나던 여자와 결혼을 했는데, 소설 속에서나 나올 법한 황당한 사건이 일어났습니다. 그와 결혼한 여자가 나이를 7살이나 어리게 줄이고 자기 여동생 이름으로 결혼을 한 것입니다. 나이와 이름만 속인 게 아닙니다. 학력도 속이고, 두 번의 이혼 경력도 속이고, 거기에다 자식을 세 명이나 낳았던 전력도 속였습니다. 모든 게 가짜였습니다. 그런데 결혼한 남자는 7년 동안이나 가짜인 줄도 모르고 결혼 생활을 했습니다. 그러다가 뒤늦게 속은 것을 알고 혼인무효소송을 제기했습니다. 남자 입장에서는 얼마나 어이가 없었겠습니까? 그래서 이런 노래도 있습니다.

"세상은 요지경, 요지경 속이다. 잘난 사람은 잘난 대로 살고 못난 사람은 못난 대로 산다. 야 야 야들아, 내 말 좀 들어라. 여기도 짜가 저기도 짜가 짜가가 판친다. 인생 살면 칠팔십 년 화살같이 속히 간다. 정신 차려라. 요지경에 빠진다."

정말이지 세상은 요지경 속입니다. 가짜 의사, 가짜 검사, 가짜 변호사를 조심해야 하지만 가짜 총각, 가짜 처녀도 조심해야 합니다.

짝퉁을 조심하지 않으면 언제 신세를 망치게 될지 모릅니다.

　소위 말하는 짝퉁은 항상 정품에 심각한 문제를 일으킵니다. 우선 짝퉁은 싼 값으로 생산되니까 정품을 생산하는 기업의 매출에 타격을 입힙니다. 그리고 저급한 품질로 제품의 이미지를 떨어뜨릴 뿐만 아니라 제품에 대한 신뢰도를 크게 훼손시킵니다. 예를 들어서 수백만 원짜리 롤렉스 시계를 샀는데 1년도 안 되어 고장이 났습니다. 그때 그 제품이 짝퉁인지 모르는 소비자는 큰 불만을 가집니다.
　"아니 세계적인 시계라더니 이게 뭐야? 5만 원짜리 전자시계보다 못하네."
　이것이 가짜가 가져다주는 피해입니다. 그런데 경제계에 짝퉁 문제가 있다면 종교계에는 이단, 사이비 문제가 있습니다. 이단과 사이비들이 나타나서 기존 종교에 얼마나 심각한 문제를 일으키는지 모릅니다. 특히 우리 기독교 안팎에 이단과 사이비가 많은데 이들이 찾아와서 개인의 심령에 혼란을 일으키고, 교회에 혼란을 가져다주고, 더 나아가 기독교 전체에 많은 문제를 가져다주고 있습니다.

　최근에 종교적인 문제를 넘어 반사회적 패륜 행태를 보이고 있는 신천지 고발 프로그램에서 이단에 빠진 대학생이 자기를 찾아온 부모에게 이렇게 말하는 것을 보았습니다.
　"나는 당신들의 자식이 아닙니다. 더 이상 나를 찾아오지 마십시오."
　하나님의 사람이면 부모를 배나 더 공경해야 합니다. 부모에게 배나 더 효도해야 마땅합니다. 그런데 이단에 빠지면서 부모도 알아보지 못하고, 인간의 도리도 분별하지 못하는 불효자식이 되고 말았습니다. 어디 이뿐입니까? 이단에 빠진 사람들은 배우자도 거침없이 버리고, 가정도 거침없이 버립니다. 자식들의 학업을 중단시키고 그들만의 신앙촌으로 들어가서 세상과 단절하고 사는 사람들도 있습니다. 평생 영혼을 도둑맞은 채 건강 빼앗기고, 물질 빼앗기고, 가정 빼앗기고, 사랑 빼앗기고, 완전히 거지 인생이 되는데도 멸망의 길로 들어갑니다. 얼마나 큰 비극입니까?

한 종교문제연구소의 발표에 의하면, 우리나라에는 현재 400개 이상의 신흥 종파가 있다고 말합니다. 이들 신흥 종파의 교주 중에는 자칭 하나님이 7명이나 됩니다. 자칭 재림 예수도 29명이나 됩니다. 수년 전 통계니까 아마 지금은 40명도 더 될 것입니다. 이게 말이 됩니까? 그런데 이런 교주가 이끄는 이단에 빠진 사람들이 약 100만 명이나 된다고 합니다. 이단에 빠진 사람들의 대다수는 기성 교회 성도들인데, 문제는 이들의 숫자가 해마다 늘어간다는 데 있습니다.

이만희가 교주로 있는 신천지는 신도 수가 해마다 1만 명 이상씩 늘어난다고 합니다. 보통 문제가 아닙니다. 지금 한국 교회는 이단으로 인해 몸살을 앓고 있습니다. 그러나 이런 피해가 한국을 넘어 전 세계로 퍼져나가고 있습니다. 한국산 이단들이 세계로 퍼져나가면서 피해가 날로 확산되고 있습니다. 그중에서도 중국의 피해가 아주 심각합니다. 현재 조선족의 경우는 25퍼센트 이상이 이단에 빠져 있습니다. 이것이 오늘의 현주소입니다. 이단과 사이비는 분명히 사탄의 작품인데 그것들이 이렇게 많다는 얘기는 비극 중의 비극이 아닐 수 없습니다.

그러면 이단은 무엇이고, 사이비는 무엇입니까? 개념적으로 이단과 사이비는 비슷하지만 조금 다릅니다. 먼저, 이단이란 말의 한자어 표기는 '다를 이(異)' 자에 '끝 단(端)' 자를 씁니다. 문자 그대로 해석한다면 '다 같은데 끝이 다른 것'이라는 뜻입니다. 그러니까 분명히 같은 기독교인데 결정적으로 어떤 중요한 부분에서 차이가 나는 종파나 교회를 이단이라고 할 수 있습니다. 이단이란 말은 헬라어 '하이레시스'에서 왔는데, 이 단어가 성경 여러 곳에 기록되어 있습니다. 대표적으로 오늘의 본문 바로 뒤에 나오는 디도서 3장 10절을 보면 확인할 수 있습니다.

"이단에 속한 사람을 한두 번 훈계한 후에 멀리하라."

여기서 말하는 '이단'이 '하이레시스'입니다. 이 말은 '자력으로 취하다, 분리를 조장하다, 불화를 일으키다'라는 뜻입니다. 그러니까 정통 교리를 따르지 않고 제멋대로 교리를 만들어내서 분란을 일으키고 사람들에게 불화를 가져다주는 집단이라는 얘기입니다. 그렇습니다. 이단은 절대 기독교의 정통 교리를 따르지 않습니다. 자의적으로 교리를 만듭니다. 항상 공동체 안에 혼란을 일으키고, 파당을 지어서 공동체를 분열시키는 일을 자행합니다. 이런 이단이 지금 얼마나 됩니까?

현재 한국 교회를 가장 어지럽히는 이단의 교주는 신천지교회의 이만희, 기독교복음선교회의 정명석, 만민중앙교회의 이재록, 베뢰아 아카데미의 김기동, 한국 예루살렘교회의 이초석, 구원파의 권신찬, 박옥수, 이요한 등을 꼽을 수 있습니다. 여기에다 새일교단, 동방교, 장막성전, 참예수교, 새마을전도단, 시온산제국, 영생천국본부 등도 국내의 굵직한 이단들입니다. 그런가 하면 외국에서 수입된 이단도 많습니다. 대표적으로는 몰몬교라 하는 말일성도 예수 그리스도의 교회가 있고, 여호와의 증인이 있는가 하면, 안식교라고 하는 제칠일 안식일 예수재림교회 등이 있습니다. 국내산이든 외국산이든 이단은 교회를 분열시키고 어지럽히는 대표적인 집단입니다.

그러면 사이비는 무엇입니까? 사이비란 말은 한자어로 '같을 사(似), 말 이을 이(而), 아닐 비(非)' 자를 씁니다. 문자 그대로 해석하면 겉으로는 비슷하지만 본질은 완전히 다른 것이거나 가짜를 뜻합니다. 그러니까 이 말을 기독교에 적용한다면, 사이비 기독교는 기독교와 비슷하지만 기독교가 아닌 종교 집단, 또는 기독교를 빙자한 유사 종교 집단을 말합니다. 이런 사이비 기독교 집단들은 예외 없이 기독교에서 나간 무리들이 세운 것입니다. 기독교인들을 미혹해서 끌고 나간 사람들이 만든 종교입니다. 그래서 전반적인 교리 체계가 기독교와 비슷합니다.

그러나 결정적으로 기독교의 교리를 부정하거나 비판하는 특징이 있습니다. 자기들의 교리를 정당화하기 위해서 비판하는 것입니다. 대표적인 사이비 기독교 집단의 예를 들어 보면 이렇습니다. 통일교의 문선명 집단, 전도관이라 일컫던 천부교의 박태선 집단, 영생교의 조희성 집단, 그 외에 셀 수 없이 많은 군소 기독교 사이비 집단들이 있습니다.

그런데 이 이단, 사이비의 정체를 깨닫게 해주는 말씀이 있습니다. 바로 마태복음 13장 24절 이하에 나오는 비유가 그것입니다. 흔히 '가라지 비유'라고 하는 이 말씀은 주님께서 직접 제자들에게 주신 비유의 말씀입니다. 주인이 정성들여 씨를 뿌리고 밭을 가꾸어 곡식이 잘 자라고 있습니다. 그런데 곡식이 자라고 결실할 때 보니 거기에 가라지도 섞여 있습니다. 알고 보니 주인이 잠잘 때 악한 사람들이 몰래 가라지 씨를 뿌리고 간 것입니다.

주님께서는 이 비유를 통해서 이단과 사이비의 정체를 가르쳐 주십니다. 하나님께서 정성스럽게 가꾸신 밭, 곧 교회 안에는 알곡인 하나님의 백성들 외에 가라지들이 있을 수 있다는 얘기입니다. 악한 자들이 몰래 들어와서 가라지 씨를 뿌리기 때문입니다. 여기서 악한 자들은 마귀를 말하고, 가라지는 이단과 사이비를 말합니다. 결국 이단과 사이비는 마귀가 교회 안에 심어놓은 하수인이요, 마귀의 자식들이라고 할 수 있습니다.

성경은 이들의 마지막이 멸망이라고 말합니다. 마지막 때에 이들은 하나님의 심판을 받고 영원한 형벌에 떨어집니다. 하지만 심판을 받기 전까지는 얼마나 발악을 하고 성도들을 공격하는지 모릅니다. 지금도 마귀는 이단과 사이비를 통해서 끊임없이 기독교를 공격하고, 교회에 큰 해를 끼치고 있습니다. 전도의 문을 가로막습니다. 교회의 이미지를 실추시킵니다. 현재 인터넷에 떠돌고 있는 반기독교 정서의 독설과 음해와 공격은 상당수가 이단들에 의해 유포된다는 말도 있습니다.

사탄이 이 땅의 교회를 무너뜨리고, 성도들의 믿음을 무너뜨리기 위해서 사용하는 도구는 다름 아닌 이단과 사이비입니다. 그러므로 우리는 주님 오실 때까지 늘 깨어 있어야 하고, 이단과 사이비를 경계해야 합니다.

그러면 이단과 사이비를 구체적으로 어떻게 대처하고 경계해야 합니까?

1. 미혹당하지 않도록 주의해야 합니다

오늘의 본문 11절을 보면 이렇게 말씀합니다.

"그들의 입을 막을 것이라 이런 자들이 더러운 이득을 취하려고 마땅하지 아니한 것을 가르쳐 가정들을 온통 무너뜨리는도다."

여러분, 이단이 존재하는 이유가 뭐라고 말씀합니까? 이단은 어떻게든 헛된 말을 하고 속이는 말을 해서 더러운 이득을 취하려 한다고 했습니다. 그뿐 아닙니다. 마땅하지 않은 것을 가르쳐서 가정들을 온통 무너뜨린다고 했습니다. 그러니 이단이 얼마나 무서운 집단입니까? 이러한 이단에 미혹당하면 안 됩니다. 이단에 미혹당하는 순간부터 그 사람은 영혼을 저당 잡히고, 멸망의 길로 끌려가는 것입니다.

종종 이단들이 문제를 일으켜서 사회문제가 되는 경우가 있는데, 이단의 배후를 살펴보면 꼭 두 가지의 중요한 요소가 있습니다. 하나는 돈이고, 다른 하나는 성(性)의 문제입니다. 그들에게는 처음부터 윤리나 도덕이 없습니다. 오직 순진한 사람들을 유혹하여 돈을 착취하고, 많은 여자들을 유인해서 성적 노리개로 삼는 것이 주목적입니다. 그러니 가정이 파괴되는 것은 시간문제입니다. 이단의 교주들을 보십시오. 하나같이 돈도 많고, 여자도 많습니다. 그런데도 사람들이 미혹당하고 신세를 망칩니다. 왜 그렇습니까? 거짓 사도들은 그만큼 변장에 능하기 때문입니다. 이들은 사탄의 일꾼이지만 철저하게 의의 일꾼으로 변장을 합니다. 진짜보다 더 아름답게 포장을 합니다. 그런데 사람들이 포장의 실체를 모르고 속임수에 넘어갑니다. 가짜인데 진짜보다 더 아름답게 보이기 때문입니다.

저는 여자들이 화장하는 데는 이의가 없는 사람입니다. 화장을 하고 아름답게 가꾸는 데는 적극 찬성합니다. 할 수 있는 대로 하나님께서 주신 작품을 잘 가꾸어야 하지 않겠습니까? 그러니까 화장을 하든지, 쌍꺼풀 수술을 하든지, 코를 높이든지, 귀를 뚫든지, 입술을 안젤리나 졸리처럼 도톰하게 하든지 그것은 알아서 하세요. 그러나 화장의 유래는 좀 알고 하시기 바랍니다.

본래 여인들이 입술에 바르는 루즈는 프랑스에서 시작되었습니다. 1차 세계대전 후에 사회가 매우 어려워졌습니다. 먹고살기가 힘들어지니까 자연스럽게 창녀가 많아졌습니다. 그런데 창녀들이 몸을 함부로 굴리다 보니까 몸이 허약해지고, 입술이 파래졌습니다. 입술이 파래지고 창백해 보이면 남자를 유혹할 수가 없습니다. 그래서 건강한 여자처럼 보이기 위해 입술에 빨간 것을 칠하기 시작했는데 그것이 오늘의 루즈입니다. 그러니까 알아서 잘 칠해 보세요. "아이고, 목사님. 그러니까 칠하라는 겁니까? 칠하지 말라는 것입니까?" 하고 묻고 싶은 분들이 있을 텐데, 유래가 그렇다는 얘기입니다.

처음에는 건강치 못한 여자가 건강한 것처럼 보이고, 순결치 못한 여자가 순결한 것처럼 보이기 위해서 루즈를 칠했습니다. 물론 지금은 그것이 아닙니다만, 어쨌든 화장이 위장은 위장이죠? 진짜가 아니라 가짜입니다. 진짜는 '생얼'이라고 합니다. 하지만 맨 얼굴보다 화장한 얼굴이 더 아름다운 것처럼 가짜가 진짜보다 더 아름답게 보이는 경우가 많습니다.

우리가 알고 있는 가짜 사도도 마찬가지입니다. 거짓 사도가 하는 말이 훨씬 아름답고 멋지게 보일 수 있습니다. 그래서 기성 교인들이 이단의 교주들에게 빠져드는 것입니다. 조심해야 합니다. 주님은 요한일서 4장 1절을 통해서 오늘도 이렇게 말씀하십니다.

"사랑하는 자들아 영을 다 믿지 말고 오직 영들이 하나님께 속하였나 분별하라 많은 거짓 선지자가 세상에 나왔음이라."

이단 사이비가 많으니까 무조건 다 믿지 말고 분별부터 하라는 말씀입니다. 그렇습니다. 우리는 분별할 수 있어야 합니다. 성경을 말한다고 무조건 믿으면 안 됩니다. 신앙적인 내용을 담고 있다고 해서 무조건 내 편이라고 생각하면 안 됩니다. 그들이 올바른 영인지 분별할 줄 알아야 합니다. 그들의 신앙이 올바른 신앙인지 분별할 줄 알아야 합니다. 그들의 신앙교리가 올바른 교리인지 분별할 수 있어야 합니다. 사실 이단은 그들의 열매를 보면 그 실체가 금방 드러납니다.

통일교를 보세요. 통일교의 창시자는 문선명 씨입니다. 그는 몇 년 전에 92세를 일기로 죽었습니다. 감기와 폐렴 증세를 이기지 못하고 죽었는데, 사실은 이 사람이 자칭 메시아입니다. 여러분, 메시아가 감기와 폐렴 하나 이기지 못하고 죽는다는 게 말이 됩니까? 모든 게 거짓입니다. 그는 1954년에 통일교를 창시하고 전 세계 194개국에 300만 신도를 보유하기까지 교세를 크게 확장시켰습니다. 그런데 신도 수만 늘린 게 아니라 신도들의 헌금으로 수많은 사업체를 운영해 오면서 자산도 키워왔습니다.

또 통일교에서는 국제결혼을 시켜준다고 많은 홍보를 하는데, 그냥 공짜로 시켜주는 것이 아닙니다. 한 사람이 몇천 달러씩 내야 합니다. 한 번에 10만 쌍, 20만 쌍도 하니까 장사가 얼마나 잘 되겠습니까? 현재 자산만 수조 원에 이른다고 하는데 앞으로 통일교의 기업들이 어떻게 될지 궁금해 하는 사람들이 많습니다. 문선명이 죽기 전에 이미 아들들이 왕자의 난을 일으킨 적이 있고, 지금도 법정 싸움에 들어가 있습니다.

생각해 보면 참으로 한심하기 그지없죠? 성직자의 탈을 쓰고 신도들이 바친 돈으로 사업을 해서 큰 기업을 이루었다면 악덕 기업가이지 어떻게 메시아가 될 수 있습니까? 그런데 많은 사람들이 그 실체를 모르고 문선명을 하나님처럼 섬겨 왔습니다. 이제라도 '아, 우리가 속았구나. 문선명은 가짜 메시아구나' 하고 돌아오면 좋으련만 '우리 총재님은 잠시 후에 다시 재림하십니다' 하고 여전히 사탄의 굴레에서 벗어나지 못할까 두렵습니다.

이단은 그 열매를 보면 금방 알 수 있습니다. 돈을 노리고, 여자를 노리고, 가정을 노리고, 세상의 것을 탐하면 그들은 볼 것도 없이 이단입니다. 아무리 천사의 얼굴을 하고 다가온다 해도 사람들을 멸망의 길로 이끌어가는 사탄의 하수인입니다. 그러므로 속으면 안 됩니다. 미혹 당하면 안 됩니다. 사랑하는 우리 성도들은 늘 깨어서 기도하며 영 분별을 잘해서 신앙생활에 성공하고 모든 일에 승리하시기를 축원합니다.

2. 말씀 가운데 바로 서야 합니다

본문 10절을 보면 이렇게 말씀합니다.

> "불순종하고 헛된 말을 하며 속이는 자가 많은 중 할례파 가운데 특히 그러하니."

이단은 하나님의 말씀에 불순종하고 항상 헛된 말을 하며 속인다고 했습니다. 그렇습니다. 이단은 입만 열면 거짓말을 합니다. 성경 말씀을 바르게 해석하지 않습니다. 바르게 가르치지 않습니다. 오직 자기들 입맛에 맞게 해석하고, 자기들의 배를 채우기 위해서 가르칩니다. 한강에 세모유람선을 띄워놓고 사업을 하는 구원파에서는 회개에 대해서 이렇게 가르칩니다.

"구원받은 자들은 이제 무슨 죄를 지어도 괜찮고 더 이상 회개할 필요도 없다."

예수님이 십자가에서 우리의 죄를 사하실 때 우리의 과거의 죄, 현재의 죄, 장차 지을 미래의 죄까지 다 용서하셨기 때문에 이제 죄를 지어도 회개할 필요가 없다는 것입니다. 그래서 회개기도를 하면 구원받지 못한 지옥의 자식이라고 책망합니다. 그리고 절대 주기도문으로 기도도 하지 않습니다. 이들은 구원을 위한 단회적 회개와 성화를 위한 반복적인 회개를 구별하지 않고 성경을 자기들 마음대로 해석하여 성도들을 미혹합니다. 그런데도 이 거짓 교리에 미혹당하는 성도들이 있습니다. 여러분, 멀쩡하게 생긴 성도들이 왜 넘어갑니까? 말씀 가운데 바로 서지 못하기 때문에 미혹당하고, 끌려가고, 멸망의 길로 가는 것입니다. 그러므로 우리가 이단에 미혹되지 않고 믿음 생활에서 승리하려면 먼저 말씀 가운데 바로 서야 합니다. 말씀으로 돌아가야 합니다.

얼마 전에 별세하신 이승만 목사님은 한국 출신으로 미국 장로교회 총회장을 지낸 분입니다. 그분이 총회장 취임 감사 예배 때 이런 슬로건을 내걸었습니다.

"Back to the Basic!"(기본으로 돌아가자!)

복음의 본질로 돌아가자는 말입니다. 미국 장로교회가 신학적인 면이나 실천적인 면에서 분명히 앞서가고 있지만 복음의 본질은 너무나 약화되었다는 얘기입니다. 그 결과 복음의 능력이 약화되어서 교회가 세속주의와 인본주의에 휘말리고 있으니 다시 복음의 본질로 돌아가자는 것입니다. 그렇습니다. 말씀으로 돌아가야만 우리는 승리할 수 있습니다. 말씀으로 돌아가야만 축복을 축복으로 받을 수 있습니다. 오늘날 우리 주변에 이단 사이비가 횡행하게 되는 이유는 우리가 하나님의 말씀 가운데 굳게 서 있지 못하기 때문입니다. 복음의 본질을 굳게 붙잡지 않기 때문에 이렇게 만신창이가 된 것입니다.

먼저 하나님의 말씀을 붙잡으시기 바랍니다. 말씀으로 돌아가시기를 바랍니다. 말씀을 붙잡아야만 승리할 수 있습니다.

마태복음 4장을 보면 예수님께서 마귀에게 시험 받으시는 장면이 나옵니다. 그때 마귀가 온갖 감언이설로 주님을 미혹합니다.

"나에게 절 한 번만 해라. 그러면 내가 모든 것을 주리라."

그러나 주님은 긴 말씀 하시지 않았습니다. 고민이나 주저함이 없이 아주 단호하게 말씀하셨습니다.

"사탄아 물러가라. 사람이 떡으로만 살 것이 아니요 하나님의 입으로부터 나오는 모든 말씀으로 살 것이라 주 너의 하나님을 시험하지 말라."

전부 다 구약성경에 나오는 하나님의 말씀을 인용하여 물리치셨습니다. 그러자 마귀가 더 이상 어떻게 해 보지 못하고 줄행랑을 쳤습니다. 바로 이것입니다. 우리가 말씀 가운데 굳게 서 있으면 이단 사이비가 다가오지 못하는 줄 믿으시기 바랍니다. 미혹하다가도 어떻게 해 보질 못하고 도망가게 되는 줄 믿으시기 바랍니다.

말씀으로 돌아갑시다. 말씀 가운데 굳게 섭시다.

그런데 말씀으로 돌아가더라도 교회 밖에서 주관하는 성경공부에 미혹되면 됩니다. 요즘 신천지교회라고 하는 이단이 무료성경공부를 통해서 얼마나 많은 신도들을 잘못된 길로 인도하고 있습니까? 우리 성도들은 절대 교회 밖에서 주관하는 성경공부에 참여하지 말고 교회 안에서만 하시기 바랍니다. 교회 안에서 성경을 공부하는 것이 가장 안전합니다. 혹시라도 주위에서 성경공부 하자는 권유가 들어오면 반드시 목회자에게 신고부터 해주세요. 여러분을 보호하기 위해서 말씀드리는 것입니다. 또 기성 교회를 신랄하게 비난하고 목회자를 음해하는 말을 많이 하는 사람도 신고해 주세요. 이단일 가능성이 많습니다.

어느 시대고 이단은 있었습니다. 왜 그렇습니까? 사탄이 존재하기 때문입니다. 지금도 그렇지만 앞으로도 사탄이 존재하는 한 이단은 계속해서 기승을 부릴 것입니다. 성도들을 미혹할 것입니다. 이것이 영적 세계의 현주소입니다. 그렇다면 우리가 믿음 생활에 성공하기 위해서는 먼저 사탄의 실체를 알고, 항상 깨어서 이단을 경계해야 합니다.

날마다 말씀 가운데 굳게 서서 사탄의 미혹에 흔들리지 않고 마지막까지 믿음의 경주를 잘하는 여러분이 되시기를 축원합니다.

흙으로 만들어진 인간
창세기 2장 4-7절

남자와 여자의 차이점이 많은데, 그 차이가 다음과 같다고 말합니다.

여자는 17세에 이미 다 성장한다. 그러나 남자는 37세에도 오락과 만화에 빠져 허우적댄다.

화장실에서 남자가 필요한 건 칫솔, 치약, 면도기, 면도크림, 비누, 수건 등 6가지다. 그러나 여자는 대부분의 남자들이 모르는 437종류의 것들을 필요로 한다.

남자가 외출할 준비가 되었다고 하면 실제로 나갈 준비가 다 된 것이다. 그러나 여자가 외출할 준비가 되었다고 하면 실제로는 씻기, 화장하기, 옷 고르기 등을 제외한 나머지가 끝났다는 것이다.

여자는 이틀에 한 번씩 세탁기를 돌린다. 그러나 남자는 속옷의

화학성분이 바뀌기 전까지 입고, 또 입고, 거꾸로 입고, 뒤집어 입고, 덜 더러운 걸로 갈아입고, 구멍 나면 두 개 입어서 가리고, 더 이상 입을 것이 없을 때 비로소 동네 세탁소로 향한다.

여자 셋이 친구 사이고 이름이 소영, 희진, 영자라면 여자들은 서로 '소영', '희진', '영자'라고 불러 준다. 그러나 남자 셋이 친구 사이이고 이름이 철수, 민호, 영철이면 남자들은 서로 '닭대가리', '쪼다', '변태'라고 불러 준다.

남자는 우연히 거울 앞을 지나치면 자신의 모습을 본다. 그러나 여자는 반사되는 모든 물건 앞에서 자신의 모습을 보려 한다. 예를 들면 거울, 창문, 숟가락 등등이다.

남자는 중요한 약속이나 안부를 묻기 위해 가끔 전화를 사용한다. 그러나 여자는 하루 종일 함께 지낸 친구 사이인데도 자기 전에 3시간 이상 통화한다.

여자는 길을 모를 때 주유소에 가서 물어 본다. 그러나 남자는 길을 모를 때 끝까지 헤매다가 기름이 떨어져서 주유소에 들어가서야 길을 물어 본다.

여자가 매일 화분에 물 주고 햇빛을 쪼여 주면 아름다운 꽃이 핀다. 그러나 남자가 매일 화분에 물 주고 햇빛을 쪼여 주면 꽃이 죽는다. 그 이유는 아무도 모른다.

여러분, 지금까지의 얘기에 공감하십니까? 남자와 여자는 분명히 차이가 있습니다. 서로 다른 부분이 너무나 많습니다. 뇌의 구조가 다르고, 생리적인 반응이 다르고, 감성이 다르고, 언어가 다릅니다.

그러나 근본은 다르지 않습니다. 본질에 있어서는 똑같습니다. 남자나 여자나 다 흙에서 시작되었기 때문입니다. 태초의 여자인 하와가 아담의 뼈로 만들어졌지만, 실상 그 뼈도 흙에서 왔기 때문에 원재료는 흙입니다. 그래서 하나님은 말씀하셨습니다.

"너희는 흙에서 왔으니 흙으로 돌아갈지니라."

우리의 근본이 흙이라는 얘기입니다. 그렇습니다. 우리는 흙에서 왔습니다. 하나님의 거룩한 형상을 따라 지음 받은 하나님의 최대 걸작품이지만 근본이 흙입니다. 그런 의미에서 우리는 다 흙덩어리들입니다. 큰소리칠 것 없습니다. 한 사람도 예외 없이 흙덩어리입니다. 자녀가 아무리 귀여워도 그 자녀는 흙덩어리입니다. 부모가 아무리 존경스러워도 그 부모님은 흙덩어리입니다. 남자가 아무리 잘생겼어도 흙덩어리에 불과하고, 여자가 아무리 아름다워도 흙덩어리인 것입니다.

저는 여자들이 머드팩을 하는 것을 보면 괜히 웃음이 나옵니다. 왜 그런 줄 아세요? 흙덩어리가 아름답게 보이기 위해서 또 다른 진흙을 열심히 바르고 있기 때문입니다. 머드팩을 하는 것은 흙덩어리 위에다 자꾸 흙을 바르는 거잖아요? 그런데 여자들이 어디 머드팩만 사용합니까? 아닙니다. 제가 인터넷에 들어가 보니까 화산재 팩도 있더라구요. 화산재는 풍부한 미네랄을 함유하고 있어서 피부의 보습과 탄력을 강화해 준답니다. 또 유황 성분이 들어있어서 피부 트러블을 부드럽게 진정시켜 준다는 거예요. 그래서 1킬로그램에 10만 원씩이나 하는 화산재 팩을 사용하는 여자들이 있습니다. 어쨌든 여자들이 이런 화장품을 애용한다면, 결국 여자들은 흙덩어리 위에 또다시 흙을 바르는 것입니다. 생각해 보면 너무나 재미있습니다.

제가 좀 과장된 표현을 했는지 모르지만, 우리가 아무리 좋은 것으로 가꾸고 포장을 해도 우리의 근본은 흙덩어리라는 얘기입니다. 부인해도 소용없습니다. 우리는 흙으로 만들어진 존재이기 때문에 평생 흙에서 나오는 것을 먹고 살다가 죽으면 또다시 한 줌의 흙으로 돌아가야 합니다. 여기에는 그 누구도 예외가 없습니다.

'천상의 목소리'로 불려온 세계적인 테너 가수 루치아노 파바로티가 71세를 일기로 타계했습니다. 췌장암 수술을 받은 그는 고열 증세로 병원에 입원하는 등 병세가 악화되면서 길고 힘든 사투를 벌였지만 결국 세상을 떠나고 말았습니다. 1935년 이탈리아 모데나에서 제빵업자의 외아들로 태어난 파바로티는 1961년 레지오 에밀리아의 오페라하우스에서 푸치니 오페라 '라보엠'의 로돌포 역으로 오페라 무대에 공식 데뷔했습니다. 그 후 1972년 뉴욕 메트로폴리탄 오페라하우스 공연에서 호평을 받으며 플라시도 도밍고, 호세 카레라스와 함께 '세계 3대 테너'로 자리를 굳혔습니다.

파바로티를 세계적인 성악가로 자리 잡게 한 것은 1972년 뉴욕 메트로폴리탄 오페라하우스에서 펼친 도니체티의 '연대의 딸' 공연이었습니다. 그는 이 공연에서 수차례 하이C(3옥타브 도)를 완벽하게 소리 내어 '하이C의 제왕'이라는 별명을 얻었습니다. 특히 88년 독일 오페라하우스에서 가진 '사랑의 묘약' 공연에서는 박수가 무려 1시간 7분이나 쏟아졌고, 165번의 앙코르를 받아 기네스북에 오르기도 했습니다.

파바로티는 다양한 레퍼토리에다 완벽한 벨칸토 창법, 극적인 역할까지 두루 소화하면서 대중으로부터 가장 사랑받는 성악가가 되었습니다. 타고난 미성에 쭉쭉 뻗는 힘찬 고음을 구사한 파바로티에 대해 시사 주간지 〈타임〉은 이렇게 최고의 찬사를 보냈습니다.

"그가 태어날 때 하나님이 그의 목에 키스를 했다."

파바로티는 1990년 로마 월드컵 축구 전야제 때 '3테너 콘서트'를 연 것을 비롯, 1990년대 이후에는 대규모 관중을 동원하는 야외공연을 자주 열었습니다. 지난 1991년 런던 하이드파크 공연 때는 무려 15만 명의 관객이 모여 화제를 낳기도 했습니다. 우리나라에도 네 차례나 내한공연을 가진 적이 있습니다.

그러나 20세기 최고의 성악가로 사랑받아 온 파바로티도 마침내 한 줌의 흙으로 돌아가고 말았습니다. 아무리 노래를 잘하고, 아무리 뛰어나고, 아무리 유명해도 결국은 흙 한 덩어리로 돌아가는 것입니다. 큰소리 칠 것 없습니다. 우리 역시 흙 한 덩어리에 불과합니다. 별것 아닙니다.

그러면 하나님은 왜 인간을 흙으로 만드셨습니까? 기왕이면 다이아몬드나 진주로 만들지 무엇 때문에 별볼일 없는 흙으로 지으셨습니까? 바로 여기에 깊은 의미가 있습니다. 오늘은 하나님께서 왜 인간을 흙으로 지으셨는지를 생각해 보면서 은혜를 나누고자 합니다.

1. 인간이 스스로를 높이지 않고 겸허하게 살도록 하기 위함입니다

본문 7절을 보면 "여호와 하나님이 땅의 흙으로 사람을 지으시고"라고 했는데, 여기서 흙을 직역하면 '땅의 티끌', 즉 '먼지'라는 말입니다. 그러므로 인간은 이 세상에서 가장 값어치 없는 땅의 티끌로 만들어졌다는 얘기입니다. 하늘의 반짝이는 별도 아니고, 금강석이나 금 같은 보석도 아닙니다. 이 세상에서 가장 흔하고, 가장 많이 짓밟히는 흙으로 지음을 받았습니다. 그렇다면 우리의 근본이 참으로 보잘것없습니다. 결코 자랑할 것이 없습니다. 땅의 티끌로 만들어졌는데 무슨 자랑할 것이 있겠습니까? 하나님은 우리가 끝까지 스스로를 높이지 말고 겸허하게 살라고 흙으로 지어 주신 것입니다.

그런데 오늘을 사는 현대인들의 모습이 어떻습니까? 자신의 부유함을 자랑합니다. 지식을 자랑합니다. 권세를 자랑하고, 힘을 자랑하고, 능력을 자랑합니다. 그 교만이 하늘을 찌르고 있습니다. 그래서 돈과 무기만 있으면 하나님의 자리에 서고, 또 한쪽에서는 복제 인간을 만들기 위해서 온갖 방법을 다 동원하고 있습니다. 여러분, 이런 무례함이 어디서 나온 것입니까? 이는 인간이 흙으로 지음 받았다고 하는 '흙 철학'이 없기 때문에 나온 현상입니다. 흙 철학이 없으니까 교만하고, 흙 철학이 없으니까 오만방자하게 살아가는 것입니다.

내가 아무리 유능해도 모든 것이 하나님의 은혜입니다. 내가 아무리 잘살아도 모든 것이 하나님의 은혜입니다. 내가 아무리 많이 알아도 모든 것이 하나님의 은혜입니다. 흙덩어리에 불과한 나에게 하나님이 은혜를 베풀어 주셔서 오늘의 내가 된 것입니다. 겸손하세요. 우리의 출발은 땅의 티끌이요, 먼지입니다.

흔히 사람들은 무조건 자세를 낮추면 그것이 겸손이라고 착각합니다. 그러나 겸손은 그것이 아닙니다. 하나님 앞에서의 진정한 겸손은 자신의 실존을 알고 그것을 솔직하게 받아들이는 것입니다. '아하, 하나님 앞에서 내가 이렇게 형편없는 존재구나. 아하, 내가 흙덩어리에 불과한 사람이구나. 아하, 내가 내놓을 것은 죄밖에 없구나. 아하, 내가 하나님의 은혜로 사는 존재구나' 하고 솔직하게 고백하는 것이 겸손입니다.

겸손하게 살아가시기 바랍니다. 하나님은 우리가 스스로를 솔직하게 보고 겸손하기를 원하십니다. 그래야 하나님의 축복을 축복으로 받을 수 있기 때문입니다.

성 프랜시스에게 사랑하는 제자가 한 사람 있었습니다. 이 사람이 어느 날 기도하다 자기가 천국에 이끌려가는 환상을 보았습니다. 천국에 들어간 이 제자가 가장 높은 곳에 있는 영광의 보좌를 하나

발견했습니다. 그런데 그 보좌가 비어 있었습니다. 제자가 천사에게 물었습니다.

"천사님, 저 자리는 누구를 위해서 예비된 자리입니까?"

천사가 대답했습니다.

"아, 그것은 세상에서 제일 겸손한 성 프랜시스를 위해서 마련된 것이오."

그 말을 듣는 순간 이 제자에게 시기심이 일어났습니다.

"아무리 우리 스승이지만 너무 높임을 받는 것이 아닌가? 우리 스승이 그런 대접을 받을 만큼 위대한 분은 아닌 것 같은데."

제자는 질투심에서 혼자 중얼거리다가 환상에서 깨어났습니다. 그 후 그 제자는 프랜시스를 따라다니면서 유심히 지켜보았습니다. 그리고 어느 날 스승과 단둘이 있을 때 시험 삼아 물었습니다.

"선생님, 선생님은 스스로를 어떤 사람이라고 생각하십니까?"

프랜시스가 서슴지 않고 이렇게 말했습니다.

"나야 물론 세상에서 제일 악한 사람이라고 생각하지."

제자가 반박했습니다.

"선생님, 그것은 거짓말입니다. 위선입니다. 세상에 강도가 많고, 살인자도 많은데 어찌 스승님이 제일 악한 사람이라고 말씀하십니까?"

그때 성 프랜시스가 빙그레 웃으면서 말했습니다.

"그건 자네가 몰라서 그러는 거야. 나는 본래 악한 사람이었어. 그런데 오늘 내가 이만큼이라도 되어 있는 것은 오직 하나님의 은혜일세. 만약에 내가 하나님께로부터 받은 이 많은 은혜를 하나님께서 다른 사람에게 베푸셨다면 그 사람은 나보다 훨씬 더 선한 사람들이 되었을 거야."

얼마나 겸손한 얘기입니까? 성자 프랜시스다운 고백이었습니다.

겸손은 무조건 엎드리는 것을 의미하지 않습니다. 내가 하나님 앞에서 얼마나 죄가 많고, 악하고, 미천한지를 알고 그것을 솔직하게 고백하는 것이 겸손입니다. 그런 의미에서 세상 사람들 중에는 겸손한 자가 없습니다. 자신이 하나님 앞에서 어떤 존재인지를 솔직하게 볼 수가 없기 때문입니다.

우리의 출발은 흙덩어리입니다. 그것도 하나님의 손에 의해서 시작되었습니다. 그러므로 하나님 앞에서 겸손해야 합니다. 내 마음대로 살아서는 안 됩니다. 하나님이 우리의 창조주이십니다. 하나님만이 우리 인생의 주인이십니다. 하나님만이 영광을 받으셔야 합니다. 세상 끝 날까지 겸손하게 하나님만을 바라보며 그분의 영광을 위해 살아가는 여러분이 되시기를 바랍니다.

2. 하나님의 은총에 감사하도록 하기 위해서입니다

하나님께서 우리를 흙으로 만드셨습니다. 그런데 오늘 우리의 모습이 어떻습니까? 보잘것없는 흙에서 시작했지만 지금은 이 세상에서 가장 귀중한 존재가 되었습니다. 꽃이 아름답다고 말합니다. 그러나 꽃보다 아름다운 존재가 사람입니다. 이 세상에서 사람보다 아름다운 존재가 어디 있습니까?

저희 집에 꽃이 많습니다. 제 아내가 꽃을 어찌나 좋아하는지 '박현옥 화원'이 생긴 지 오래되었습니다. 화분이 베란다에 가득 찼는데 계속해서 꽃을 들여오는 바람에 이제는 거실까지 점령하고 있습니다. 그런데도 수시로 아파트 쓰레기장에서 주워오고, 일명 '꽃사모' 즉 '꽃을 사모하는 사람들'이 자꾸 꽃을 선물로 주니까 날마다 꽃 속에서 살아갑니다. 앞으로 얼마나 더 들여올지 모르겠습니다만, 잘못하면 화분을 안고 자야 할 것 같습니다. 아내가 이렇게 꽃을 좋아하기 때문에 제가 서재에서 설교 준비를 하고 있으면 자꾸 불러냅니다.

"여보, 이리 좀 나와서 이 꽃 좀 봐요. 얼마나 아름다운지 모르겠어요."

그때마다 제가 나가서 뭐라고 하는지 아십니까? 항상 이렇게 말합니다.

"여보, 당신이 훨씬 아름답소. 당신이 살아 있는 꽃 아니요? 당신과 아이들이 살아 있는 꽃이고, 그래서 더 아름다운 것이오."

제가 점수 따려고 하는 말이 아닙니다. 사실이 그렇습니다. 하나님의 형상대로 지음 받은 인간이 더 아름답지 어찌 꽃이 더 아름다울 수 있습니까? 하나님의 품안에서 사는 사람들을 보면 어린아이는 어린아이대로 아름답고, 젊은이는 젊은이대로 아름답습니다. 중년은 중년대로 아름답고, 노인은 노인대로 아름답습니다. 다 아름답습니다. 미천한 흙덩이에서 시작했는데, 하나님의 은혜로 가장 아름다운 존재가 된 것입니다. 이것이 얼마나 감사한 일입니까?

여기에다가 하나님은 우리에게 참으로 귀한 가정을 주셨습니다. 부모님과 사랑하는 자녀들을 통해서 천국 생활을 경험케 하십니다. 귀한 성도들을 붙여 주셔서 거룩한 주의 일을 수행하게 하십니다. 창조의 능력을 주셨습니다. 지금도 세상을 다스리게 하십니다. 하나님의 뜻을 펼쳐나가게 하십니다. 필요한 것을 채워 주십니다. 사랑의 열매를 주십니다. 그리고 죽어도 영원히 사는 복을 주셨습니다. 여러분, 이보다 더 놀라운 은혜가 어디 있습니까? 한줌의 흙덩이에 불과한 우리에게 하나님께서 이렇게 큰 복을 주셨습니다. 감사하시기 바랍니다. 감사가 넘쳐나기를 바랍니다.

다윗은 하나님의 은혜를 아는 사람이었습니다. 그래서 시편 95편 1절 이하에서 이렇게 노래합니다.

> "오라 우리가 여호와께 노래하며 우리의 구원의 반석을 향하여 즐거이 외치자 우리가 감사함으로 그 앞에 나아가며 시를 지어 즐거이 그를 노래하자 여호와는 크신 하나님이시요 모든 신들보다 크신 왕이시기 때문이로다 오라 우리가 굽혀 경배하며 우리를 지으신 여호와 앞에 무릎을 꿇자 그는 우리의 하나님이시요 우리는 그가 기르시는 백성이며 그의 손이 돌보시는 양이기 때문이라."

하나님의 은혜를 아는 사람은 감사하지 않을 수가 없습니다. 흙한 덩어리에서 시작했는데 여기까지 이르고, 흙 한 덩어리에서 시작했는데 이토록 놀라운 은총을 입고 산다면 어찌 감사하지 않을 수 있습니까? 흙덩어리에서 시작한 인생인 것을 알고 하나님 앞에서 늘 감사하며 살아 범사에 하나님의 축복이 넘쳐나기를 바랍니다.

3. 인간에게는 반드시 하나님의 생기가 필요하다는 사실을 깨우쳐 주기 위함입니다

오늘의 본문 7절을 보면 이렇게 말씀합니다.

"여호와 하나님이 땅의 흙으로 사람을 지으시고 생기를 그 코에 불어 넣으시니 사람이 생령이 되니라."

하나님께서 처음에 인간을 만드실 때 육신을 흙으로 빚으셨습니다. 그리고 그 코에 생기를 불어 넣으시니 사람이 생령이 되었습니다. 여기서 우리는 아주 중요한 사실을 발견할 수 있습니다. 그것이 무엇입니까? 비록 인간이 흙으로 만들어졌을지라도 인간은 육신 그 이상이라는 것입니다. 흙으로만 된 육신은 동물적인 것 이상이 될 수 없지만, 흙으로 된 인간의 코에 하나님이 생기를 불어 넣으심으로 인간은 육신 이상의 존재가 되었다는 얘기입니다. 다시 말하면 하나님의 생령을 받으면서부터 일반 동물과는 달리 인간은 하나님의 성품을 받은 영적인 존재요, 귀한 인격체가 되었다는 것입니다. 바로 이것이 하나님의 놀라운 은총입니다.

그런데 여기서 알아야 할 것이 있습니다. 이 사실을 바꾸어서 생각해 보면, 인간이 하나님의 성품을 떠날 때 인간은 동물화된다는 것입니다. 인간은 태초부터 하나님의 품안에서 하나님의 생기를 받고, 하나님의 성품으로 살아야 하는 존재로 지음을 받았습니다. 그래서 하나님의 품을 떠나면 인간이 아닌 동물처럼 살게 됩니다. 실제로 육신은 멀쩡하지만 하나님을 떠나서 동물처럼 사는 영혼들이 얼마나 많습니까?

얼마 전 서울 홍익대 앞에서 여성 회사원 2명을 납치하여 살해한 일당 3명이 붙잡혔습니다. 범인들은 택시기사로 가장하여 여성들을 태우고 돌아다니다가 금품을 빼앗고 성폭행을 했습니다. 그리고는 그것도 부족해서 목을 졸라 살해한 후에 시신을 한강에다 버렸습니다.

이게 말이 됩니까? 입에 담기도 부끄럽고, 생각만 해도 치가 떨립니다. 그런데 우리가 살고 있는 세상이 어떻습니까? 흉악한 범죄가 끊이질 않습니다. 강도와 납치와 테러, 살인이 쉬지 않고 일어납니다. 그래서 신문을 펼치기가 두렵습니다.

여러분, 우리가 사는 세상에 왜 이런 끔찍한 일들이 일어나고 있습니까? 하나님의 품을 떠나서 살기 때문입니다. 사람은 하나님의 품안에서 하나님의 성품으로 살아야 하는데, 하나님을 떠나서 사니까 모두가 동물화되어서 이런 비극이 일어나는 것입니다. 사람의 얼굴을 갖추었다고 해서 사람이 아닙니다. 하나님의 생기가 떠나면 사람에게는 육신만 남습니다. 그래서 육신만 가진 사람은 평생 육신의 생각으로 말하고, 육신의 생각으로 행동하고, 육신의 생각으로 막

살아갑니다. 거기에 무슨 인간다움이 있고, 무슨 행복이 있겠습니까? 결국 실패요, 비극으로 끝나는 것입니다.

하나님께서는 이 땅의 생명 있는 것들을 창조하실 때 모든 피조물들에게 삶의 터전을 마련해 주셨습니다. 식물은 땅에 뿌리를 내리고 살게 하시고, 물고기는 물 속에서 살게 하셨습니다. 동물들은 땅 위에서 움직이며 살게 하시고, 새는 공중을 날아다니며 살게 하셨습니다. 모두에게 각각 삶의 터전을 주셨습니다. 바로 이처럼 우리 인간에게는 하나님의 품을 삶의 터전으로 주셨습니다. 그러므로 하나님의 품안에서만 참 안식이 있습니다. 하나님의 품안에서만 참 자유가 있습니다. 하나님의 품안에서만 참 평화가 있습니다. 하나님의 품안에 거할 때만 인간으로서 참된 삶을 살아갈 수 있습니다. 하나님 없는 인생은 아무것도 아닙니다. 모든 것이 실패로 끝납니다. 그래서 주님은 오늘도 우리에게 말씀하십니다.

> "나는 포도나무요 너희는 가지라 그가 내 안에, 내가 그 안에 거하면 사람이 열매를 많이 맺나니 나를 떠나서는 너희가 아무것도 할 수 없음이라"(요 15:5).

주님 품안에서만 인생의 의미가 있는 줄 믿으시기 바랍니다. 주님 품안에서만 인생의 결실이 있는 줄 믿으시기 바랍니다.

사람은 흙으로 만들어졌습니다. 그래서 흙 철학을 가지고 살아야 합니다. 흙으로 지음 받았다는 것 때문에 하나님 앞에서 겸손하게 사는 것이 흙 철학을 가진 자의 자세입니다. 인생이 한 줌의 흙에서 시작되었다는 것 때문에 범사에 감사하며 사는 것이 흙 철학을 가진 자의 자세입니다. 흙으로 지음 받았기 때문에 하나님의 생기가 필요하다고 고백하는 것이 흙 철학을 가진 자의 자세입니다.

한평생 흙 철학을 가지고 잘 살아서 마지막 날 가장 영화로운 자리에 서는 여러분이 되시기를 간절히 축원합니다.

자녀를 하나님의 사람으로
디모데후서 1장 3-5절

어떤 백화점에서 한 아이가 자기 엄마에게 예의 바르게 존댓말을 썼습니다.
"어머니, 장난감 좀 사 주시면 안 돼요?"
엄마도 품위 있는 자태로 아이에게 존댓말을 했습니다.
"안 돼요. 오늘은 장난감을 사러 온 게 아니잖아요."
그래도 아이가 계속 떼를 쓰니까 엄마가 물었습니다.
"엄마가 밖에서 이러면 어떻게 한다고 했죠?"
그러자 아이가 이렇게 대답하더랍니다.
"죽여버린다고 했어요."

아무리 품위 있는 자태로 존댓말을 써도 결국 자녀교육은 드러나게 마련입니다. 뿌린 대로 거두고, 심은 대로 열매를 거두는 것입니다. 그래서 나온 얘기가 있습니다.

"문제아는 없다. 언제나 문제 부모가 있을 뿐이다."

어린아이가 처한 가정 환경이나 교육 환경, 사회 환경이 문제아를 만든다는 것입니다. 현재 우리나라는 초중고 학생들이 한 해에 300여 명이나 자살로 삶을 마감합니다. 학교 부적응 학생이 6만여 명이나 발생하고 있습니다. 그뿐만이 아닙니다. 얼마 전 공영방송에서 보도한 바 있습니다만, 현재 우리나라의 가출 청소년이 무려 20만 명이나 된다고 합니다. 20만 명이나 되는 청소년들이 이리저리 거리를 헤매고 다니면서 범죄의 유혹에 노출되어 있습니다. 그런데 충격적인 소식은 그들이 단순한 가출 청소년이 아니라 대부분 탈출 청소년이라는 데 있습니다. 가정이 해체되어서 어쩔 수 없이 뛰쳐나오거나 부모의 학대를 피해 집에서 뛰쳐나온 탈출형 청소년들이라는 것입니다. 이들이 어린 나이에 혼숙을 하고, 강도짓을 하고, 온갖 범죄의 유혹에 노출되어 있으니 얼마나 큰 문제입니까? 어른들의 이기심과 무관심과 폭력과 편견이 지금도 숱한 아이들을 문제아로 만들어 가고 있습니다.

우리가 아는 대로 이 세상에 자식만큼 부모를 기쁘게 하는 존재는 없습니다. 자식만큼 귀하고 사랑스러운 존재도 없습니다. 어디를 가서 자식보다 더 귀한 존재를 찾을 수 있습니까? 어디를 가서 자식보다 더 귀한 보화를 얻을 수 있습니까? 자식은 이 세상의 그 어떤 것보다 귀하고, 이 세상의 그 어떤 것과도 바꿀 수 없는 보물입니다. 하나님께서 주신 최고의 선물이 우리의 자녀들입니다. 그래서 시편

127편 3절을 보면 이렇게 말씀합니다.

"보라 자식들은 여호와의 기업이요 태의 열매는 그의 상급이로다."

그렇습니다. 하나님은 우리를 축복하시려고 자식을 기업으로 주셨습니다. 상급으로 주셨습니다. 그로 인해 우리는 자식을 통해서 한없는 기쁨을 얻습니다. 자식을 통해서 천국을 경험합니다. 자식을 통해서 세상 시름을 잊습니다. 자식을 통해서 위로를 얻습니다. 자식을 통해서 힘을 얻습니다. 자식을 통해서 행복을 노래합니다. 얼마나 놀라운 은혜요 축복입니까? 하나님은 우리가 기쁨 충만하여 행복하게 살아가라고 자녀를 선물로 주셨고, 더 나아가서 하나님은 오늘도 하나님의 선하신 역사를 써내려 가기 위해 우리에게 자녀를 맡기신 것입니다. 그러므로 부모 된 우리는 하나님께서 주신 선물인 우리의 자녀들을 잘 가르쳐야 합니다. 잘 양육해야 합니다.

그런데 요즘 문제가 생겼습니다. 개인주의가 팽배해지면서 자녀를 낳지 않으려고 하는 사람들이 많아진 것입니다. 자신들의 행복과 평안을 위해 할 수 있는 대로 적게 낳으려고 합니다. 더 나아가서 아예 아이를 낳지 않고 살려는 사람들이 있습니다. 이런 사람들을 가리켜 '딩크(DINK)족'이라고 말하죠? 고등교육을 받고 자란 젊은이들 가운데 딩크족이 많은데, '딩크'라는 말은 'Double Income No Kids'의 약칭입니다. '수입은 두 배로 갖되 아이는 낳지 않는다'라는 말입니다. 결혼 후에 맞벌이를 하면서 부부의 생활을 방해받지 않기 위해 자녀를 갖지 않겠다는 것입니다. 이렇게 딩크족으로 사는 것이 요즘 미국의 젊은이들 사이에 유행하고 있고, 중국에서도 전문직 종사자 부부 사이에 급속도로 퍼지고 있습니다. 우리나라에도 1997년 IMF 이후 여성의 약 82퍼센트, 남성의 약 70퍼센트가 딩크족이 되기를 원한다는 조사 결과가 있습니다. 부부만의 행복과 안락한 삶을 누리려고 하는 개인주의가 이런 결과를 낳은 것입니다.

그러나 이는 하나만 알고 둘은 모르는 어리석은 생각입니다. 하나님은 우리를 축복하시되 자녀를 통해서 축복하기를 원하십니다. 그래서 자녀를 최고의 기업이요, 최고의 선물이라고 말씀하시는 것입니다. 우리 성도들은 하나님의 뜻을 따라서 자녀를 많이 낳고 잘 키워서 하나님의 축복을 받아 누리시기를 바랍니다.

전 미국 대통령 부시의 아버지 조지 부시(George Bush)는 인생 경력이 화려한 사람입니다.

'미국 하원의원, UN 대사, 대중국 최고 연락 장교, 미국 중앙정보국 국장, 부대통령, 대통령.'

이 사람의 경력이 얼마나 찬란합니까? 하지만 그가 공직에서 물러났을 때 그는 여전히 남편과 아버지, 할아버지라는 인생의 중요한 직함을 가지고 있다고 말하면서 이런 인생 좌우명을 강조했습니다.

"일보다 가족을 소중히 여겨라."

물론 그렇다고 해서 부시의 가정이 마냥 행복했던 것은 아닙니다. 아들 조지 워커 부시(George Walker Bush)가 대학 시절에 잘못된 서클에 들어가면서 알코올 중독과 마약에 빠진 적이 있습니다. 그때 하마터면 아들이 병원 신세를 질 뻔했습니다. 그럼에도 불구하고 부시 부모는 정기적으로 빌리 그레이엄 목사님을 백악관으로 초대하여 말씀을 들었습니다. 그리고는 어떻게 해서든 아들을 불러들여 목사님의 축복기도를 받게 했습니다. 이런 부모의 신앙 교육과 사랑이 아들을 회개시켜 하나님의 사람으로 만들고 마침내 부자지간에 대통령이 되는 영광을 누리게 되었습니다.

그런데 부시를 회개시키고 영적 감동을 준 빌리 그레이엄의 신앙도 사실 그의 어머니 모로우 여사에게서 온 것입니다. 빌리 그레이엄의 어머니는 노스캐롤라이나 주의 시골 마을 샬롯 시에 부흥사들이 들어올 때마다 항상 자기 집에 초대를 했습니다. 그들을 극진히 대접했습니다. 그리고는 아들 빌리가 수많은 청중들을 감동시키는 부흥사들의 설교를 듣게 하면서 마음속에 비전을 품게 해주었습니다.

"너도 훌륭한 복음 전도자가 될 수 있다."

또 부흥회가 끝나면 아들로 하여금 반드시 목사님들의 축복기도를 받게 했습니다. 그때마다 목사님들이 대부분 비슷한 축복기도를 해주셨습니다.

"하나님 아버지, 이 아들이 장차 하나님의 큰 종이 되게 해주시옵소서."

결국 빌리 그레이엄은 부모가 신앙적 투자를 한 그대로 하나님의 위대한 종이 되었습니다.

여러분, 혹시 부모로서 자녀교육에 시행착오가 있었습니까? 실패했다는 생각이 드는 분이 계십니까? 그러면 하나님 앞에 엎드리십시오. 지금도 늦지 않았습니다. 회복은 언제나 가능하기 때문입니다. 하나님께서 함께하시면 언제라도 우리는 자녀를 하나님의 사람으로 키워낼 수 있습니다.

오늘의 본문에 나오는 하나님의 사람은 디모데입니다. 그의 아버지는 예수를 믿지 않는 헬라인이었습니다. 그러나 외할머니 로이스와 어머니 유니게의 신앙적 노력으로 디모데는 하나님의 위대한 종이 되었습니다. 디모데는 본래 성격적으로 결함이 많았습니다. 소심하고, 내성적이고, 예민하고, 체질도 허약했습니다. 그런데도 사도 바울의 수제자요 후계자가 되었고, 하나님의 위대한 사람이 되었습니다. 바울이 디모데를 얼마나 자랑스럽게 생각했는지 그를 소개할 때 부른 호칭만 봐도 알 수 있습니다. 그는 성경 곳곳에서 디모데를 이렇게 소개합니다.

"내 아들 디모데, 믿음의 아들 디모데, 참 아들 디모데, 신실한 아들 디모데, 사랑받는 아들 디모데, 하나님의 일꾼 디모데, 예수 그리스도의 종 디모데, 하나님의 사람 디모데"

디모데를 부르는 바울의 입장에서 참으로 자랑스러웠겠지만 디모데 입장에서도 얼마나 영광스러웠겠습니까? 그런데 오늘 우리의 자녀들도 하나님께서 귀하게 쓰시는 사람이 될 수 있습니다. 이를 위해서 부모 된 우리가 어떻게 해야 합니까? 오늘은 그것을 생각해 보면서 함께 은혜를 나누고자 합니다.

1. 부모가 먼저 믿음의 본을 보여야 합니다

오늘의 본문 3절을 보면 이렇게 말씀합니다.

"내가 밤낮 간구하는 가운데 쉬지 않고 너를 생각하여 청결한 양심으로 조상 적부터 섬겨 오는 하나님께 감사하고."

디모데가 섬기는 하나님은 그의 조상 적부터 섬겨 오는 하나님이라고 말씀합니다. 또 5절을 보면 이렇게 말씀하죠?

"이는 네 속에 거짓이 없는 믿음이 있음을 생각함이라 이 믿음은 먼저 네 외조모 로이스와 네 어머니 유니게 속에 있더니 네 속에도 있는 줄을 확신하노라."

디모데는 할머니와 어머니의 숭고하고 깨끗한 신앙을 그대로 전수받은 사람임을 강조합니다. 그렇습니다. 디모데는 부모의 신앙생활을 그대로 본받았습니다. 부모가 자녀의 귀한 신앙의 모델이 된 것입니다. 바로 이것입니다. 부모는 먼저 자녀 앞에서 믿음의 본을 보여야 합니다. 모델이 되어야 합니다. 자녀들은 부모의 말투나 어휘나 걸음걸이나 기침 소리까지 닮기 때문입니다.

중국 노나라에 증자라는 사람이 있었는데 공자의 제자였습니다. 어느 날 그가 아내와 함께 시장에 가려고 하는데 아이가 떨어지려고 하지 않았습니다. 그러자 증자 아내가 아이에게 시장에서 돌아오면 돼지고기를 구워 주겠다고 달래어 겨우 집으로 보냈습니다. 그 후 증자 부부가 시장에서 장을 다 본 후 집에 돌아왔는데, 증자가 돌아오자마자 돼지우리에 있는 새끼를 꺼내어 죽이려고 했습니다. 그때 아내가 깜짝 놀라 물었습니다.

"여보, 지금 왜 돼지를 잡으려고 하는 거요?"

"돼지를 잡아서 아이에게 요리해 주려고 이러는 거요."

"아니, 아이의 간식으로 돼지를 죽이다니 이것이 있을 수 있는 일입니까? 아까는 아이를 떼어 놓으려고 그런 말을 했는데."

그 말을 듣고 증자가 이렇게 말했습니다.

"여보, 아이들에게는 절대 빈말을 하는 게 아니요. 아이들은 생각이 깊지 않기 때문에 부모의 행동과 말을 그대로 배우게 되는 법이요. 부모의 가르침으로 아이는 사람의 도리를 깨닫게 되는데, 아이에게 거짓말을 하는 것은 아이에게 거짓말을 가르치는 것과 다름없지 않소?"

결국 증자는 아이에게 거짓말을 하지 않기 위해 새끼 돼지를 잡아 고기를 구워 주었습니다. 여러분, 부모로서 증자의 자세가 얼마나 존경스럽습니까?

부모가 먼저 본을 보여야 합니다. 자녀는 부모가 행하는 대로 따라서 하기 때문입니다. 부모가 정직하면 자녀도 정직하게 살아갑니다. 부모가 사랑을 베풀면 자녀도 사랑을 베풉니다. 부모가 먼저 하나님의 나라를 구하면 자녀도 먼저 하나님의 나라를 구합니다. 부모가 기도하면 자녀도 기도하고, 부모가 하나님을 붙잡으면 자녀도 하나님을 붙잡는 것입니다. 사랑하는 우리 성도들은 먼저 하나님을 붙잡으시기 바랍니다. 먼저 하나님을 잘 믿으시기 바랍니다. 하나님 제일주의로 살아가시기를 바랍니다.

이스라엘은 오늘날까지 하나님 잘 믿는 것 하나를 귀히 여기며 살아오고 있습니다. 여호와 하나님을 경외하는 신앙 하나를 강조하고, 눈만 뜨면 하나님을 찾습니다. 이 세상의 것들은 하나를 가르치면 거기에 빠져서 하나만 알게 됩니다. 사람이 좁아지고 약해집니다. 시야가 좁아지고 생각이 좁아집니다. 그러나 하나님께 빠지면 그렇지 않습니다. 하나님을 알게 되면 끝없이 넓어집니다. 세계적인 인물이 되고, 우주적이 되고, 큰일을 하고, 큰 지혜를 얻고, 큰 능력을 얻습니다. 유대인을 보세요. 그들은 하나님을 잘 가르치고, 어려서부터 하나님만 믿게 합니다. 그래서 그들의 교육은 흔들리지 않습니다. 학생들의 자세가 어디서나 흐트러지지 않습니다. 그들에게는 청소년 문제가 없습니다. 얼마나 단정하고, 온유하고, 겸손하고, 순수하고, 순진한지 모릅니다.

유대인은 지금 세계를 쥐고 있습니다. 유대인은 세계의 부와 아이비리그를 지배하고 있다 해도 과언이 아닙니다. 그들은 세계 인구의 0.3퍼센트에 불과하지만 우수한 글로벌 리더들을 많이 배출했습니다. 노벨상 수상자의 30퍼센트가 유대인입니다. 미국 아이비리그의 30퍼센트가 유대인이고, 미국의 변호사 70만 명 가운데 14만 명이 유대인입니다. 뉴욕의 중고등학교 교사 50퍼센트가 유대인이고,

미국의 대학교수 35퍼센트가 유대인이고, 미국의 의대, 법대 교수의 50퍼센트가 유대인입니다. 미국 뉴욕 타임즈, 워싱턴 타임즈의 사장이 유대인입니다. 언론, 정치, 경제, 교육, 문화를 다 쥐고 있습니다. 미국만 쥐고 있습니까? 세계를 다 잡고 있습니다. 세계 500대 기업 경영진의 42퍼센트가 유대인으로 알려져 있습니다. 그뿐만이 아닙니다. 유명한 음악가도 유대인들이 많습니다. 멘델스존, 아이작 스턴, 화이트 크리스마스를 작곡한 벌린이 유대인입니다. 영국의 로이터 통신도 유대인이 설립했습니다. 세계의 유명한 칼럼리스트가 유대인입니다. 특히 세계 과학의 두뇌들이 유대인들입니다.

모든 지혜의 근본은 하나님께 있는데 하나님을 경외하는 신앙을 가지고 사니 얼마나 지혜롭겠습니까? 그렇다면 하나님을 경외하는 신앙보다 더 중요한 것은 없습니다. 이 신앙을 우리의 자녀들에게 물려주어야 합니다. 우리에게는 아무런 능력이 없습니다. 우리에게는 아무런 힘이 없습니다. 오직 하나님께만 능력이 있고, 하나님께만 힘이 있습니다. 그러므로 우리 모두가 하나님께로 돌아가야 합니다. 우리 민족이 잘되는 길이 하나님께 있습니다. 교육을 살리는 길이 하나님께 있습니다. 행복한 가정을 회복하는 길도 하나님께 있습니다. 그래서 '우리의 소원은 통일'이라고 말하기 전에 먼저 '우리의 소원은 예수님'이 되어야 합니다.

"우리의 소원은 예수! 꿈에도 소원은 예수! 이 나라 살리는 예수! 예수님 오세요. 이 겨레 살리는 예수! 이 민족 살리는 예수! 우리의 소원은 예수! 예수님 오세요."

할렐루야! 무조건 남북통일만 된다고 잘되는 것이 아닙니다. 먼저 예수님께로 돌아와야 잘살 수 있습니다. 예수님께로 돌아와야 성공할 수 있습니다. 예수님께로 돌아와야 참 행복을 노래할 수 있는 것입니다. 그런 의미에서 자녀들은 어떠한 경우에도 교회로 인도해야 합니다. 주님께 데리고 나와야 합니다. 인생의 주인 되시는 주님은 오늘도 말씀하십니다.

"너희는 강권하여 내 집을 채우라."

'강권하다'라는 말의 원어를 보면 '팔을 비틀다'라는 뜻이 있습니다. 그러니까 믿지 않는 사람은 팔을 비틀든지, 목을 비틀어서라도 교회로 데려와야 한다는 것입니다.

자녀를 하나님께만 붙들어 매세요. 그러면 평생 염려할 것이 없습니다. 어렸을 때부터 하나님께 붙들어 매기만 하면 인생의 주인 되시는 하나님께서 친히 인도하실 것 아닙니까? 많은 사람들이 이 진리를 모릅니다. 그래서 그냥 놓아두었다가 자녀들이 세상으로 치닫고 멸망 길로 가면 그제야 땅을 치고 통곡합니다. 평생 염려하며 살아갑니다. 얼마나 어리석은 일입니까? 자녀를 하나님께 붙들어 매지 못하면 평생 쫓아다니면서 염려하게 됩니다. 그렇다면 무엇을 먼저 해야 하는지 해답이 나오죠? 디모데의 어머니와 할머니처럼 자녀들을 먼저 하나님께 붙들어 매는 자들이 되시기를 바랍니다. 여호와를 경외하는 신앙을 물려주는 믿음의 부모들이 되시기를 바랍니다.

2. 말씀으로 가르쳐야 합니다

디모데후서 3장 14-15절을 보면 이렇게 말씀합니다.

> "그러나 너는 배우고 확신한 일에 거하라 너는 네가 누구에게서 배운 것을 알며 또 어려서부터 성경을 알았나니 성경은 능히 너로 하여금 그리스도 예수 안에 있는 믿음으로 말미암아 구원에 이르는 지혜가 있게 하느니라."

디모데의 부모는 어려서부터 철저하게 하나님의 말씀으로 가르쳤습니다. 왜 그랬습니까? 말씀 속에 구원에 이르는 지혜가 있고, 말씀 속에 승리의 비결이 있고, 말씀 속에 행복의 비결이 있기 때문입니다. 인생 성공의 비결이 말씀 속에 있습니다. 그러므로 인생 사용 설명서라 일컫는 하나님의 말씀을 떠나서는 결단코 성공적인 삶을 살아갈 수가 없습니다.

이스라엘 백성들을 보세요. 그들이 언제 하나님의 축복을 받았습니까? 하나님의 말씀대로 살았을 때 축복을 받았습니다. 그러면 이스라엘 백성들이 언제 하나님의 진노를 샀습니까? 하나님의 말씀대로 살지 않았을 때 진노를 사고 심판을 받았습니다. 이렇게 하나님의 말씀대로 사느냐, 살지 않느냐가 축복과 심판을 결정짓습니다. 그렇다면 우리의 자녀를 말씀으로 양육하고, 말씀으로 가르쳐야 하지 않겠습니까?

바울이 목회자에게 보낸 디모데전·후서는 목회서신으로 주의 종들이 가장 귀히 여기는 것 중의 하나입니다. 이 서신의 주인공이 디모데 목사입니다. 바울은 디모데를 자랑스러워했습니다. 가장 사랑하는 사람이라고 말했습니다. 그래서 교회를 수습할 때도 항상 디모데를 보냈습니다. 이런 훌륭한 지도자가 나오는 것이 얼마나 어렵습니까? 그런데 이러한 결실은 디모데 개인의 노력으로 얻은 것이 아닙니다. 그의 어머니의 말씀 교육이 있었습니다. 어머니의 말씀 교육이 이렇게 영향력이 큰 것입니다.

우리가 아는 대로 기독교 역사에 위대한 족적을 남긴 인물들은 하나같이 어머니의 영향을 받았습니다. 사무엘도 그랬고, 모세도 그랬고, 세례 요한도 그랬습니다. 로마를 기독교 국가로 만든 콘스탄틴 황제도 그의 어머니의 영향을 받았고, 성자 어거스틴도 어머니 모니카의 영향으로 기독교의 성자가 되었습니다. 감리교의 창시자 존 웨슬리와 세계적인 찬송가 작시자 찰스 웨슬리도 어머니의 영향으로 세계적인 인물이 되었습니다. 그들의 어머니 수산나 여사는 19명의 자녀를 낳은 목사 사모였습니다. 가난한 목사의 집에서 그렇게 많이 생산했으니 얼마나 어렵고 힘들었겠습니까? 그런데도 철저하게 말씀 교육을 시켜서 자녀들을 세계적인 인물로 키워낸 것입니다.

그런데 요즘 현대를 사는 어머니들이 자녀를 아무 데나 맡겨버립니다. 어머니가 자녀를 아무 데나 맡기면 누가 자녀를 바르게 양육합니까? 자녀를 아무 데나 맡겨 놓고 다니면 안 됩니다. 세상 즐거움에 빠져서 직무유기를 하면 안 됩니다. 몸짱 되기에만 신경 쓰고, 화장에만 신경 쓰고 다니면 안 됩니다. 아이들을 집에 두고 다니면서 처녀인 척하고 다니면 안 됩니다.

　록펠러의 어머니는 록펠러가 어렸을 때부터 십일조를 가르쳤습니다. 철저하게 말씀 교육을 시켰습니다. 그가 세계 제일의 부자가 되고, 하나님의 영광을 높이 드러낸 인물이 되기까지는 그의 어머니의 말씀 교육이 있었습니다. 그녀는 록펠러에게 어린 시절에 신앙교훈 10계명을 가르쳐 주었는데 그 내용이 이렇습니다.

　　1. 오직 하나님만 섬겨라.
　　2. 목사님을 하나님 다음으로 섬겨라.
　　3. 주일 예배를 꼭 드려라.
　　4. 반드시 십일조를 드려라.
　　5. 아무도 원수를 만들지 마라.
　　6. 하루의 목표를 위해 아침에 기도로 시작하라.
　　7. 하루를 마감하며 기도로 끝을 맺어라.
　　8. 매일 성경을 읽어라.
　　9. 남을 도와라.
　　10. 예배시간에는 항상 앞자리에 앉아라.

　얼마나 귀한 가르침입니까?

　사람은 밥을 먹어야 삽니다. 그러나 밥으로만 사는 존재가 아닙니다. 우리는 하나님의 형상대로 지음 받은 영적 존재이기 때문입니다.

육신이 밥을 먹어야 살듯이 영은 영의 양식을 먹어야 살 수 있습니다. 그러므로 자녀들을 진정으로 사랑한다면 하나님의 입에서 나오는 말씀을 부지런히 먹여야 합니다. 날마다 자녀의 심령 깊은 곳에 하나님의 말씀을 새겨야 합니다. 지금 우리 사회에는 우수한 사람들이 많습니다. 그러나 하나님의 말씀을 모르는 자들이 얼마나 큰 죄를 범하고 있습니까? 인생의 교본인 성경 말씀을 모르면 사탄은 언제든지 그의 도구로 그 인생들을 사용하는 것입니다. 자녀들을 항상 말씀으로 양육하는 부모가 되시기를 바랍니다.

우리는 모두가 다릅니다. 모습이 다르고, 성격도 다릅니다. 부자도 있고, 가난한 자도 있습니다. 또 일찍 죽는 사람도 있고, 장수하는 사람도 있습니다. 그러나 한 가지 공통점이 있으니 그것은 모두가 어린 시절을 지나간다는 것입니다. 이 땅의 모든 어른들이 어린 시절을 경험했습니다. 그리고 지금은 우리에게 어린아이들이 맡겨져 있습니다. 이것이 하나님의 섭리요 은총입니다. 그렇다면 우리 부모들의 책임이 얼마나 막중한지 모릅니다. 먼저 믿음의 본을 보여줄 뿐만 아니라 하나님께서 주신 최고의 선물인 자녀들을 하나님께 잘 붙들어 매고, 오직 말씀으로 가르쳐서 자자손손 모두가 하나님의 축복 속에 살아가는 은혜가 있기를 간절히 축원합니다.

가난한 심령
마태복음 5장 1-3절

우리 한국 사람들은 복을 참 좋아합니다. 그래서 인사말 중에도 "복 많이 받으세요"가 있고, 새해에는 어김없이 "새해 복 많이 받으세요" 하고 인사합니다. 복 받기를 원해서 복돼지도 만들고, 복주머니도 만들고, 복조리도 만듭니다. 이름을 지을 때도 '복' 자 들어가는 이름을 많이 짓습니다. 복돌이, 복만이, 복순이, 순복이, 복자, 복수, 만복이, 장복이, 상복이, 인복이, 영복이, 최진사 댁 건너 마을에 사는 칠복이, 우리 교회 박복기 장로님까지 '복' 자 들어가는 이름이 많습니다. 그것도 부족해서 밥상에도 '복 복(福)' 자를 새겨놓고, 대문에도 새겨놓고, 이불에도 새겨놓고, 치마, 저고리, 옷고름, 베갯머리, 장롱, 숟가락, 젓가락에 이르기까지 온통 복 복(福) 자를 새겨놓습니다. 복 받고 살고 싶다는 얘기입니다.

이렇게 복 받기를 원하는 마음은 사실 우리나라 사람만 가지고 있는 것이 아닙니다. 동서양을 막론하고 모든 민족이 복 받기를 원합니다. 행복하게 살아가기를 원합니다. 그래서 세계 어느 나라를 가든 행운의 연못이 있습니다. 사람들이 많이 모이는 곳에 작은 연못을 만들어놓고 연못 한가운데다 행운을 가져다준다는 항아리를 설치해 놓습니다. 사람들이 그것을 보고 항아리에 열심히 동전을 던집니다. 동전이 들어가면 마음의 소원이 이루어지고 행복하게 살 수 있다는 말에 너도나도 동전을 던집니다.

미국 워싱턴 근교에 있는 한 동굴에 들어가면 거기에도 행운의 연못이 있는데, 관광객들이 던지는 동전을 모으면 1년 동안에만 수천만 원이 된다고 합니다. 서양 사람들이라고 복을 싫어할 리 없습니다. 다 복을 좋아하고, 복 받기를 원하는 것입니다.

그러면 구체적으로 복이 무엇입니까? 먼저 중국 역사서인 상서(尙書) 《홍범》(洪範)에 나오는 오복(五福)이 있습니다. 그것이 소위 말하는 수복, 부귀, 강녕, 유호덕, 고종명입니다. 오래 살고(수복), 재물과 명예가 넉넉하고(부귀), 몸과 마음이 건강하고(강녕), 남에게 즐겨 나누어주며 덕을 쌓고(유호덕), 명대로 살다가 편히 죽는 것(고종명), 이상 다섯 가지를 오복이라고 말합니다.

그런가 하면 민간에서 말하는 오복이 있습니다. 그중의 첫 번째가 치아가 좋은 것입니다. 인생살이에서 먹는 즐거움이 가장 큰 기쁨 중의 하나고, 또 잘 먹어야 장수할 수 있으니까 이가 튼튼해야 복 있는 사람이라는 것입니다. 둘째로는 자손이 많은 것을 복이라고 말합니다. 옛 어른들은 자손이 많아서 대가 끊기지 않는 것을 오복 중의 하나로 생각했습니다. 셋째로는 부부가 해로하는 것이 복이라 말합니다. 부부가 오래오래 함께 사는 것을 복이라 여긴 것입니다. 네 번째로는 손님 대접할 것이 있어야 복이라 했습니다. 아무래도 가진 게 있고, 베풀 것이 있어야 복이라는 얘기입니다. 다섯 번째는 명당에 묻히는 것을 오복 중의 하나라고 생각했습니다. 죽어서 명당에 묻혀 자손들에게 복을 전해 줄 수 있으면 그것이 복이라는 것입니다.

그런데 요즘에는 복이 하나 더 늘어서 아무리 먹어도 살이 찌지 않는 것이 여섯 번째 복이라고 말합니다. 만약 이 복을 받았다고 한다면 제가 제일 많이 받은 사람일 것입니다. 저는 아무리 먹어도 살이 찌지 않습니다. 제가 못 먹는 것은 딱 두 가지입니다. 안 줘서 못 먹고, 없어서 못 먹는 것, 이 두 가지만 빼고 다 먹는데 도대체 살이 안 찝니다. 그것이 참 신기한 일입니다.

어쨌든 현대인들은 오복, 육복을 말하는데 그것도 양이 차지 않아서 계속 보태고 싶어합니다. 얼굴 예쁘고 키 큰 것을 더하고, 좋은 집에서 사는 것을 더하고, 좋은 직장에서 일하는 것을 더하고, 자식들이 잘 되는 것을 더하고, 그 복을 누리기 위해서 얼마나 애쓰는지 모릅니다.

그러나 여러분, 세상 사람들이 말하는 이러한 복이 정말 복이라 할 수 있습니까? 돈 많이 벌고, 건강하고, 오래 살기만 하면 그것이 진짜 복입니까? 그렇지 않습니다. 세상의 복은 시간이 지나봐야 압니다. 사람에 따라서 그 자체가 복이 될 수도 있고, 화가 될 수도 있기 때문입니다.

　어떤 사람은 80세가 넘도록 장수했습니다. 그러나 그렇게 사는 동안 자식들을 먼저 보내는 슬픔을 몇 번이나 경험하고, 아내마저 먼저 보내는 아픔을 겪었습니다. 그런데 그것도 부족해서 병들어 드러눕고 나중에는 혼자서 쓸쓸히 죽었습니다. 혼자서 외롭게 살다가 죽는 바람에 죽은 지 1주일이 지나서야 발견이 되었습니다. 이런 사람에게 장수의 복을 받았다고 말하는 사람은 없습니다.

　또 돈도 그렇습니다. 돈 많이 벌면 복 있는 사람 같지요? 그러나 그렇지 않습니다. 제가 잘 아는 한 남자가 있었습니다. 그 사람은 부인이 두 명 있었습니다. 젊어서 돈이 없을 때는 본처 하나밖에 없었지만, 나중에 사업이 잘되면서 부인을 한 명 더 얻었습니다. 돈을 자루로 벌어 와서 밤새도록 셀 정도가 되니 그만 한눈을 팔게 된 것입니다. 그때부터 이 가정에 불화가 생겼습니다. 양쪽 집안에 자녀가 생기면서 갈등이 더 커졌고, 고통이 끊이질 않았습니다. 결국 이 남자는 날마다 술에 취해서 살았고, 그로 인해 사업이 기울더니 나중에는 쫄딱 망하고 말았습니다. 그렇게 되자 둘째 부인은 떠나고 본부인이 하숙을 쳐서 근근이 먹고 살아가게 되었습니다. 그 후 남자가 암에 걸려 죽고, 얼마 후에 본처도 암으로 죽었습니다. 이게 무슨 연속극 스토리가 아닙니다. 제가 가까이서 지켜보았는데, 그 가정을 지켜보면서 제가 이런 생각을 했습니다.
　'그래, 이 가정은 돈을 많이 번 것이 복이 아니었구나. 오히려 화

가 되었구나!'

얼굴의 아름다움도 마찬가지입니다. 얼굴이 예쁜 것은 분명히 복입니다. 그러나 그 얼굴 때문에 어떤 사람은 지금도 술집에서 웃음을 팔고 있습니다. 이런 사람에게는 얼굴 예쁜 것이 오히려 화가 된 것입니다.

어쨌든 세상의 복은 그 자체가 복이 될 수도 있고, 화가 될 수도 있습니다. 항상 변질될 가능성이 있습니다. 세월 따라 변하고, 사람 따라 변하고, 상황에 따라서 변하게 마련입니다. 그러므로 세상의 복은 찰나적인 복이요, 잠깐의 복이라 할 수 있고, 언제든지 변하는 복이라 할 수 있습니다.

그래서 주님은 우리에게 하늘의 영원한 복을 누리라고 말씀하십니다. 그 복이 어떤 복입니까? 바로 마태복음 5장에 나오는 팔복입니다. 그 복을 주님은 다음과 같이 말씀하셨습니다.

"심령이 가난한 자가 복이 있느니라. 애통하는 자, 온유한 자, 의에 주리고 목마른 자, 긍휼히 여기는 자, 마음이 청결한 자, 화평하게 하는 자, 의를 위하여 핍박을 받는 자가 복이 있느니라."

이는 평소에 우리가 생각하는 복과는 전혀 다른 차원의 복입니다. 그러나 이 복이 진짜 복입니다. 이 복은 영원히 변질되지 않기 때문입니다. 주님께서 말씀하시는 팔복은 거룩하고 신령한 복입니다. 영원한 기쁨과 행복을 가져다주는 복입니다. 그러므로 우리가 세상의 복은 놓칠지라도 이 복만큼은 꼭 받아야 합니다.

여러분의 삶을 날마다 팔복으로 채워서 하늘의 기쁨이 차고 넘쳐 나기를 축원합니다.

그러면 팔복 중에서 첫 번째 복이 무엇입니까? 본문 3절을 보면 '심령이 가난한 자가 복이 있다'고 했습니다.

"심령이 가난한 자는 복이 있나니 천국이 그들의 것임이요."

심령이 가난한 자가 복이 있다는 것입니다. 그런데 여기서 말하는 '가난'이 무슨 뜻입니까? 본문의 '가난'은 '채워도 채워도 만족하지 못하고 늘 부족함을 느끼는 상태'를 뜻합니다. 배고픈 거지가 실컷 먹고도 만족하지 못하고 계속 부족함을 느끼는데, 하나님 앞에서 이 거지와 같은 심령을 가질 때 그 사람이 복이 있다는 것입니다.

요즘은 옛날과 달리 거지를 보기가 어렵습니다. 저희 어린 시절만 해도 깡통 하나 들고 동냥을 하러 다니는 거지들이 많이 있었습니다. 그들에게 한 번씩 밥상을 차려 주면 정말이지 엄청나게 먹었습니다. 마치 빈 자루에 폐품을 쑤셔 넣는 것처럼 한없이 집어넣었습니다. 그런데 그 거지들이 보통 사람보다 몇 배나 많이 먹고서도 돌아갈 때는 언제나 미련을 가지고 두리번거렸습니다. '먹을 것을 좀 더 싸 주지 않나?' 하는 바람을 가지고 머뭇거리곤 했습니다. 배꼽이 튀어나오도록 먹어도 거지의 마음은 여전히 배고픈 것입니다.

이처럼 거지는 항상 배고픔에서 벗어나지 못하고 먹을 것을 찾는데, 이러한 마음으로 하나님을 찾는 자들이 '심령이 가난한 자'라는 말입니다.

"하나님, 저는 가진 것이 없습니다. 아무것도 아닙니다. 아무것도 할 수 없습니다. 오직 하나님의 도움이 필요할 뿐입니다."

이런 겸손한 마음을 가지고 날마다 하나님의 은혜만을 사모하는 자가 심령이 가난한 사람입니다.

이렇게 하나님 앞에서 철저하게 마음을 비우면 낮아지고, 낮아지면 하나님을 우러러보게 됩니다. 겸손하게 살아갑니다. 그러나 마음이 부유해서 마음을 비우지 못한 자는 하나님 앞에서 겸손하지 못합니다. 교만합니다. 실패합니다. 예수님은 이것을 깨우쳐 주시기 위해서 짧은 비유를 통해 이렇게 말씀하신 적이 있습니다.

어느 날 바리새인과 세리가 기도하기 위해서 성전에 나왔습니다. 그중에 바리새인은 내심 다른 사람들보다 하나님의 말씀을 더 잘 지킨다는 자부심을 갖고 있었습니다. 주위 사람들로부터 율법을 철저하게 지키고 거룩한 생활을 한다는 평가를 받는 사람이었습니다. 그러나 세리는 그렇지 않았습니다. 사람들로부터 매국노요, 강도요, 양심을 팔아먹고 사는 자라고 손가락질을 받았습니다. 철저하게 멸시받던 사람이었습니다. 이 두 사람이 성전에 들어갔습니다. 그때 바리새인은 성전에 들어가자마자 맨 앞자리에서 두 손을 들고 하늘을 향하여 기도하기 시작했습니다.

"하나님, 저는 이 세상 사람들과 구별되는 사람입니다. 토색하는 사람, 간음하는 사람, 악한 일을 행하는 사람과는 근본적으로 다릅니다. 그리고 저는 일주일에 두 번씩 금식기도하고, 십일조를 꼬박꼬박 바칩니다. 감사합니다."

이렇게 기도했지만 주님은 바리새인을 인정하지 않았습니다. 그의 마음은 이미 자기 공로로 가득 차 있어서 주님을 모실 자리가 없었기 때문입니다. 그의 마음은 너무나 부유했습니다.

그러나 세리는 달랐습니다. 그는 처음부터 성전 앞으로 나아가지 않았습니다. 아예 엄두도 내지 못했습니다. 다만 성전 뒤 구석에 서서 가슴을 치며 기도했을 뿐입니다.

"오! 하나님, 저는 죄인이로소이다. 저를 불쌍히 여기시옵소서."

이 말만 되풀이하며 뜨거운 눈물을 흘렸습니다. 하나님 앞에 드릴 것도 없고, 자랑할 것도 없고, 자기가 가지고 있는 것들이 아무 소용없다는 것을 고백했습니다. 철저하게 자기를 포기하고 하나님의 은혜만을 사모했습니다. 주님은 이러한 세리를 인정하시고 칭찬하셨는데, 이런 사람을 가리켜 '심령이 가난한 자'라고 하는 것입니다.

심령에 무언가를 가득 담고 있어서 부유한 심령으로 사는 자는 하나님을 모실 자리가 없습니다. 하나님 앞에 나아가도 심령이 부유한 사람은 언제나 자기 공로만 자랑합니다.

"하나님, 저에게는 이런 것들이 있습니다. 제가 이루어 놓은 것들이 얼마나 많은지 모릅니다."

C. S. 루이스는 이 점에 대해서 이렇게 말했습니다.

"신앙생활을 하면서 우리 자신을 다른 사람과 비교하며 좀더 선하다, 좀더 낫다, 좀더 거룩하다는 생각이 들 때마다 우리는 이미 하나님의 지배를 받지 않고 마귀의 지배를 받고 있는 것이다."

그런데 안타깝게도 우리 가운데는 이러한 사람들이 있습니다. 이들은 하나님 앞에 나오기는 하지만 마음을 비우지 못합니다. 그래서 늘 자신의 출신 성분을 자랑합니다. 돈을 자랑하고, 지위를 자랑합니다. 자신의 공로를 자랑합니다. 그로 인해 신앙의 연조는 깊으나 믿음이 자라지 않습니다. 하나님의 말씀 속에 깊이 잠기지 못합니다. 심령에 기쁨이 없고, 감격이 없습니다. 신앙의 열매를 맺지 못합니다. 얼마나 불행한 일입니까?

예수님을 믿어도 잘 믿어야 합니다. 사도 바울은 예수님을 만나기 전까지만 해도 자신이 대단한 것을 가지고 있는 줄 알고 교만하게 살았습니다. 그러나 예수님을 만나자마자 그 모든 것을 배설물로 여겼습니다. 모든 것을 쓸어내버리고 마음을 완전히 비웠습니다. 이렇게 심령이 가난해지자 하나님의 은혜가 임했고, 하나님의 위대한 역사를 펼쳐나간 것입니다.

마음이 가난한 자는 하나님 중심으로 살아갑니다. 하나님의 말씀 앞에 겸손합니다. 삶의 자세가 다릅니다. 그래서 범사에 승리하고 한 생을 성공적으로 살아갑니다. 사랑하는 우리 성도들은 바울처럼 가난한 마음으로 살아서 날마다 승리하고, 주님 약속하신 대로 천국을 소유하는 자들이 되시기를 바랍니다.

그러면 어떻게 해야 교만에 빠지지 않고 항상 가난한 심령으로 살아갈 수 있습니까?

1. 우리가 청지기 인생임을 인정할 때 가난한 심령으로 살아갈 수 있습니다

옛날 이스라엘의 큰 집에는 청지기가 있었습니다. 이 청지기는 헬라어로 '오이코노모스'라고 하는데, 이 말은 '집안의 가옥이나 전답, 재산, 그리고 하인을 관리하는 자'를 뜻합니다. 다시 말해서 집 전체의 살림을 맡아 보는 사람으로서 하인을 부리거나, 연회 준비를 하거나, 법률상의 일을 맡아 집주인을 대리하는 사람의 직책을 가리킵니다. 그러니까 청지기 인생은 자기 소유가 없고 오직 주인의 소유를 대신 맡아서 관리하는 사람을 의미합니다.

그렇다면 우리 인생이 하나님 앞에서 청지기에 불과한 것입니다. 왜 그렇습니까? 나의 생명도 하나님께서 잠깐 빌려 주신 것이고, 나의 재능도 하나님께서 빌려 주신 것이기 때문입니다. 어디 이것들뿐입니까? 나의 집도 하나님께서 잠깐 빌려 주신 것입니다. 나의 물질도 빌려 주신 것이고, 나의 건강도, 외모도, 목소리도, 지식도 다 하나님께서 빌려 주신 것입니다. 내가 이 세상에 사는 동안 잘 선용하라고 잠시 빌려 주신 것입니다. 그렇다면 내 인생이 끝나는 날 본래의 소유주가 되시는 하나님께 모든 것을 돌려드려야 한다는 얘기입니다.

그렇습니다. 우리는 청지기 인생이기 때문에 언젠가 때가 되면 모든 소유를 돌려드려야 합니다. 청지기 인생을 결산해야 합니다. 반드시 심판 받을 때가 있습니다. 이 진리를 아는 사람은 내가 가지고 있는 지식 때문에 교만하지 않습니다. 내가 가지고 있는 물질 때문에 교만하지 않습니다. 내가 가지고 있는 재능 때문에 교만하지 않습니다. 내가 가지고 있는 지위나 권세, 명예 때문에 교만하지 않습니다. 늘 겸손으로 옷 입고 살아갑니다. '하나님이 내 인생의 주인이시고, 나는 오직 청지기일 뿐이다'라는 청지기 의식을 가지고 살아가는데 어떻게 교만할 수 있습니까? 청지기 인생을 아는 사람은 언제나 겸손하게 되고, 그로 인해 가난한 심령으로 살아갑니다.

기억하세요. 하나님 앞에서 우리는 모두 다 거지들입니다. 하나같이 알몸으로 이 세상에 온 사람들입니다. 그리고 잠시 후에는 또다시 빈손으로 떠나야 합니다. 그렇다면 절대로 교만할 수 없습니다. 하나님 앞에서 철저하게 거지 인생이요, 청지기 인생임을 알고 늘 겸손하시기 바랍니다. 가난한 심령으로 살아가시기를 바랍니다.

다시 한 번 말하지만 우리는 청지기 인생입니다. 거지 인생입니다. 교만할 것 없습니다. 그러므로 가난한 심령으로 살아갑시다.

2. 내게 있는 것이 죄밖에 없음을 알 때 가난한 심령으로 살 수 있습니다

다시 말씀을 드리지만 우리의 소유는 아무것도 없습니다. 우리의 모든 소유가 하나님께서 잠깐 빌려 주신 것들입니다. 그러나 우리의 것이 딱 한 가지 있습니다. 그것이 뭔지 아십니까? 바로 우리들의 죄악입니다. 내 속에 있는 죄만큼은 하나님께서 주신 것이 아닙니다. 철저하게 우리의 것입니다. 이 죄라고 하는 것은 나이가 들고, 살아갈수록 자꾸만 더 쌓여 갑니다. 아무리 발버둥치고 애써도 죄는 자꾸 자꾸 쌓여만 갑니다. 우리가 잘 차려입고 화장하고 꾸며서 그나마 그럴듯하게 보이지, 만약 투시기로 우리의 마음을 볼 수 있다고 한다면 그야말로 비참하기 그지없을 것입니다. 보이는 것이 전부 다 더럽고, 추하고, 악하고, 음란한 것뿐인데 어떻게 당당할 수 있습니까? 이것을 솔직하게 보았던 바울은 이렇게 고백했습니다.

"나는 죄인입니다. 그것도 죄인 중의 괴수입니다."

우리가 정직하지 못해서 그렇지 조금만 정직하면 죄인임을 고백하지 않을 수 없습니다. 우리는 한 사람도 예외 없이 죄인들에 불과합니다. 그런데 어떻게 교만하고 큰소리 칠 수 있겠습니까? 하나님 앞에 내놓을 것이 죄밖에 없다면 이제 교만을 내려놓아야 합니다. 무조건 겸손해야 합니다. 가난한 심령으로 살아야 합니다. 교만을 내려놓고 오직 겸손으로 옷 입으시기 바랍니다. 가난한 심령으로 주님을 바라보시기 바랍니다.

가난한 심령으로 주님을 바라보아야 내 속에 천국이 임합니다. 가난한 심령으로 주님을 바라보아야 주님께서 말씀하시면 무조건 아멘입니다. 제가 어린 시절만 해도 너무 가난해서 항상 배가 고팠습니다. 그래서 먹을 것을 주면 뭐든지 남기는 일이 거의 없었습니다. 누룽지든 수제비든 자장면이든 다 통째로 비웠습니다. 사탕을 빨아먹다가 땅에 떨어뜨려도 그것을 절대로 밟지 않았습니다. 얼른 주워 혀로 흙먼지를 몇 번 핥아서 뱉고 난 후에 끝까지 다 먹었습니다. 고구마든 아이스크림이든 땅에 떨어졌다고 해서 버리는 일이 없었습니다. 뱃속이 가난하면 그렇게 되는 것입니다.

마찬가지입니다. 우리가 하나님 앞에서 심령이 가난하면 항상 하나님을 사모하고, 하나님의 말씀을 그리워합니다. 그래서 "성령 받아라" 할 때 아멘 하지만 "십자가를 져라" 해도 아멘 합니다. "능력 받아라" 할 때 아멘 하지만 "겸손히 섬겨라" 할 때도 아멘 합니다. 심령이 가난한 사람은 무슨 말씀을 주어도 아멘입니다. 배가 고프면 보리밥이든 수제비든 라면이든 다 꿀맛입니다. 주는 대로 받아먹고, 뭐든지 감사합니다. 우리의 심령이 이렇게 되어야 합니다.

그런데 오늘날 교인들의 심령이 가난하지 않습니다. 심령이 너무나 살쪄 있습니다. 고급스런 말씀을 많이 들어서 그런지 모두가 비만증에 걸려 있습니다. 십자가 이야기를 해도 감각이 없습니다. 피리를 불어도 춤을 추지 않습니다. 옆에서 통곡을 해도 눈물 한 방울 흘리지 않습니다. 심령이 너무나 부유한 것입니다. 이러한 심령에 어떻게 주님이 오시고, 어떻게 천국이 이루어지겠습니까? 주님은 오늘도 분명하게 말씀하십니다.

"심령이 가난한 자는 복이 있나니 천국이 그들의 것임이라."

심령이 부유하면 하나님의 은혜도 경험할 수 없고, 천국도 소유할 수 없다는 것입니다.

여러분, 오늘 여러분 가운데 아직도 자아가 살아 있어서 내 고집대로 사는 사람이 있습니까? 내가 하나님의 자리에 서서 내 마음대로 살아가는 인생이 있습니까? 그 자리에서 빨리 내려오시기 바랍니다. 누가 뭐라 해도 나는 청지기 인생이요, 거지 인생입니다. 하나님께서 은혜 주시지 않으면 나는 아무것도 아닙니다. 빈털터리 인생입니다. 날마다 하나님 앞에서 가난한 심령으로 살아가시기를 바랍니다. 그것이 가장 복 있는 삶입니다. 왜 그렇습니까? 하나님은 가난한 심령으로 살아가는 자에게 천국을 주신다고 약속하셨기 때문입니다.

천국은 두 가지 의미로 생각할 수 있습니다. 하나는 우리가 죽어서 가는 미래적인 하나님의 나라이고, 또 하나는 이 땅에서 주님 모시고 사는 현재적인 하나님의 나라가 그것입니다. 그런데 하나님은 심령이 가난한 자에게 이 두 가지 천국을 다 주신다고 약속하십니다. 얼마나 놀라운 복입니까? 일생 가난한 심령으로 살아서 이 땅에서도 천국 생활을 하고, 하늘나라에서도 하나님과 영원히 함께 사는 축복이 있기를 간절히 축원합니다.

애통이 가져다주는 복

마태복음 5장 4절

어느 교회 교회학교 교사가 중병에 걸렸습니다. 목사님과 온 성도들이 그 교사를 위해 눈물로 기도했습니다. 그러나 의사는 그가 이 땅에 머무를 시간이 2~3일밖에 안 남았다고 최후의 통첩을 보내왔습니다. 교회의 사모님이 그 말을 듣고 교회학교에 알린 후 그 선생님이 가르쳤던 학생들과 함께 병문안을 갔습니다. 아이들은 병실에 들어가자마자 눈물을 흘렸습니다. 그때 사모님이 아이들을 위로하면서 선생님을 위해 다 같이 기도하자고 했습니다. 아이들이 웅성웅성 기도하기 시작했습니다. 얼마 후 사모님이 한 아이를 지목해서 대표로 기도해 달라고 부탁했습니다. 그러자 아이가 잠시 망설이다가 이렇게 기도를 했습니다.

"하나님, 우리 선생님 살려 주세요. 하나님, 우리 선생님 무조건 살려 주세요. 하나님, 우리 선생님 꼭 살려 주세요. 하나님, 우리 선생님 야채인간 되지 않게 해주세요."

이 아이가 "식물인간 되지 않게 해주세요"라고 기도해야 하는데 그 말이 생각나지 않자 그만 야채인간 되지 않게 해달라고 기도를 했던 것입니다. 그 말을 들은 아이들이 키득키득 웃었지만, 사모님은 그래도 이를 악물고 잘 참았습니다. 그런데 이 아이가 "하나님 아버지, 우리 선생님 환갑잔치는 하고 돌아가시게 해주세요" 하고 기도한다는 것이 그만 "하나님 아버지, 우리 선생님 육갑잔치는 하고 돌아가시게 해주세요" 하고 기도하는 바람에 아이들이 다 뒤집어지고 사모님도 웃음보가 터지고 말았습니다. 그 자리에서 어떻게 웃음을 참을 수 있었겠습니까? 결국 병상에 누워 있던 선생님도 웃음이 터져나왔고, 며칠 뒤에는 웃으면서 하늘나라로 가셨다는 일화가 있습니다.

우리가 사는 세상은 항상 웃음과 눈물이 병존하는 세상입니다. 그래서 어제는 웃었지만 오늘은 눈물지어야 하고, 오늘은 눈물지었지만 내일은 웃을 수 있는 것입니다. 그러면 웃는 것이 좋습니까, 우는 것이 좋습니까? 두말 할 것도 없이 웃는 것이 좋습니다. 환난 풍파가 많은 이 세상에서 우리는 할 수 있는 대로 웃고 살아야 합니다.

웃음요법 치료사들은 한 번 웃을 때의 운동효과가 에어로빅 5분과 맞먹는다고 말합니다. 그뿐 아닙니다. 웃음은 병균을 막는 항체인 인터페론 감마의 분비를 증가시켜 바이러스에 대한 저항력을 키워주고, 세포 조직의 증식에도 도움을 주는 것으로 밝혀졌습니다. 또 웃는 사람의 피를 뽑아 분석하면 암 종양세포를 공격하는 '킬러 세포'가 생성되어 있다는 연구 결과도 있습니다. 그런가 하면 웃을 때 많이 분비되는 엔도르핀은 모르핀보다 200배나 효과가 큰 몸속의 천연 진통제로서 사람의 기분을 좋게 하고 통증과 근심을 줄여주는 역할을 한다고 말합니다. 그리고 웃음은 암도 물리치고, 심장 박동수를 높여서 혈액순환을 돕고, 몸의 근육에도 좋은 영향을 미친다는 보고가 있습니다. 그래서 웃으면 건강해지고, 웃으면 복이 온다고 말하는 것입니다. 성경을 펼쳐 보아도 '웃음'(laughter)과 '기쁨'(gladness)이란 단어가 무려 544회나 나옵니다. 항상 기뻐하고 웃으며 살아가라고 말씀합니다.

그런데 오늘의 본문을 보면 주님께서 이렇게 말씀하십니다.

"애통하는 자는 복이 있나니 그들이 위로를 받을 것임이라."

슬퍼하는 사람이 복이 있다는 것입니다. 여러분, 이 말씀을 들을 때 좀 모순이 있다는 생각이 들지 않습니까? 아니 그렇게 기뻐하라고 하시고서, 그렇게 웃으며 살아가라고 하시고서 오늘의 본문에서는 애통하라고 말씀하십니다. 애통하는 자가 복이 있다는 것입니다. 도대체 앞뒤가 맞지 않는 것 같습니다. 그러나 여기에 아주 깊은 뜻이 있습니다. 오늘은 그것이 무엇인지를 생각해 보면서 함께 은혜를 나누고자 합니다.

여러분, 주님께서 왜 애통하는 자가 복이 있다고 하셨겠습니까?

1. 인간은 애통을 통해서 인생의 깊은 뜻을 깨닫기 때문입니다

본래 '애통한다'는 말은 '슬퍼한다'라는 뜻으로서, 모든 슬픔 중에서도 가장 강하고 고통스러운 슬픔을 의미하는 용어입니다. 창세기 37장 34-35절을 보면 야곱은 자기의 사랑하는 아들 요셉이 죽었다는 소식을 듣고 크게 슬퍼했는데, 그것을 성경은 이렇게 전합니다.

> "자기 옷을 찢고 굵은 베로 허리를 묶고 오래도록 그의 아들을 위하여 애통하니 그의 모든 자녀가 위로하되 그가 그 위로를 받지 아니하여 이르되 내가 슬퍼하며 스올로 내려가 아들에게로 가리라 하고 그의 아버지가 그를 위하여 울었더라."

자기의 가장 소중한 것을 잃었을 때 흘리는 눈물과 가슴 아픔, 이것이 애통입니다. 그런데 이런 큰 슬픔을 가진 자가 복이 있다는 것입니다. 왜 그렇습니까? 그 애통과 슬픔을 통해서 인생의 깊은 뜻을 깨닫고 정열과 감격이 있는 삶을 살아가기 때문입니다.

현재 미국의 대통령은 버락 오바마입니다. 그는 미국 최초의 흑인 대통령으로 등극했을 뿐만 아니라 연임에도 성공해서 여러 가지 기록을 세우고 있습니다. 그가 미국의 대통령에 처음으로 취임할 때 그 취임식에 참석한 사람만 200만 명이 넘고, 전 세계의 10억 명 이상이 취임식을 지켜보았는데, 그 주인공인 오바마가 어떤 사람입니까? 그 당시 그는 불과 48년밖에 살지 않았지만 짧은 생을 살면서 수도 없이 애통하며 슬퍼해야 했던 과거가 있습니다. 때로는 혼혈아로서, 때로는 이혼녀의 자식으로서, 때로는 부모를 잃은 자식으로서 쉴 새 없이 눈물을 흘려야 했습니다. 그뿐만이 아닙니다. 사람들의 편견 때문에 울고, 선입견 때문에 울고, 보이지 않는 차별 때문에 애통해야 했습니다. 그러나 그는 그 지독한 슬픔 속에서 인생에 대한 깊은 애정과 열정과 뜻을 찾았습니다. 그 지독한 슬픔 속에서 전 세계의 대통령이라고 하는 미국 대통령의 자리에 앉는 영광을 얻었습니다. 그런 의미에서 보면 슬픔과 애통은 그에게 오히려 큰 복이 되었던 것입니다.

"햇볕이 내리쬐는 날만 계속되면 사막이 된다"라는 말이 있습니다. 그렇습니다. 비가 오지 않고 맑은 날씨만 계속되면 좋을 것 같아도 그렇지 않습니다. 비가 오지 않고 계속 햇볕만 내리쬐면 사람이 살기 어려운 사막이 됩니다. 마찬가지입니다. 인생살이도 좋은 날만 계속되면 인생의 심오한 뜻을 모르고, 하나님도 모르고, 인생을 의미 없이 끝내기 쉽습니다. 그래서 작가 최인호 씨는 《사랑아 나는 통곡한다》라고 하는 책의 서문에서 이렇게 말했습니다.

"나는 통곡하며 살고 싶다. 나는 생활도 대충대충, 만남도 대충대충, 일도 대충대충 그렇게 살고 싶지 않다. 나는 모든 일에 통곡하는 그런 열정을 지니고 살고 싶다. 어찌 사랑뿐이겠는가. 나는 친구도 통곡하며 사귀고 싶고, 꽃 한 송이도 통곡하며 보고 싶다. 내 아들딸들의 통곡하는 아버지이고 싶고, 아내와도 늙어 죽을 때까지 통곡하며 살고 싶다. 하나님도 통곡하며 믿고 싶다."

통곡이 있는 곳에 진실이 있습니다. 통곡이 있는 곳에 감동이 있습니다. 통곡이 있는 곳에 사랑이 있습니다. 통곡이 있는 곳에 하나님이 계십니다. 흔히 "눈물이 말라버린 사람은 사람이 아니다"라고 말합니다. 왜 그렇습니까? 거기에는 감동도 없고, 정열도 없고, 진실도 없기 때문입니다. 물론 그 속에는 위로도 없습니다.

여러분, 비인간적이란 말이 무슨 뜻입니까? 눈물이 없고 감격과 감동이 없다는 말입니다. 인간은 애통하면서부터 인간이 되는 것입니다. 죽은 사람을 보세요. 죽은 사람은 울지 못합니다. 죽은 사람은 웃지도 못하지만 울지도 못합니다. 오직 살아 있는 사람만이 애통하는 것입니다. 그래서 주님은 애통하는 사람에게 하나님을 보여주시고, 인생이 얼마나 깊이가 있는지를 알려주십니다. 애통하는 사람에게 삶의 열정을 주십니다. 애통하는 사람을 친히 위로해 주십니다.

우리가 잘 아는 《천로역정》이라는 책은 성경 다음으로 많이 읽히는 기독교의 고전입니다. 이 책의 작가는 존 번연이라고 하는 영국 사람입니다. 그는 젊었을 때 군대 생활을 한 적이 있는데, 어느 날 아주 중요한 곳에 보초를 서게 되었습니다. 하지만 볼일이 생겨서 자기 친구에게 잠깐만 보초를 서달라고 부탁했습니다. 친구가 흔쾌히 그 청을 들어 주었습니다. 그런데 잠깐 동안 일을 보고 돌아와 보니 친구가 죽어 있었습니다. 그 사이에 적군에게 저격을 당했던 것입니다. 문자 그대로 친구는 자기 생명을 대신해서 죽었습니다. 얼마나 기가 막혔겠습니까? 존 번연은 크게 통곡했습니다. 그리고 그 애통을 통해서 인생의 깊은 뜻을 찾게 되었고, 더 나아가 깊은 신앙을 갖게 되었으며, 불후의 명작 《천로역정》을 집필하게 되었습니다. 얼마나 놀라운 은혜입니까?

우리들 중에도 사랑하는 사람을 잃고 그 애통함 가운데서 인생의 깊은 뜻을 찾고, 믿음으로 하나님의 위로를 받은 사람들이 많이 있습니다. 저 역시 큰 슬픔과 애통 속에서 인생의 깊은 뜻을 찾고 하나님의 나라를 새롭게 본 사람입니다. 사람마다 조금 다르겠습니다만, 어린 시절의 저에게는 저의 어머니가 제 인생의 전부였습니다. 어머니보다 더 사랑스럽고, 어머니보다 더 크고, 어머니보다 더 위대한 존재는 없었습니다.

그런데 그 사랑스런 어머니가 불과 38세의 젊은 나이로 세상을 떠나셨습니다. 단 한마디 유언도 없이 갑자기 돌아가셨을 때 저는 단장의 아픔이 무엇인지를 알았습니다. 인생의 애통이 무언지를 알았습니다. 얼마나 슬펐던지 1년 365일을 눈물로 살았습니다. 마치 죽은 것처럼 살았습니다. 세상은 분명히 똑같은데 사람들이 웃고 지나가도 슬프고, 그 어떤 노래를 들어도 슬프고, 걸어가도 슬프고, 뛰어가도 슬프고, 드러누워도 슬프고, 세상이 온통 슬퍼 보였습니다. 무엇보다 5살짜리 어린 여동생이 "오빠, 엄마 보고 싶다. 엄마는 언제 돌아와?"하며 울부짖을 때는 가슴을 쥐어뜯으면서 울었습니다. 나도 그 슬픔의 무게를 감당할 수가 없어서 기가 막힌 날들을 보내는데, 동생까지 나를 힘들게 했으니 얼마나 고통스러웠겠습니까? 평생을 살아오면서 그렇게 애통하며 눈물 많이 흘린 날들이 없습니다.

그런데 하나님은 바로 그 눈물의 프리즘을 통해서 하늘의 영원한 세계를 보여주셨습니다. 어머니가 가 계신 하늘나라를 소망하게 하셨습니다. 하나님의 손을 붙잡는 은혜를 베풀어 주셨습니다. 인생의 의미가 무엇이고 우리는 어디로 가는 존재인지를 아주 깊이 깨닫게 하셨습니다. 그리고는 목회의 길로 인도하셨습니다. 얼마나 감사한 일입니까?

낮에는 햇빛이 있어서 모든 것을 볼 수 있는 것 같지만 실제로는 멀리 있는 것을 보지 못합니다. 그러나 해가 지고 캄캄한 밤이 되면 오히려 하늘 멀리에 떠있는 별들을 볼 수 있습니다. 바로 이처럼 하늘나라는 인생의 밤에 더 잘 보입니다. 이상하게도 눈물의 렌즈를 통해서만 더 자세히 보게 되고, 애통을 통해서만 더 주님을 확실히 만나게 됩니다. 주님은 오늘도 고통으로 몸부림치는 자녀들을 향하여 친히 말씀하십니다.

"아들아, 네가 복이 있다. 딸아, 네가 복이 있다. 내가 너에게 위로를 주겠노라."

물론 주님께서 어떻게 위로해 주실지 우리는 확실히 알지 못합니다. 그러나 분명한 사실은, 주님께서 항상 우리의 애통을 아시고 그것을 축복으로 바꾸어 주신다는 것입니다.

눈물의 여인 한나를 보세요. 한나는 자식이 없어서 애통했던 사람입니다. 이것은 어떤 의로움이나 거룩함에 대한 애통이 아닙니다. 단지 한 사람의 여자로서 자식을 낳지 못한다는 부끄러움과 소망 없음에 대한 애통이었습니다. 한나는 마음이 괴로워서 하나님께 기도하며 통곡했습니다. 그때 하나님께서 한나의 기도를 들으시고 사무엘을 선물로 주셨습니다. 우리 하나님은 마음이 여리십니다. 그래서 우리들의 눈물을 견디지 못하십니다.

여러분, 자녀 때문에 가슴이 아픕니까? 사랑하는 사람 때문에 슬픕니까? 인생살이가 순탄치 못해서 눈물이 앞을 가립니까? 그 애통한 마음을 가지고 하나님 앞에 엎드리세요. 하나님께서 그 애통함을 아시고 위로해 주실 줄 믿습니다. 눈물을 찬송으로 바꾸어 주실 줄 믿습니다.

2. 자기 죄를 보고 애통할 때 사죄의 은총을 받기 때문입니다

애통은 죄 사함을 가져옵니다. 마음이 가난해서 자기의 허물과 죄를 깨닫고 그 죄를 애통하며 회개하는 자는 사죄의 은총을 받습니다. 그래서 애통하는 자는 복이 있다고 하는 것입니다.

이사야 선지자는 웃시야 왕이 죽던 해에 성전에 들어간 적이 있습니다. 그가 성전에 들어가 보니 주님께서 높은 보좌에 앉아 계셨고, 천사들은 그 보좌를 둘러싸고 소리 높여 찬송했습니다.

"거룩하다 거룩하다 만군의 여호와여 그 영광이 온 땅에 충만하도다."

이사야는 그 거룩하고 영광스런 자리에서 자신의 더러운 죄악을 보고 견딜 수가 없었습니다. 그래서 자기도 모르게 소리 높여 울부짖기 시작했습니다.

"화로다 나여 망하게 되었도다 나는 입술이 부정한 사람이요 입술이 부정한 사람 중에 거하면서 만군의 여호와이신 왕을 보았음이로다."

이사야는 자신의 죄를 보고 탄식했습니다. 애통했습니다. 애곡했습니다. 바로 그때 천사 중 하나가 제단에서 숯불을 취하여 이사야의 입술에 대고 말했습니다.

"너의 악이 제하여졌고 너의 죄가 사하여졌느니라."

자신의 죄를 보고 애통할 때 죄 사함의 은총이 임한 것입니다.

여러분, 예수님을 믿기 전에는 잘 몰랐는데 예수님을 믿고 난 뒤부터 죄가 더 뚜렷하게 보이기 시작합니까? 그러면 그것이 복인 줄 믿으시기 바랍니다. 전에는 죄라고 생각지도 않았던 것이 이제는 하나님 앞에서 죄인 것을 깨닫고 슬퍼하십니까? 그러면 그것이 복인 줄 믿으시기 바랍니다. 여러분이 지은 죄에 대해서 더 민감해졌습니까? 그러면 그것이 복인 줄 믿으시기 바랍니다. 내가 죄에 대해서 민감하고 죄에 대해서 애통한다는 것은 내 안에 성령님이 계시다는 증거입니다. 거룩하신 성령님이 내 안에 계시면 죄는 나와 동거할 수가 없습니다. 그래서 그것이 죄에 대한 애통으로 나타나는데, 그 애통하는 마음 위에 사죄의 은총이 임하는 것입니다.

베드로는 주님의 수석 제자였습니다. 주님께 대한 충성심이 대단했습니다. 그래서 그는 십자가의 길을 가시는 주님 앞에서 이렇게 맹세했습니다.

"주님, 다른 사람이 다 주님을 버릴지라도 저는 주님을 버리지 않겠나이다."

그러나 주님께서 말씀하셨습니다.

"베드로야, 오늘 밤 닭 울기 전에 네가 나를 세 번 부인하리라."

베드로가 다시 맹세했습니다.

"내가 주와 함께 죽을지언정 절대 주를 부인하지 않겠나이다."

그러나 막상 주님이 잡혀가시자 베드로는 주님을 세 번이나 부인하고 말았습니다.

"나는 주님을 모른다. 맹세코 말하지만 나는 주님을 모른다."

죽기까지 주님을 따르겠다고 맹세해 놓고 세 번이나 부인해 버렸습니다. 이런 실패가 어디 있습니까? 그가 세 번째 주님을 부인하는 순간 주님께서 말씀하신 대로 닭이 울었습니다. 그 닭 울음소리에 주님의 말씀이 생각난 베드로는 애통하며 가슴을 쳤습니다. 회개의 뜨거운 눈물을 흘렸습니다. 그러나 그가 애통하며 회개할 때 주님은 그가 다시 사역할 수 있는 은혜를 베풀어 주셨습니다. 십자가에 거꾸로 못 박혀서 피를 토하며 순교할 때까지 온 세상에 복음을 증거하게 하셨습니다. 교회를 반석 위에 든든히 세워놓을 수 있도록 축복하셨습니다.

　전설에 의하면 베드로는 사역을 하면서 닭이 울 때마다 뜨거운 눈물을 흘렸다고 합니다. 주님의 말씀이 생각나고, 주님을 배반했던 일이 생각나고, 주님의 은혜가 생각나서 항상 울고 다녔다고 합니다. 그래서 이런 재미있는 이야기가 있습니다. 베드로가 사역을 하다가 몸과 마음이 지쳐서 드러누웠습니다. 그때 한의사가 와서 진맥을 하더니 이렇게 처방을 내렸다고 합니다.
　"선생님, 삼계탕을 해먹으면 낫겠습니다."
　그 말대로 베드로가 삼계탕을 한 그릇 먹었더니 깨끗이 나았습니다. 사람들이 탄복을 하며 그 용한 한의사에게 이유를 물었더니 이렇게 대답하더랍니다.
　"베드로 사도가 닭이 울 때마다 엄청난 스트레스를 받아서 몸과 마음이 지쳤으니 그놈의 닭을 잡아먹으면 깨끗이 치유될 것 아니겠습니까? 그래서 내가 삼계탕 처방을 내린 것입니다."

　그럴 듯한 유머입니다만, 진짜 그리스도인은 늘 애통하며 살아갑니다. 울고 다닙니다. 정신에 이상이 있어서 우는 것이 아닙니다. 심리적으로 이상이 있어서 우는 것이 아닙니다. 하나님 앞에서 지은 죄 때문에 부끄러워서 울고, 사죄의 은총 때문에 감사해서 우는 것입니다. 그래서 찬송가 143장을 보면 아이작 왓츠도 이렇게 찬송하고 있습니다.

1. 웬 말인가 날 위하여 주 돌아가셨나
   이 벌레 같은 날 위해 큰 해 받으셨나
5. 늘 울어도 눈물로써 못 갚을 줄 알아
   몸밖에 드릴 것 없어 이 몸 바칩니다

이런 모습이 세상 사람들에게는 이상하게 보일지 모릅니다. 그러나 성도가 하나님 앞에서 애통하는 것은 그 자체가 은혜입니다. 축복입니다. 죄에 대해 애통하고 회개할 때 사죄의 은총이 임하고, 구원의 길이 열리고, 새로운 역사가 시작되기 때문입니다. 그래서 주님은 오늘도 말씀하십니다.

"애통하는 자는 복이 있나니 그들이 위로를 받을 것임이라."

시편 34편 18절에서도 이렇게 말씀합니다.

"여호와는 마음이 상한 자를 가까이하시고 충심으로 통회하는 자를 구원하시는도다."

하나님께서 구하시고 받으시는 제사는 애통하는 마음입니다. 통회하는 심령입니다. 죄에 대해 애통함으로 그것이 은총이 되고, 그것이 축복이 되기를 바랍니다.

3. 다른 사람의 애통에 함께 애통할 때 주님의 귀한 일꾼이 되기 때문입니다

예수님은 나사로의 무덤 앞에서 애통하여 우셨습니다. 사망이 왕 노릇하는 것을 보고 심히 애통하셨습니다. 남편을 다섯이나 두고도 만족하지 못했던 수가 성 여인을 보고 애통하셨습니다. 중풍병자를 보고 애통하셨습니다. 앉은뱅이를 보고 애통하셨습니다. 각색 병으로 고통받는 자들을 애통히 여기셨습니다. 무엇보다 예루살렘이 멸망할 것을 아시고 통곡하셨습니다(눅 19:41). 예수님은 죄가 없는 분입니다. 그러나 죄로 인해 멸망의 길로 가는 인류를 볼 때 애통하지 않을 수가 없었습니다. 주님은 평생 우리 죄인들을 위해 애통하며 사셨습니다.

그래서 주님의 제자들도 다른 사람들을 위해 그렇게 애통했던 것입니다. 베드로도 애통했고, 요한도 애통했고, 야고보도 애통했습니다. 모두가 다른 사람을 위해 애통하다가 순교의 길을 갔습니다. 바울 역시 마찬가지입니다. 바울은 이방인에게 복음을 전하는 사도였습니다. 이방인을 위해 죽도록 고생을 했습니다. 그런데 자신의 동족인 유대인들이 복음을 외면하는 것입니다. 얼마나 안타까웠겠습니까? 그는 동족을 위해서 눈물로 기도했습니다. 유대인들이 구원만 받으면 자신은 저주를 받고 그리스도에게서 끊어져도 좋다고 고백할 정도로 애통하며 기도했습니다.

여기서 우리 기독교는 불교와 분명한 차이가 있습니다. 불교는 애통을 피해 가려고 합니다. 인간의 눈물과 고난을 도피합니다. 그래서 산속 깊은 곳으로 들어갑니다. 그러나 우리 기독교는 그렇지 않습니다. 기독교는 애통을 함께 나눕니다. 십자가를 함께 집니다. 그래서 언제나 세상 한복판으로 들어갑니다. 때로는 세월호 침몰사고로 울부짖는 유족들을 찾아 고통의 현장으로 들어가고, 때로는 재해를 당한 사람들이 울고 있는 현장으로 들어갑니다. 때로는 신음소리 가득한 전쟁터로도 들어가고, 때로는 기아에 허덕이는 아프리카에 들어가기도 합니다. 병원으로 들어가고, 장애우들이 있는 곳으로 들어가고, 고아원으로 들어가고, 요양원으로 뛰어 들어가 함께 애통하는 것입니다. 그런데 바로 그 자리에서 하나님은 우리들을 하나님의 귀한 일꾼으로 사용하십니다. 다른 사람의 애통을 내 것으로 아는 자들을 반드시 축복하시는 것입니다.

주님은 애통하는 자가 복이 있다고 말씀하셨습니다. 왜 그렇습니까? 그 애통을 통해서 주님의 말할 수 없는 위로를 받기 때문입니다. 내가 울고 애통할 때 인생의 깊이를 알고 하늘의 세계를 볼 수 있습니다. 애통을 통해서 죄 사함의 은총을 받습니다. 다른 사람의 애통에 동참해서 함께 울 때 하나님의 귀한 일꾼이 됩니다. 그러므로 애통하는 자가 복이 있습니다. 애통하는 자가 위로를 받고, 애통하는 자가 축복을 받습니다. 애통을 통해서 인생의 깊이를 알고, 애통을 통해서 죄 사함의 은총을 받고, 애통을 통해서 하나님의 귀한 일꾼이 되는 애통의 축복이 있기를 간절히 축원합니다.

온유의 힘
마태복음 5장 5절

옛날에 어떤 가정에서 열 살밖에 되지 않은 아들을 열아홉 살의 처녀와 결혼을 시켰습니다. 신부가 무려 아홉 살이나 연상인 데다가 신랑이 아직 어린 소년이었기 때문에 그때부터 신랑의 부모는 늘 염려 속에서 살았습니다.

'혹시 며느리가 어린 자식을 업신여기지는 않을까? 혹시 며느리가 딴 마음을 품지는 않을까?'

염려에서 벗어나질 못했습니다. 그런데 어느 날 아들이 서당에 갔다가 돌아와 보니까 부모님은 밭일을 하러 나가고, 아내만 부엌에서 점심준비를 하고 있었습니다. 그때 어린 신랑이 무게를 잡고서 이렇게 말했습니다.

"너는 무얼 하다가 이제야 점심 준비를 하는 것이냐?"

그 말을 들은 아내는 화가 나서 "야, 너는 나이가 몇 살인데 나에게 반말이냐?" 하고는 신랑을 번쩍 들어 호박 넝쿨이 있는 지붕 위로 확 던져버렸습니다. 꼬마 신랑은 지붕 위에서 뛰어내리지도 못하고 어쩔 줄을 몰라 했습니다. 그런데 하필이면 그때 부모님이 일터에서 돌아왔습니다. 며느리가 꼬마 신랑을 혼내 주려고 지붕 위로 던져놓은 상황인데 그만 들키고 만 것입니다. 큰일났습니다. 잘못하면 시집에서 쫓겨나 보따리 싸가지고 친정으로 돌아가야 할 판이었습니다. 부모님이 지붕 위에 서 있는 아들을 보고 물었습니다.

"아들아, 너는 어찌하여 지붕에 올라가 있느냐?"

그때 꼬마 신랑이 자기 부인을 향해 얼른 이렇게 소리쳤습니다.

"여보, 큰 호박으로 딸까요? 작은 호박으로 딸까요?"

그 말을 들은 부모는 자식을 기특하게 생각했고, 신부는 신랑의 재치로 큰 위기를 넘겼습니다. 그다음부터 신부가 나이 어린 신랑을 어떻게 대한 줄 아십니까? 자기의 온유한 남편을 최고로 여겼습니다. 한동안 업고 다녔습니다. 그리고 아들 딸 낳고 행복하게 살았다는 일화가 있습니다.

많은 사람들이 종종 이런 생각을 합니다.

"언제든 힘이 있어야 성공하고, 무엇이든 밀어붙여야 이긴다."

힘있는 자가 성공하고, 밀어붙이는 자가 승리한다는 얘기입니다. 그러나 인생을 살아보면 그렇지가 않죠? 강하고 무섭게 다스린다고 해서 성공하는 것이 아닙니다. 인간의 역사를 보세요. 그렇게 역사를 호령하고 큰소리치던 로마 제국이 어디로 갔습니까? 세계를 제패했던 바벨론 제국이 어디로 갔습니까? 세상을 평정했던 페르시아 제국이나 몽골 제국이 어디로 갔습니까? 강한 자들이 이길 것 같지만 역사는 그렇게 말하지 않습니다. 오히려 온유한 자들이 성공하고, 온유한 자들이 복을 받고, 온유한 자들이 승리합니다. 겸손하고, 순하고, 덕을 베풀고, 화평하고, 사랑하고, 양보하고, 베풀고, 부드러운 마음을 가진 사람들이 범사에 복을 받고, 땅을 넓게 차지하고, 장수하는 것입니다.

동물의 세계도 마찬가지입니다. 어떻게 보면 힘 있는 동물들이 천하를 제패하고 자기들끼리만 잘 살 것 같은데 실제로는 그렇지 않습니다. 호랑이나 사자나 치타나 표범이나 곰 같은 맹수들은 날이 갈수록 개체수가 줄어듭니다. 번식이 되지를 않습니다. 점점 수가 줄어들어서 보호해 주어야 합니다. 반대로 온순한 동물들을 보세요. 이것들은 보호해 주지 않고 그냥 내버려두어도 얼마나 번식을 잘하는지 모릅니다. 참새나 비둘기를 보세요. 보호해 주지 않아도 날이 갈수록 늘어납니다. 그 누구도 참새를 번식시키려고 노력하지 않습니다. 그 누구도 비둘기를 번식시키려고 힘쓰지 않습니다. 그러나 그 숫자는 계속해서 늘어납니다. 왜 그렇습니까? 순하고 온유해서 그렇습니다.

또 사슴이나 양이나 노루같이 순한 동물들은 부자유하게 살지 않습니다. 항상 평화롭게 풀을 뜯어먹으며 자유롭게 살아갑니다. 그러나 사나운 맹수들은 그렇지 못합니다. 사나운 동물들은 자꾸 깊은 밀림으로 들어갑니다. 들어가서 나오지를 않습니다. 사는 영역이 점점 좁아집니다. 동물의 왕이라면 나와서 모든 동물을 다스려야 하는데 겁이 나서 나오지를 못합니다. 힘이 있음에도 불구하고 두려워서 못 나오는 것입니다. 남을 해치는 동물은 그 마음에 평안이 없습니다. 자유가 없습니다. 늘 경계합니다. 불안해 합니다. 행복이 없습니다. 사랑도 없습니다. 맹수들을 가만히 살펴보세요. 암수가 둘이 정답게 사랑을 속삭이는 맹수가 없습니다. 날마다 '어흥!' 하고 으르렁거리는데 사랑은 무슨 사랑입니까?

우리가 아는 대로 사자는 동물의 왕입니다. 특히 숫사자는 갈기가 북실북실해서 보기만 해도 위엄이 있습니다. 그러나 숫사자보다 비극적인 동물은 없습니다. 숫사자는 혼자서 여러 암사자를 거느리는데, 그것도 잠시뿐 더 강한 숫사자가 나타나면 여지없이 물려 죽거나 쫓겨나서 굶어죽기 일쑤입니다. 그리고 숫사자는 싸움에서 이겨 승자가 되면 암사자의 새끼들을 다 물어 죽입니다. 새로운 사랑을 위해서 미친 짓들을 하는 것입니다. 이렇게 살아가니까 맹수들은 수명도 짧습니다. 사자는 평균 수명이 15년입니다. 호랑이도 기껏해야 11년 정도 살다 갑니다. 그러나 백조는 300년을 살고, 거북이 역시 200~300년을 살다 갑니다. 앵무새 역시 120년을 살다 갑니다. 하다못해 까마귀도 100년을 삽니다.

잊지 마세요. 동물도 온유한 동물이 번성하고 장수하듯이 사람도 온유한 자가 복을 받고, 온유한 자가 번성합니다. 온유한 자가 사랑을 받고, 온유한 자가 행복하게 살아갑니다. 온유한 자가 결국은 승리하는 것입니다. 그러므로 우리는 말이나 행동이나 모든 것이 온유해야 합니다. 부드러워야 합니다. 하나님은 곡식도 부드러운 땅에서 좋은 열매를 맺게 하십니다. 사람도 옥토와 같이 부드러운 마음을 가진 사람에게 귀한 열매를 주시고 복을 주십니다.

성경의 복 받은 인물들을 보세요. 하나같이 온유했습니다. 아브라함이 온유했습니다. 이삭이 온유했습니다. 요셉이 온유했습니다. 모세가 온유했습니다. 다윗이 온유했습니다. 한나가 온유했습니다. 마리아가 온유했습니다. 온유한 사람들이 하나님 앞에서 큰일을 감당하고 큰 복을 받았습니다. 사랑하는 우리 성도들도 온유한 자가 되시기를 바랍니다. 평생 온유한 자들이 되어서 온유의 복을 누리시기 바랍니다.

사탄은 늘 이렇게 속삭입니다.

"사나워야 승리한다. 무섭게 다루고, 냉혹하게 처신해야 이긴다."

그러나 이 논리는 사탄의 논리요, 세상의 논리입니다. 절대 속으면 안 됩니다. 주님은 오늘도 본문 5절을 통해서 이렇게 말씀하십니다.

"온유한 자는 복이 있나니 그들이 땅을 기업으로 받을 것임이라."

"아니, 어떻게 온유한 사람이 땅을 기업으로 받나요? '강한 자는 복이 있나니 저희가 땅을 정복할 것이요'라고 말한다면 쉽게 이해가 되지만 이건 좀 모순된 얘기 아닙니까?"

얼마든지 그렇게 생각할 수 있습니다. 실제로 넓은 땅은 대부분 힘 있는 사람이 소유하고 있습니다. 힘 없는 사람은 땅을 정복할 수가 없습니다. 가자 지구에 살던 팔레스타인 사람들을 보세요. 하나같이

온유의 힘

힘없는 사람들 아닙니까? 힘이 없어서 땅을 차지하지 못하고, 힘이 없어서 쫓겨나고, 힘이 없어서 죽어간 것입니다. 지금 우리가 살고 있는 이 사회도 그렇습니다. 힘있는 사람들이 많은 땅을 차지하고서 땅땅거리고 살지, 힘이 없어서 땅 한 평 없는 사람은 절대 땅땅거리고 살 수 없습니다. 그런데 주님은 온유함이 강한 것을 이긴다고 말씀하시고, 온유한 자가 땅을 기업으로 받는다고 역설하십니다.

여러분, 이 말씀에 쉽게 동의할 수 있습니까? 아마 이 말씀은 예수님 당시의 유대인들에게도 상당히 충격이 되었을 것입니다. 왜 그렇습니까? 그 당시 세계를 지배하고 있던 나라는 로마입니다. 그 로마 제국의 힘이 대단했는데, 로마의 힘은 다름 아닌 군사적인 힘이었습니다. 그래서 유대인들은 로마의 힘을 능가할 수 있는 메시아를 기다렸습니다. 강력한 힘을 가지고서 세상을 완전히 평정하는 정치적인 메시아를 고대하며 살았습니다.

바로 그때 예수님이 나타나셔서 보리떡 다섯 개와 물고기 두 마리로 어린아이까지 2만 명을 먹이셨습니다. 물 위를 걸으셨습니다. 38년 된 앉은뱅이를 일으키셨습니다. 말씀 한마디로 한센 씨 병자를 고쳐 주셨습니다. 각색 병든 자들을 다 치유하여 주셨습니다. 심지어 죽은 지 나흘이나 된 나사로를 무덤에서 걸어 나오게 하셨습니다. 얼마나 놀라운 역사입니까? 사람들이 이구동성으로 말했습니다.

"이분이야말로 우리가 고대하던 메시아다. 예수님이야말로 우리가 기다리던 구세주다. 예수여, 우리를 구원하소서. 호산나, 호산나!"

이스라엘 백성들은 예수님을 환영하면서 열렬히 따라다녔습니다.

예수님이 가는 곳마다 인산인해를 이루었습니다. 그런데 그들 앞에서 예수님은 이렇게 말씀하셨습니다.

"온유한 자는 복이 있나니 그들이 땅을 차지할 것이라."

세상에 이런 어이없는 말씀이 어디 있습니까? 그러나 주님의 말씀은 한 번도 모순이 되거나 불합리한 적이 없습니다. 때때로 모순이 있는 것처럼 보이지만 주님의 말씀은 그 자체가 영원한 진리요, 축복이요, 불변의 약속입니다. 결국은 온유한 자가 복을 받고, 온유한 자가 승리하는 것입니다.

그러면 예수님이 여기서 말씀하시는 '온유'란 말은 무엇을 의미합니까? 이 말이 헬라어로 '프라우테스'라고 쓰여 있는데 우리말로는 모두 '온유'라고 번역되어 있습니다. '따뜻하고 부드럽다'는 뜻입니다. 그런데 이 말을 오해하면 안 됩니다. 이 말은 어떤 면에서 가장 강한 인간의 품성을 의미하기 때문입니다. 온유라는 말을 보다 더 잘 이해하기 위해서는 먼저 이 말의 어원적 배경을 살펴볼 필요가 있습니다.

문명이 발달하면서 사람들은 벌판을 질주하던 야생마를 길들여 교통수단으로 쓰게 되었습니다. 그래서 훈련이 되어 순해진 말을 가리켜 '프라우테스 말'이라고 불렀습니다. 사나운 맹수를 훈련시켜 주인의 명령에 잘 순종하고 따를 때 주인은 그 짐승을 가리켜 '프라우테스', 즉 '온유해졌다'라고 말한 것입니다. 그러므로 본능적인 행동을 통제할 수 있을 만큼 길들여지고 잘 훈련된 성품을 온유라고 말합니다. 힘이 잘 조절되어서 유익하게 사용되도록 훈련된 인격을 온유라고 하는 것입니다. 그렇다면 온유라고 하는 것이 절대 약한 품성을 의미하는 단어가 아닙니다. 내적으로 자신의 욕망을 잘 다스리고, 힘을 절제할 수 있는 강한 품성을 가리켜 온유라고 말하는 것입니다.

우리가 타고 다니는 자동차에는 속도를 내는 액셀러레이터와 속도를 통제하는 브레이크가 있습니다. 이 둘이 조화를 잘 이룰 때 자동차는 안전하게 운행이 됩니다. 그런데 이 두 개의 부품 중에서 브레이크가 아주 중요합니다. 브레이크가 고장나면 액셀러레이터가 아무리 좋아도 소용없습니다. 액셀러레이터를 밟으면 밟을수록 대형 사고가 일어나는 것입니다. 이는 우리의 인생살이도 똑같습니다. 아무리 승승장구해도 자동차의 브레이크과 같은 절제가 없으면 인생살이를 망치는 것입니다. 절제를 잃어버린 인생들을 보세요. 자신의 욕망을 다스리지 못하고, 힘을 조절하지 못하는 인생들은 마치 브레이크가 고장 난 자동차처럼 파국을 맞이하고 맙니다.

얼마 전 안산의 한 인질범이 자기 부인의 전 남편과 의붓딸을 살해한 사건이 일어났습니다. 별거 중인 부인이 전화를 받지 않는다고 해서 이런 끔찍한 살인극을 벌였는데, 그 남자는 인생의 브레이크가 고장 난 사람입니다. 언제 절제의 브레이크를 밟고, 언제 힘을 조절해야 하는지를 모르니까 결국 인생이 파탄 난 것입니다.

잘 훈련되고 절제된 성품인 온유함이 없으면 언제 인생이 파탄 날지 모릅니다. 그러므로 한 생을 살면서 모든 일에 승리하고 성공하려면 먼저 온유로 옷 입고 살아야 합니다. 온유로 옷 입고 살면 욕망의 노예가 되지 않습니다. 쉽게 유혹 당하지 않습니다. 쉽게 분을 내지 않습니다. 힘을 조절합니다. 사랑의 열매를 거둡니다. 절제할 줄 압니다. 그런데 여기서 말하는 절제는 인간 스스로의 통제능력만을 의미하지 않습니다. 인생의 주인 되시는 하나님께서 나를 다스리고 통제하시도록 나의 삶을 다 맡기는 데서 오는 힘을 의미합니다. 그러므로 하나님을 향하여 길들여진 사람, 하나님의 전적인 지배를 받는 사람이 진정한 의미에서의 온유한 사람인 것입니다.

그렇다면 오늘 여러분의 열정은 하나님을 향해 집중되어 있습니까? 여러분이 가진 힘은 하나님의 나라와 교회에 집중이 되어 있습니까? 예수님 때문에 욕심과 성질과 본능을 잘 통제하고 살아가십니까? 예수님 때문에 절제하고, 예수님 때문에 힘을 조절하고, 예수님 때문에 온유한 삶을 살아가는 여러분들이 되시기를 바랍니다.

둘째로, 온유라는 말의 어원적 배경이 또 하나 있습니다. 어떤 환자의 몸에 열이 오르고 몸과 얼굴이 벌겋게 되었을 때 이 열을 진정시켜 정상 온도가 되면 그것을 가리켜 '프라우테스' 곧 '온유해졌다'고 말했습니다. 열이 다스려졌다는 얘기입니다. 우리 몸의 신체온도는 36.5도가 정상입니다. 너무 낮아도 안 되고 너무 높아도 안 됩니다. 정상 체온을 유지해야 건강하게 살아갈 수 있습니다. 이는 우리의 인생살이도 마찬가지입니다. 일할 때 일하지 않고 바칠 때 바치지 못하면 불충성이 되며, 나서지 말아야 할 때 함부로 나서고 혼자 열심을 내면 그것 또한 월권이 되고 과욕이 됩니다. 열심에 있어서도 정상체온을 유지할 줄 아는 것이 온유라고 할 수 있습니다. 결국 온유는 극단에 서지 않고 균형 잡힌 행동과 조화 있는 삶을 살아가는 것을 뜻하는 말입니다.

그렇다면 예수님이 말씀하시는 온유함이란 절대 성격적인 유약함에서 오는 것이 아닙니다. 예수님이 말씀하시는 온유함은 엄청난 훈련을 통해서 세상의 역경과 고통을 참아내고, 힘을 잘 조절할 수 있는 힘을 가진 사람만이 나타낼 수 있는 덕목인 것입니다. 그러므로 약한 자는 온유할 수 없습니다. 강하고 실력이 있는 사람만 온유할 수 있습니다. 어리석은 사람들은 온유함을 나약함으로 착각하지만 온유함은 절대로 나약함이 아닙니다. 온유함은 예수님처럼 진정으로 강한 사람만이 소유할 수 있는 것인데, 진정한 강함은 부드러움에서 나옵니다. 부드러운 것이 강하고, 부드러운 것이 살아 있는 것입니다.

이 세상에서 강하다고 하고, 딱딱하다고 하는 것들을 보십시오. 그런 것들은 다 죽어 있는 것들입니다. 나무는 살아 있을 때 부드럽습니다. 살아 있을 때 잘 휘어집니다. 그러나 죽으면 딱딱해집니다. 장작이 됩니다. 사람도 마찬가지입니다. 살아 있을 때는 부드럽습니다. 유들유들합니다. 그러나 죽으면 즉시 딱딱해집니다. 아무리 사랑했던 사람도 죽으면 장작같이 뻣뻣해집니다. 그러므로 부드럽다고 해서 약하다고 말하는 것은 잘못입니다. 오히려 부드러운 것이 강한 것입니다.

여러분, 여러분의 입속에 있는 혀와 이를 비교해 보십시오. 혀와 이 중에서 어느 것이 더 강합니까? 얼른 생각하기에는 이가 강한 것 같죠? 그러나 그렇지 않습니다. 한 생을 살면서 이는 수도 없이 혀를 깨물고 상처를 내지만 세월이 흐르면 점점 약해지다가 나중에는 다 빠져버립니다. 노인이 되면 합죽이가 되는데 그 이유는 이가 빠져서 그러는 것입니다. 그러나 혀는 사람이 죽을 때까지 끄떡도 하지 않습니다. 저는 지금까지 혀가 빠져서 죽은 사람을 못 보았습니다. 부드러운 것이 강하고, 온유한 것이 진정으로 강한 것입니다. 사랑하는 우리 성도들은 언제나 온유한 심령으로 살아가시기를 바랍니다.

그러면 우리가 어떻게 해야 온유해질 수 있습니까? 예수님을 바라보아야 온유해질 수 있습니다. 예수님을 바라보고 예수님을 배우려고 할 때 온유해지는 것입니다. 그래서 주님은 오늘도 마태복음 11장 29절에서 이렇게 말씀하십니다.

"나는 마음이 온유하고 겸손하니 나의 멍에를 메고 내게 배우라 그리하면 너희 마음이 쉼을 얻으리라."

예수님을 바라보고 예수님의 말씀을 따라 살아갈 때, 내가 온유한 심령이 되는 것입니다.

어떤 화가가 한 10년 동안 계속해서 개구리만 그렸습니다. 그랬더니 그 화가의 얼굴이 꼭 개구리를 닮아 있더랍니다. 무엇이든 계속해서 바라보면 닮아가는 것입니다. 거듭난 그리스도인이 예수님을 바라보며 살아가면 어느 순간부터 마음에 복수심이 사라집니다. 원망이 사라집니다. 분노가 사라집니다. 얼굴에서 독기가 사라집니다. 그 대신에 평강이 찾아오고, 감사가 찾아오고, 얼굴이 예뻐지고, 언어생활이 부드러워집니다. 예수님을 바라보면 자꾸 예수님을 닮아가게 되고, 어느덧 온유한 사람이 되는 것입니다.

마태복음 5장에는 팔복이 나오고, 갈라디아서 5장에는 성령의 아홉 가지 열매가 나오는데, 그중에 공통된 것 두 가지가 바로 평화와 온유입니다. 복 받은 사람과 성령 충만한 사람의 가장 뚜렷한 특징이 평화와 온유라는 것입니다. 예수 잘 믿으면 이 복이 다 들어옵니다. 성령 충만하면 이 복을 다 누립니다. 그래서 예수 잘 믿는 사람치고 평화가 없는 사람이 없습니다. 예수 잘 믿는 사람치고 온유하지 않은 사람이 없습니다.

어떤 사람은 예수를 믿으면서 자꾸 혈기를 부립니다. 사소한 일에도 막 화를 내고 언성을 높입니다. 상처를 줍니다. 그리고서 하는 얘기가 이렇습니다.

"그래도 나는 뒤끝이 없는 사람이오."

이미 상대방은 상처를 받을 대로 받고 쓰러져서 신음하는데 자기는 뒤끝이 없다고 말합니다. 앞에서 상처 주고 나중에 뒤끝까지 있는 사람보다야 낫지만, 이제는 이런 삶의 태도를 바꾸어야 합니다. 왜 그렇습니까? 우리 모두 온유하신 예수님을 바라보고 사는 사람들이기 때문입니다. 기왕이면 앞에서도 혈기 부리지 않고, 뒤에서도 뒤끝이 없는 사람들이 되시기를 바랍니다. 온유로 옷 입고 살아가시기를 바랍니다.

주님은 우리가 온유하게 살아갈 때 기뻐하십니다. 온유하게 살아갈 때 복 주신다고 약속하셨습니다. 그 복이 구체적으로 어떤 복입니까? 오늘의 본문을 보면 이렇게 말씀하십니다.

"온유한 자는 복이 있나니 그들이 땅을 기업으로 받을 것임이라."

부동산을 좋아하는 사람은 눈이 번쩍 뜨일 말씀입니다만, 여기서 말하는 땅은 여러 가지 의미를 포함하고 있습니다. 먼저, 온유한 자가 받는 땅에는 하늘의 땅이 있습니다. 온유한 사람은 하나님께 속한 땅을 기업으로 받습니다. 하나님은 온유한 사람들을 위해 이미 새 하늘과 새 땅을 예비해 놓으셨습니다. 온유한 사람들은 장차 하늘나라에서 높은 위치를 차지하게 되는 것입니다. 그러므로 이 땅에서 온유함 때문에 손해 보는 일이 있어도 억울해 하지 마십시오. 기뻐하시기 바랍니다. 하나님은 온유한 자를 기억하시고 하늘의 가장 큰 상으로 보상해 주시기 때문입니다.

다음으로, 본문에서 말하는 땅은 이 세상의 땅을 의미하기도 합니다. 온유한 자는 이 세상에서도 땅을 차지하게 된다는 약속입니다. 이삭은 블레셋 땅에서 농사를 지었습니다. 흉년으로 온 대지가 말라 갈 때 이삭의 우물에는 물이 넘쳐 농사를 잘 지었습니다. 그러자 시기가 난 블레셋 사람들이 몇 번이고 이삭의 우물을 강제로 빼앗아갔습니다. 그때마다 이삭은 온유한 마음으로 계속 피해 다니며 우물을 팠는데 가는 곳마다 물이 쏟아졌습니다. 그리고 놀라운 일은 피하여 갈 때마다 더 넓고 좋은 땅, 더 큰 우물이 기다리고 있었다는 것입니다. 온유함을 가지고 사는 자에게 하나님은 이 세상의 지경도 넓혀주시는 줄 믿으시기 바랍니다.

또한 온유한 자가 차지하는 땅은 사람을 의미하기도 합니다. 무슨 얘기입니까? 온유한 자는 사람을 많이 얻는다는 말입니다. 실제로 그렇습니다. 온유한 사람 곁에 사람이 많지, 강폭한 사람 곁에 사람이 많지 않습니다. 온유한 자가 사람을 차지합니다. 온유한 자가 사람을 얻습니다. 그러므로 세월이 갈수록 온유함이 있어야 합니다.

흔히 군대에서 소대장급이 가져야 할 가장 중요한 품성은 용기라고 말합니다. 소대장급은 용기를 가지고 용장이 되어야 합니다. 그 다음에 영관급이 있는데, 영관급이 가져야 할 품성은 지혜입니다. 영관급은 전략을 잘 짜서 지장이라고 하는 말을 들어야 합니다. 그러나 별을 단 장군이 꼭 가져야 할 품성은 바로 덕입니다. 덕장이 되어야 큰 힘을 발휘할 수 있고, 많은 사람을 얻을 수 있기 때문입니다. 그러므로 장군은 더 이상 지장이나 용장의 자리에 머물러서는 안 됩니다. 덕을 가지고 살아야 합니다.

우리의 인생도 마찬가지입니다. 젊은 시절에 똑똑하다는 말을 들는 것은 좋은 일입니다. 칭찬입니다. 그런데 만약 나이가 들어서도 똑똑하다는 말을 듣는다면 그것은 욕이라는 것을 알아야 합니다. 나이가 들면 덕이 있어야 합니다. '똑똑'한 사람이 아니라 '덕덕'한 사람이 되어야 합니다.

평생 온유함으로 사셨던 예수님이 십자가에 못 박혀 죽으시고 장사된 땅은 한 평도 되지 않은 작은 땅이었습니다. 그러나 얼마 지나지 않아 예수님은 전 로마를 차지하셨습니다. 그리고 이제는 땅 끝을 향하여 그 영역이 점점 확대되어 가고 있습니다. 앞으로 주님께서 재림하실 때는 새 하늘과 새 땅이 모두 다 예수님의 땅이 될 것입니다. 그 땅은 주님의 말씀을 따라 온유한 삶을 살았던 사람들이 영원히 함께 사는 땅이 될 것입니다.

예수님은 로마의 황제보다 강했습니다. 십자가는 칼보다 강했습니다. 도살된 양이 사자보다 강했습니다. 온유함은 결코 약한 것이 아닙니다. 주님의 온유함을 가지고 살아 이 땅에서 모든 일에 승리하고, 하늘의 영원한 복을 차지하는 여러분이 되시기를 간절히 축원합니다.

목마름의 역사
마태복음 5장 6절

옛날에는 여자들이 참 살기 힘들었습니다. 바람이 슬슬 들어오는 부엌에서 아궁이에 불을 때며 밥을 짓고, 큰 밥상에다 음식을 차려서 식구들을 섬겨야 했습니다. 빨래를 할 때는 냇가로 가야 했습니다. 식수를 공급하기 위해서도 물지게를 지고 우물가를 오가야 했습니다. 참 고생이 많았습니다.

그런데 지금은 완전히 판도가 달라졌습니다. 따뜻한 주방에서 쌀만 얹어놓으면 밥통이 알아서 밥을 지어 주고, 그것도 "취사가 완료되었습니다. 쿠쿠" 하면서 잘 먹으라는 말까지 해줍니다. 여기에다가 자동세탁기나 전자레인지, 가스레인지, 냉장고, 김치냉장고, 식기세척기, 진공청소기 등등 가사일을 원활하게 해주는 기기가 얼마나 많은지 모릅니다. 그리고 수도꼭지만 올리면 물이 콸콸 쏟아지고, 정수기 스위치만 누르면 찬물과 따뜻한 물을 언제든지 마실 수 있습니다. 그야말로 세상은 여자들을 위한 세상으로 계속해서 진화하고 있습니다.

백화점을 가도 거의가 여자들이 필요로 하는 것만 가득합니다. 1층에 들어가면 화장품 코너부터 시작해서 액세서리 코너까지 거의가 여자들 용품입니다. 의복도 남자들 옷은 올라가기 불편한 5층 정도에 조금 진열되어 있지만, 여자들 옷은 보통 2-4층까지 총 3개 층에 가득 차 있습니다. 그런데도 여자 옷 매장에는 사람들이 바글바글하고, 남자 매장은 썰렁합니다.

그리고 점심시간에 식당에 가보세요. 90퍼센트는 여자들입니다. 그 시간에 남자들은 돈 버느라고 땀을 뻘뻘 흘립니다. 워낙 바쁘고 시간이 없다 보니까 여자들처럼 점심을 잘 먹을 수가 없습니다. 회사 구내식당에서 별로 영양가 없는 백반이나 칼국수로 때우는 겁니다. 그렇다고 아침이나 제대로 먹습니까? 아침도 못 먹고 가는 남자들이 많습니다. 요즘에 아침 챙겨 달라고 하면 간덩이가 부은 남자라고 해서 그냥 굶습니다. 그러니 무슨 힘이 있고 화색이 돌겠습니까? 실제로 옆에 앉아 있는 남자들을 한번 살펴보세요. 여자들은 다 하얗고 번지르르하지만 남자들은 얼굴색이 안 나고 까칠하잖아요? 앞으로 남자들은 더 살기가 힘들 것 같은데 우리 아들 생각하면 벌써부터 불쌍한 생각이 듭니다. 우리 여자 성도들은 남자들에게 좀 잘해 주시기 바랍니다. 부부는 서로 사랑해서 만난 사람들이지 않습니까?

우리는 서로 사랑해서 결혼하고, 사랑해서 가정을 이루고 살아갑니다. 그런데 세월 따라 그 사랑의 느낌이 달라집니다. 10대의 순수한 사랑과 40대 중년의 사랑이 다르고, 인생의 황혼기에 들어선 70대의 사랑이 다릅니다. "난 사랑을 위해서라면 나의 생명까지도 바칠 수 있어" 하고 말하는 사람이 있는가 하면, "사랑은 무슨 얼어 죽을 사랑?" 하며 냉소를 보내는 사람이 있습니다. 사랑에 대한 생각이 세월 따라 다르고, 그 처지와 환경에 따라 다릅니다. 사랑에 대한 느낌이 사람마다 다 다릅니다. 이렇게 경험을 말하는 단어들은 그 사람의 경험과 형편에 따라 느끼는 감정이 다른 것입니다.

오늘 본문에 나오는 단어도 마찬가지입니다. 예수님이 팔복 중에 이 네 번째 복인 '의에 주리고 목마른 자의 복'에 대해 말씀하시는데, 여기서 '주리고 목말라 한다'라는 말은 사람에 따라 그 느낌이 다릅니다. 그 당시의 이스라엘 사람들이 느끼는 감정과 오늘 우리 현대인들이 느끼는 감정이 다르다는 것입니다. 우선 굶주린다는 말부터 느낌이 다릅니다. 예수님 당시의 일반 노동자들이 하루에 받는 임금은 별로 되지 않았습니다. 그런데 그들이 일할 일자리마저 없는 경우가 많았습니다. 그러니 그들의 생활이 어떠했겠습니까? 문자 그대로 굶기를 밥 먹듯이 했습니다. 항상 굶주리며 비참하게 살았습니다. 그래서 굶주린다는 말이 얼마나 고통스런 단어인지 그들은 몸으로 알고 있었습니다. 요즘 우리가 느끼는 감정과 전혀 다른 것입니다.

목마름이란 단어도 마찬가지입니다. 요즘은 수도꼭지만 틀면 물이 콸콸 쏟아져 나옵니다. 어디서나 생수를 마실 수 있습니다. 그렇기 때문에 현대인들은 목마름이 얼마나 고통스러운지를 심각하게 느끼지 못하고 살아갑니다. 그러나 예수님 당시의 이스라엘 백성들에게는 이 목마름이란 단어가 전혀 다른 느낌으로 와 닿았을 것입니다. 그 당시에는 물을 구할 수 있는 곳이 시냇가와 우물밖에 없었습니다. 그러다 보니 먼 거리를 물 없이 걸어야 할 때가 많았고, 극도로 목마름에 시달릴 때가 많았습니다. 사막 지역에서 모래 바람을 맞으며 갈증에 시달리는 모습을 상상해 보십시오. 그렇기 때문에 목마름에 대한 느낌이 오늘을 사는 우리들과는 확실히 달랐던 것입니다.

바로 그런 상황에서 예수님은 팔복 중의 하나인 네 번째 복을 말씀하셨습니다.

"의에 주리고 목마른 자는 복이 있나니."

이 말씀을 들은 이스라엘 백성들은 의에 대해 얼마나 갈급해하고 사모해야 그 복을 받는지를 금방 이해했을 것입니다. 며칠씩 굶은 사람처럼, 갈증이 나서 목이 타들어가는 사람처럼 의를 사모하는 자가 복이 있다는 말씀으로 이해했으리라 봅니다. 바로 이것입니다. 주님은 진정으로 의에 주리고 목말라 하는 자가 복이 있다 하시고, 그들이 영적으로 만족함을 누리게 된다고 말씀하십니다.

"의에 주리고 목마른 자는 복이 있나니 그들이 배부를 것임이라."

진정으로 의를 추구하고 사모하는 자는, 주리고 목마른 사람이 배가 불러서 만족함을 누리는 것처럼 영혼의 만족함을 누린다는 것입니다. 사랑하는 우리 성도들이 이 복을 누리시기 바랍니다. 날마다 영적으로 충만한 은혜가 있기를 바랍니다.

그러면 '의에 주리고 목마른 자'라는 말이 구체적으로 무엇을 의미합니까?

1. 칭의를 간절히 소망한다는 뜻입니다

여러분, 칭의가 무슨 말입니까? '의롭다 칭함을 받는다'라는 말입니다. 나는 의롭지 않지만 남이 나를 의롭다고 인정해 주는 의를 칭의라고 하는데, 이 칭의를 가리켜 '수동적인 의'라고 말합니다. 의에는 '능동적인 의'와 '수동적인 의'가 있습니다. 능동적인 의는 자기가 흠 없고 잘해서 얻는 의라면, 수동적인 의는 내가 의롭지 않지만 남이 나를 의롭다고 인정해서 얻는 의입니다. 그래서 이것을 '전가된 의'라고 말하기도 합니다. 이러한 의는 오직 은혜로 얻는 것입니다.

누가복음 15장을 보면 탕자의 비유가 나옵니다. 어느 집에 아들 둘이 있었습니다. 그런데 그중의 둘째 아들이 아버지의 재산을 미리 상속받아 먼 나라에 가서 허랑방탕한 생활을 했습니다. 재산을 다 탕진해버렸습니다. 나중에 알거지가 되어 돌아왔습니다. 그야말로 불효자식 중의 불효자식이요, 죄인 중의 죄인입니다. 그런데 그 아들이 집에 돌아왔을 때 아버지가 어떻게 했습니까? 아들을 끌어안고 눈물을 흘렸습니다. 죽었다가 살아난 아들이라고 좋아했습니다. 손에 가락지를 끼워 주고, 발에는 새 신발을 신겨 주었습니다. 그리고는 소를 잡아서 잔치를 벌였습니다.

그때 동생을 못마땅해 하던 형은 도무지 이해할 수가 없었습니다. '동생에게 벌을 주든지, 그렇지 않으면 조용히 있을 것이지 뭘 잘했다고 소를 잡아서 동네잔치를 한단 말인가?' 하고 불만이 대단했습니다. 그러나 아버지는 달랐습니다. 죽은 줄로만 알았던 아들이 살아서 돌아오자 한없이 기뻐하며 감사했습니다. 아들의 허물을 다 덮어버렸습니다. 오히려 기뻐하며 잔치를 벌였습니다. 바로 이 사랑으로 둘째 아들이 의롭다 함을 얻었는데, 이것을 가리켜 수동적인 의라고 말하는 것입니다. 둘째 아들은 자신의 행위가 옳아서 의를 얻은 것이 아닙니다. 오로지 아버지가 아들을 받아 주었기 때문에 의롭다 함을 얻고 아들의 신분을 회복한 것입니다.

우리는 하나님 앞에 죄인입니다. 더 이상 우리의 의는 없습니다. 영적으로 완전히 파산한 자들입니다. 그러므로 우리는 스스로를 구원할 수 있는 힘이 없습니다. 능력이 없습니다. 오직 하나님의 은혜만 필요한 것입니다.

종교개혁자 마틴 루터가 처음에는 이 진리를 몰랐습니다. 그래서 그는 로마 가톨릭의 신부일 때 스스로 의롭다 함을 얻으려고 얼마나 노력했는지 모릅니다. 어느 날 루터는 이전처럼 베드로 성당의 돌

계단을 무릎으로 기어 올라갔습니다. 계단을 무릎으로 기어 올라가면서 눈물로 회개했습니다. 올라가고 또 올라가 무릎에 피멍이 들고 다 터져 나가도 계속해서 계단을 오르내렸습니다. 그러나 아무리 오르내려도 죄 사함의 확신을 얻을 수가 없었습니다. 자신의 죄가 더 또렷이 생각났습니다. 오히려 자기 의를 구하면 구할수록 의는 점점 더 멀어져만 갔습니다. 그런데 계단을 기어오르던 루터의 귀에 천둥처럼 들려오는 주님의 음성이 있었습니다.

"오직 의인은 믿음으로 말미암아 살리라"(롬 1:17).

익히 알던 말씀이지만 그날따라 너무나 새롭게 들렸습니다. 온 영혼을 흔들어놓는 그 말씀 앞에서 루터는 벌떡 일어났습니다.
'그렇구나! 나의 의가 아닌 하나님의 은혜로 구원을 받는 것이구나!'
그 위대한 종교개혁은 바로 그 순간에 시작된 것입니다. 루터는 종교개혁을 하기 전에 먼저 자기 개혁부터 시작했습니다. 그것은 자기의 의를 다 부정하는 것이었습니다. 그는 죄인이 행하는 그 어떤 선행으로도 구원받을 수 없고, 아무리 수행을 해도 의로워질 수 없다는 것을 깨달았습니다. 하나님께서 이루어 놓으신 의를 오직 믿음으로 받는다는 것을 알았습니다. 오직 믿음으로, 오직 긍휼로, 오직 은혜로 의롭다 칭함을 받는 구원의 원리를 발견하게 되었습니다. 그 순간 평생 믿어온 그리스도이지만 그 그리스도가 생명의 그리스도로 다가왔습니다.

바로 이것입니다. 하나님의 의롭다 하심을 얻기 위해서는 먼저 나의 의를 버려야 합니다. 바리새적인 의를 버려야 합니다. 거짓된 의를 버려야 합니다. 회칠한 무덤과 같은 위선적인 의를 버려야 합니다.

'나는 기도를 많이 한다. 헌금을 많이 한다. 성경을 많이 안다. 다른 사람보다 죄를 안 짓는다. 나는 흠이 없다. 나는 교회를 오래 다녔다. 나는 알 만큼 안다.'

이래서는 안 됩니다. 우리는 행위로 구원받는 것이 아니기 때문입니다. 우리는 오직 하나님의 은혜로만 구원받습니다. 하나님께서 나의 죄를 씻어 주시고 친히 의롭다 칭해 주셔야만 구원이 가능해집니다. 그래서 믿는 자는 먼저 나의 의를 내려놓습니다. 겸손하게 하나님의 은혜만을 구합니다. 하나님 아버지께 손들고 옵니다. 사랑하는 우리 성도들에게 이런 은혜가 있기를 바랍니다. 내가 하나님 앞에 내놓을 것은 죄밖에 없습니다. 그래서 찰스 웨슬리도 찬송가 280장에서 이렇게 노래한 바 있습니다.

    1. 천부여 의지 없어서 손들고 옵니다
       주 나를 외면하시면 나 어디 가리까
       내 죄를 씻기 위하여 피 흘려 주시니
       곧 회개하는 맘으로 주 앞에 옵니다
    3. 나 예수 의지함으로 큰 권능 받아서
       주님께 구한 모든 것 늘 얻겠습니다
       내 죄를 씻기 위하여 피 흘려 주시니
       곧 회개하는 맘으로 주 앞에 옵니다

사랑하는 우리 성도들은 언제나 주님 앞에 회개하는 마음으로 나아오시기를 바랍니다. 십자가에서 값없이 주시는 의에 목마르고 배고픈 자만이 복을 받습니다. 나의 죄를 씻어 주시고 영원히 함께 살고 싶어서 친히 십자가를 지신 주님 앞에 날마다 겸허하게 엎드리는 여러분이 되시기를 바랍니다.

2. 성화에 대한 강렬한 욕구를 뜻합니다

예수 그리스도를 믿고 죄 사함과 칭의를 받은 자는 거기에 머물러 있기를 원하지 않습니다. 좀더 성화되기를 원합니다. 거룩해지기를 원합니다. 주님께서 나를 의롭다 하시고 구원해 주셨는데 어떻게 죄 가운데서 더럽게 살아갑니까? 그래서 거룩하게 살기를 소원하고, 점점 더 성화되기를 원합니다.

그런데 문제는 내 속에 있는 죄성입니다. 내 속에 있는 죄의 습성이 나의 발목을 잡는데, 이것이 문제입니다. 이 죄의 습성 때문에 실패하고, 죄의 습성 때문에 좌절감을 느끼게 되는 것입니다.

성경을 보면 사도 바울이 그랬습니다. 우리가 아는 대로 바울은 부활하신 예수님을 만난 이후로 180도 다른 삶을 살았습니다. 예수님을 핍박하던 자가 예수님을 증거하는 전도자가 된 것입니다. 그는 생명을 걸고 복음을 전파했습니다. 살든지 죽든지 그리스도만을 존귀케 하고자 했습니다. 처음부터 끝까지 예수님처럼 살고자 애썼습니다. 그러나 그것이 마음먹은 대로 되질 않았습니다. 마치 큰 벽처럼 막아서는 장애물이 있음을 발견했습니다. 그것이 뭔지 아십니까? 바로 자기 속에 거하는 죄였습니다. 그 죄는 인격을 오염시켰고, 오염된 인격은 선을 행하기보다 죄를 행하는 일에 더 익숙하게 만들었습니다. 그래서 하나님의 자녀답게 좀 거룩하게 살려고 하면 이 죄로 오염된 인격이 의지를 자꾸 꺾어 놓는 것입니다. 결국 실패하고 또 실패하다가 바울은 이렇게 고백했습니다.

"오호라 나는 곤고한 사람이로다 이 사망의 몸에서 누가 나를 건져내랴"(롬 7:24).

오늘 예배드리는 여러분도 바울과 같은 경험을 해보았을 것입니다. 저도 정말 뼈저리게 경험을 했고, 그 경험은 지금도 계속되고 있습니다. 예수님을 믿고 거듭나서 하나님의 자녀가 된 후에 정말이지 저는 주님처럼 살고 싶었습니다. 더러움과 죄는 다 버리고 오직 주님의 말씀을 따라 주님처럼 거룩하게 살고 싶었습니다. 작은 예수가 되고 싶었습니다. 그런데 살다 보니 그게 안 되는 것입니다. 그래서 많이 울었습니다. 흰 머리카락을 염색하면 잠시 까만 머리로 있다가 시간이 지나면 다시 흰머리로 돌아가는 것처럼, 살다 보면 또다시 죄에 빠지곤 했습니다. 그때마다 얼마나 탄식했는지 모릅니다.

"하나님, 제가 이렇게 형편없는 사람입니까? 이렇게밖에 살 수 없는 죄인입니까? 좀더 거룩하게 살고, 좀더 아름답게 살고 싶은데 어찌하여 이렇게 비참한 꼴로 서 있습니까?"

부끄러워서 울고, 창피해서 또 울었습니다. 그로 인해 얼마나 곤

고했는지 모릅니다. '칼빈 선생이 말한 대로 나는 전적으로 부패한 자이고, 전적으로 무능한 존재로구나' 하고 고백하지 않을 수가 없었습니다. 그러나 주님은 저를 포기하지 않았습니다. 주님께 매달려 살기 위해 주님의 말씀을 묵상하고, 몸부림치며 기도하고, 그리스도를 믿고 따르고 섬기고자 힘쓸 때 주님은 저를 조금씩 변화시켜 주셨습니다. 조금씩이지만 주님을 닮아가게 하셨습니다. 그리고 주의 종이 되게 하시고, 지금도 성화의 길을 가도록 이끌어 주십니다.

물론 성화의 과정은 아직 끝나지 않았습니다. 그러나 주님을 닮아가고자 하는 목마름으로 주님 바라보고 성화의 길을 갈 때 점점 주님을 닮아서 주님의 영광을 높이 드러내게 될 줄 믿습니다. 그러므로 포기하지 말아야 합니다. 저 높은 곳을 향해 한 걸음 한 걸음 올라가야 합니다.

며칠 전 우리나라가 우즈베키스탄을 꺾고 아시안컵 축구 4강전에 진출하는 쾌거를 이루었습니다. 전후반 내내 치열한 접전을 벌이다가 연장전까지 치렀는데, 연장전에서 손흥민 선수가 2골을 넣으면서 마침내 준결승전에 오른 것입니다. 제가 그 경기를 보니까 손흥민 선수가 헤딩골로 선취점을 얻더니 그라운드에 쫙 엎드려 골 세레머니를 하는데, 저를 보고 씩 웃더라구요. 그래서 제가 잘했다고 손을 흔들어 주었습니다. 아시아의 메시라고 불리는 손흥민 선수는 박지성 선수의 뒤를 잇는 유망주입니다. 그의 몸값이 계속해서 치솟고 있는 것이 그 증거인데, 향후 그의 몸값은 871억(5천만 파운드)까지 올라갈 것으로 예상하고 있습니다. 이런 영광이 어디 있겠습니까?

그런데 여러분, 이런 영광이 그냥 주어지겠습니까? 그렇지 않습니다. 세계 정상의 목표를 두고 끊임없이 노력하고 훈련에 훈련을 거듭해서 이런 영광을 누리게 된 것입니다. 물론 손흥민 선수는 아직 완성된 축구 선수가 아닙니다. 미완의 축구 선수입니다. 그러므로 오늘도 내일도 세계 제일의 선수가 되기 위해서 열심히 달려가야 합니다. 세계 정상의 목표를 향하여 쉬지 않고 훈련을 쌓고 노력해야 하는 것입니다.

이는 신앙의 경주자인 우리도 마찬가지입니다. 주님의 은혜로 죄 사함 받고 천국 백성이 되어 살지만 우리는 아직 완성된 그리스도인이 아닙니다. 그래서 주님을 바라보고 주님을 닮아가기 위해서 쉬지 않고 달려가야 하는 것입니다. 주님처럼 거룩하게 살기를 원하여 날마다 의에 주리고 목마른 자로 살아서 세월이 흐를수록 주님을 닮고 하나님의 영광을 높이 드러내는 여러분이 되시기를 축원합니다.

3. 하나님의 뜻을 이루기 위해 살기를 갈망한다는 의미를 담고 있습니다

여러분, 그리스도인의 삶이 어찌 죄와의 싸움뿐이겠습니까? 죄와의 싸움만 하고 산다면 그것은 반쪽만 신앙생활을 하는 것입니다. 하나님의 자녀는 여기서 더 나아가야 합니다. 그것이 바로 하나님의 뜻을 이루기 위해서 사는 것입니다. 모든 경건한 그리스도인들은 다 그랬습니다. 개인적으로는 죄와 싸우고, 동시에 공적으로는 하나님의 뜻을 이루기 위해 살고자 애썼습니다. 여러분이 한번 살펴보십시오. 모든 경건한 그리스도인들, 모든 뛰어난 그리스도인들이 다 그랬습니다. 이제 우리도 그 뒤를 따라가야 할 줄 믿습니다.

그러면 하나님이 이 세상을 향해 갖고 계시는 뜻이 무엇입니까? 그것은 그리스도를 통해 온 인류를 구원하는 것입니다. 그렇습니다. 하나님은 이 땅의 모든 백성들이 예수 믿고 구원받기를 원하십니다. 그것이 가장 간절한 하나님의 뜻입니다. 그러면 온 인류를 구원하고자 하는 하나님의 뜻이 이루어지는 데 우리가 어떻게 기여할 수 있습니까? 그 방법은 두 가지입니다. 하나는 착한 행실을 갖는 것이고, 또 하나는 복음을 증거하는 것입니다. 그런데 의에 주리고 목마른 자로 살아가는 사람들은 하나같이 이 두 가지를 통해서 주님의 나라를 위해 일하고자 하는 열망과 열정을 가집니다.

기억하세요. 의에 주리고 목말라 하는 자들은 먼저 선한 행실을 위해서 모든 힘을 기울입니다. 구원받은 은혜에 감사해서 선을 행하고, 복음 전파를 위해서 선을 행합니다. 우리가 아는 대로 주님의 복음을 전하면 수많은 사람들이 구원을 받습니다. 그런데 복음을 전해도 여전히 마음의 문을 닫고 있는 사람들이 있습니다. 귀를 막고서 우리가 전하려고 해도 듣지를 않습니다. 그들은 듣지 않기 때문에 믿지 않고, 믿지 않기 때문에 십자가의 은혜를 입을 수가 없습니다. 그래서 우리가 선을 행하는 것입니다. 우리가 세상을 열심히 섬기고, 봉사하고, 도와주고, 사랑을 베풀면 그 선행이 사람들의 차

가운 마음을 녹입니다. 사람들의 마음의 문을 열어놓습니다. 그때 주님의 복음이 그들의 심령을 파고드는 것입니다. 그러므로 선행과 복음은 언제나 함께 가야 합니다.

어떤 사람들은 가난한 자들에게 먹을 것만 나눠주면 자연히 구원받을 것이라고 생각을 합니다. 그러나 그것 역시 착각입니다. 절대 그렇지 않습니다. 우리가 복음을 전해주지 않으면 사람들은 기적의 떡을 먹고서도 구원받지 못합니다. 그렇기 때문에 우리는 항상 둘 다 줘야 합니다. 오늘 이 거룩한 일을 누가 감당해야 하겠습니까? 하나님의 뜻을 아는 우리들, 의에 주리고 목마른 우리들이 해야 할 줄 믿습니다. 하나님의 뜻은 의에 주리고 목마른 자들에 의해 이루어지고, 하나님의 나라 역시 의에 주리고 목마른 자들에 의해 확장되는 것입니다. 주님의 부르심에 응답하여 이 사명 잘 감당하는 여러분이 되시기를 축원합니다.

그러면 이렇게 의에 주리고 목마른 자가 받는 축복이 무엇이라고 했습니까? 그들이 배부를 것이라고 했습니다.

"의에 주리고 목마른 자는 복이 있나니 그들이 배부를 것이라."

여기서 '배가 부르게 된다'는 것은 '포만감'을 말합니다. 의에 주리고 목마른 자는 의의 충만함을 맛보게 된다는 것입니다. 잘되는 집은 더 잘되고, 안 되는 집은 하나부터 열까지 안 됩니다. 신앙생활이 그렇습니다. 은혜가 떠난 사람은 급속하게 영적인 파산에 직면하게 되지만, 은혜를 맛보는 사람은 은혜에서 은혜로 더욱 충만하게 됩니다. 그래서 은혜를 받으면 주일이 기다려지고, 예배가 기다려집니다. 은혜를 받으면 자꾸 성도들을 만나고 싶고, 목사님도 만나고 싶습니다. 은혜를 받으면 기도가 잘됩니다. 기도의 문이 열리면 더 기도하게 되고, 꿈과 비전도 함께 얻습니다. 은혜를 받으면 봉사하고 싶은 마음이 생깁니다. 봉사를 하면 확신이 생기고, 더 단단한 믿음의 반석 위에 서게 됩니다. 더 많은 일을 하고 싶고, 더 큰 일을 하고 싶습니다. 전도도 하게 되고, 해외 선교에 관심이 생겨서 선교지도 방문합니다. 꿈속에서도 교회를 보고, 꿈속에서도 예수님을 만나고, 꿈속에서도 찬송합니다.

사도 바울이 이렇게 살았습니다. 바울은 예수님으로 충만하니까 세상의 좋은 것을 다 배설물로 여겼습니다. 오직 그리스도만 존귀히 여기며 살았습니다. 예수님으로 가득 차서 배가 터질 것 같은 포만감을 가지고 사명을 감당했습니다. 바로 이것이 의에 주리고 목마른 자가 받는 축복입니다.

영혼이 잘되고 배부른 자가 될 것인지, 영혼이 병들고 시들어서 가난한 자가 될 것인지는 우리의 믿음생활에 달려 있습니다. 날마다 의에 주리고 목마른 자로 살아서 우리 성도들 모두가 팔복의 동산 네 번째 계단에 힘차게 올라서기를 간절히 축원합니다.

하나님의 속성, 긍휼
마태복음 5장 7절

제 아들이 서울에서 유치원 다닐 때의 일입니다. 한 번은 제가 심방을 갔다가 집에 돌아와 보니 제 아들의 얼굴에 손톱자국이 길게 나 있었습니다. 깜짝 놀라 물었습니다.

"야, 너 얼굴이 왜 그러니? 누가 그랬어?"

아들이 대답했습니다.

"유치원에 다니는 여자 친구가 그랬어요."

"뭐? 여자 친구가? 그래. 그 아이가 손톱으로 할퀼 때 넌 뭐했니? 넌 가만히 있었어?"

아들이 고개를 푹 숙이고서 말했습니다.

"예, 가만히 있었어요."

'아무리 지 애비를 닮아도 그렇지, 어떻게 여자애가 할퀴어도 가만히 당하고만 있나?' 하고 속이 상해서 다시 소리를 좀 높였습니다.

"야, 여자 친구가 할퀸다고 그냥 당하고만 있었니? 태권도 배워서 뭐하는 거야? 아이고, 이렇게 잘생긴 얼굴에 손톱자국을 내고 들어와? 손톱자국은 흉터도 잘 없어지지 않는다던데."

제 목소리가 점점 커졌습니다. 그런데 아들의 마지막 말이 저의 심금을 울렸습니다.

"아빠, 그 여자 친구는 마음이 아픈 아이예요. 정상이 아니에요. 그 아이가 갑자기 덤벼들어 얼굴을 할퀴었는데, 불쌍하잖아요. 그래서 그냥 가만히 있었던 거예요."

그 말을 들으면서 제가 울컥했는데 하마터면 눈물을 쏟을 뻔했습니다.

'그래. 네가 애비보다 훨씬 낫다. 비록 어린 나이지만 네 마음속에는 긍휼이 있구나.'

사람에게 긍휼이 있다는 것, 그것은 보통 축복이 아닙니다. 왜 그렇습니까? 긍휼은 하나님의 속성을 가장 많이 닮은 마음이기 때문입니다. 하나님의 대표적인 속성은 긍휼입니다. 긍휼이 무한하셔서 그 긍휼하심으로 우리를 죄와 사망에서 구원하셨습니다. 하나님은 의의 하나님이시지만, 동시에 긍휼의 하나님이십니다. 그래서 시편 103편 17절을 보면 이렇게 말씀합니다.

"여호와의 인자하심은 영원부터 영원까지 이르며."

여기서 '인자'는 '긍휼'과 같은 뜻을 가진 말입니다. 그러므로 하나님의 긍휼하심은 영원부터 영원까지 계속된다는 얘기입니다. 예레미야애가 3장 22절을 보아도 이런 말씀이 나옵니다.

"여호와의 인자와 긍휼이 무궁하시므로 우리가 진멸되지 아니함이니이다."

하나님의 긍휼하심이 영원무궁하다는 것을 찬송하는 감사의 노래입니다. 그렇습니다. 하나님은 우리들을 언제나 불쌍히 여기십니다. 긍휼의 눈으로 바라보십니다. 이 사랑은 이미 십자가에서 절정을 이루었습니다. 하나님은 우리가 너무 불쌍해서 하나밖에 없는 아들 예수 그리스도를 십자가에 내어주셨습니다. 그 은혜로 우리가 구원을 얻고, 그 사랑으로 우리가 영원히 살게 되었습니다. 만약 하나님의 긍휼이 없었다면 우리는 영원히 어둠속에서 고통당할 것입니다. 영원히 탄식할 것입니다. 그런 의미에서 긍휼보다 더 위대한 사랑이 없습니다. 긍휼보다 더 위대한 힘이 없고, 긍휼의 역사보다 더 위대한 역사가 없습니다. 긍휼이야말로 가장 큰 힘이요, 능력인 것입니다. 그래서 주님은 팔복 중 하나로 긍휼의 복을 말씀하십니다.

"긍휼히 여기는 자는 복이 있나니 그들이 긍휼히 여김을 받을 것임이라."

이것이 예수님께서 말씀하신 팔복 중에 다섯 번째 복입니다.

주님은 '긍휼히 여기는 자가 복이 있다'고 말씀하셨습니다. 그러면 '긍휼'이라는 말이 구체적으로 무슨 뜻입니까? 우리말 사전에는 '남을 불쌍히 여기는 마음과 태도'라고 나와 있습니다. 그러나 성경은 긍휼을 먼저 혈연적인 관계에서 말씀하고 있습니다. 시편 103편 13절을 보면 "아버지가 자식을 긍휼히 여김같이 여호와께서는 자기를 경외하는 자를 긍휼히 여기시나니"라는 말씀이 나옵니다. 아버지가 자식을 불쌍히 여기는 마음이 곧 긍휼이라는 것입니다. 이것을 누가복음 15장에 나오는 '탕자의 비유'에서 확인해 볼 수 있습니다.

어느 집에 두 아들이 있었습니다. 그중에 둘째 아들이 망나니입니다. 아버지가 아직 죽지도 않았는데 유산을 미리 달라고 졸랐습니다. 시달리던 아버지가 유산을 떼어 주었습니다. 아들은 그 돈을 가지고 먼 나라에 가서 허랑방탕한 생활을 했습니다. 술과 여자에 빠져 재산을 다 탕진해버렸습니다. 알거지가 되었습니다. 불효자식 중의 불효자식이었습니다. 그러나 아버지는 그 아들을 위해 기도하며 잠을 이루지 못했습니다. 하루도 두 다리 뻗고 잘 수 없었고, 하루도 문을 걸어 잠그지 못했습니다. 그러던 어느 날 아버지가 재산을 다 탕진하고 거지가 되어 돌아오는 아들을 발견했습니다. 그때 아버지가 어떻게 했습니까? 누가복음 15장 20절을 보면 이렇게 말씀합니다.

"아버지가 그를 보고 측은히 여겨 달려가 목을 안고 입을 맞추니."

아버지는 아들을 먼저 보고 달려 나갔습니다. 그 아들의 목을 끌어안고 입을 맞추었습니다. 기뻐 뛰며 잔치를 벌였습니다. 아버지는 조건을 따지지 않았습니다. 책망하지 않았습니다. 그냥 모든 것을 사랑으로 받아 주었습니다. 바로 이것이 긍휼입니다. 긍휼은 불쌍히 여기는 마음으로 모든 것을 조건 없이 수용하고 베푸는 것입니다.

탈무드에 이런 이야기가 있습니다. 어떤 아버지가 아들에게 이웃집에 가서 낫을 빌려오라고 했습니다. 아들이 이웃집에 갔다 와서 말했습니다.

"아버지, 낫을 빌려줄 수 없다고 하는데요."

거절당한 것입니다. 그런데 며칠 후에 그 이웃집 사람이 이 집에 낫을 빌리러 왔습니다. 아버지가 아들에게 말했습니다.

"아들아, 아무 말도 하지 말고 낫을 빌려주어라."

그러자 아들이 아버지에게 항의를 했습니다.

"아버지, 저 집에서는 낫을 빌려주지 않았는데 어찌하여 우리는 빌려주어야 합니까?"

그때 아버지가 아들에게 이런 말을 했습니다.

"저 집에서 빌려주지 않았기 때문에 우리도 빌려줄 수 없다고 말하면 그것은 복수다. 또 '당신은 빌려주지 않았지만 그럼에도 불구하고 나는 빌려줍니다' 하고 말하면서 빌려주면 그건 증오다. 그러나 거절당했다고 하는 것을 다 잊어버리고 아무 상관없이 깨끗한 마음으로 그저 낫이 필요하다니까 빌려준다고 하면 그것을 긍휼이라고 하는 것이다."

그렇습니다. 긍휼에는 조건이 없습니다. 그래서 성경은 긍휼을 젖 먹이 아이에 대한 어머니의 사랑이라고 말씀하기도 합니다.

> "여인이 어찌 그 젖 먹는 자식을 잊겠으며 자기 태에서 난 아들을 긍휼히 여기지 않겠느냐 그들은 혹시 잊을지라도 나는 너를 잊지 아니할 것이라"(사 49:15).

여기에 나오는 긍휼을 히브리말로 '라함'이라 하는데, 이 말은 '자궁'이라는 뜻을 가지고 있습니다. 그것도 '태아를 품고 있는 자궁'을 가리키는 말입니다. 그렇다면 '태아를 품은 여인의 자궁'이 어떤 것인지 한 번 생각해 봅시다. 비록 핏덩이에 지나지 않지만 자궁은 자식의 생명을 자기 몸속으로 다 받아들입니다. 그리고 자기 속에 있는 태아와 함께 살아갑니다. 자기 속에 있는 태아를 품고, 감싸고, 지키고, 보호하기 위해 자궁은 잠시도 쉬지 않습니다. 그 태아에게 필요한 것들을 탯줄을 통해 아낌없이 공급합니다. 자궁이 태아를 위해 행하는 이 모든 역할을 한마디로 '긍휼'이라고 말하는 것입니다.

이렇게 열 달 동안 온갖 긍휼을 다 베풀고 얻은 자식이기에 어머니는 자식을 계속해서 긍휼히 여깁니다. 태어난 자식이 설령 장애가 있다 하더라도 긍휼히 여깁니다. 죄를 저질러 감옥에 가 있을지라도 그 자식을 긍휼히 여깁니다. 세상 사람들이 다 멀리할지라도 어머니만은 자기 자식에게 끊임없는 긍휼을 베풉니다. 자기 자궁에서 태어난 자식이기 때문입니다. 그러나 하나님께서는 여인이 자기 자식을 본능적으로 긍휼히 여기는 것과는 비교가 안 될 정도로 우리를 긍휼히 여기신다고 말씀합니다.

"여자가 혹시 자기 자식을 잊을지라도 나는 너희를 잊지 아니할 것이다."

하나님은 이 사실을 입증하기 위해서 마침내 아들 예수 그리스도를 십자가에 내어주셨습니다. 우리의 죄를 대신 지고 친히 십자가의 제물이 되게 하셨습니다. 바로 이것이 긍휼 중의 긍휼이요, 긍휼의 극치였던 것입니다. 헨리 나우웬은 이 긍휼에 대해 이렇게 말합니다.

"상처가 있고 고통이 있는 곳으로 들어가는 것이 긍휼이다. 연약한 자들과 함께 연약해지고, 상처 입은 자들과 함께 상처 입은 자가 되며, 힘없는 자들과 함께 힘없는 자가 되는 것이 긍휼이다."

그렇습니다. 긍휼은 상대방의 처지에 들어가서 상대방을 이해하고 그 고통을 그대로 같이 느끼는 것입니다. 그런데 예수님은 이 긍휼로 우리를 불쌍히 여기셨고, 이제 우리도 긍휼히 여기는 자가 되기를 원하십니다.

"내가 너희를 긍휼히 여겼으니 너희도 긍휼히 여기는 자가 되라. 긍휼히 여기는 자가 복이 있느니라."

사랑하는 우리 성도들은 사람들을 긍휼히 여기는 자로 살아가시기를 바랍니다.

긍휼히 여기는 자가 긍휼히 여김을 받는다고 했습니다. 그러면 긍휼히 여기는 자는 어떤 모습으로 살아갑니까?

1. 긍휼히 여기는 자는 자비의 눈을 가지고 삽니다

긍휼히 여기는 자는 언제나 자비의 눈이 있습니다. 우리가 아는 대로 아프리카 대륙은 흑인 대륙입니다. 그 대륙 중에 사하라 사막 남쪽에 있는 땅은 오랫동안 다른 세계와 교통이 없었습니다. 그러다가 17세기 이후부터 백인들이 그 지역에 들어가게 되었습니다. 그들 중에는 진주를 구하기 위해서 가는 사람, 금강석을 구하기 위해서 가는 사람, 일확천금을 꿈꾸고 가는 사람들이 많았습니다. 그들이 배를 타고 흑인 대륙에 가보니까 얼굴이 새까만 사람들이 거의 나체로 살아가는데 도대체 사람으로 보이질 않았습니다.

"뭐, 이런 야만인들이 있나? 말하는 짐승이구먼. 데려다가 노예로 부려먹으면 좋겠다."

사람들은 흑인들을 멸시의 눈으로 바라보았습니다. 탐욕의 눈으로 바라보았습니다. 그래서 처음에는 뭘 조금씩 주고 얼러서 데려오다 나중에는 강제로 잡아다가 유럽과 미국에 노예로 팔아먹었습니다. 기록에 의하면 미국이나 남미로 노예들을 싣고 갈 때 배 밑창에 짐짝처럼 채워놓고 음식도 하루에 한 끼만 주었습니다. 그렇게 먼 바닷길을 쇠사슬로 묶어 가다 보니까 도중에 30~40퍼센트는 죽었습니다. 이런 무지막지한 인간들이 어디 있습니까? 사람들을 탐욕의 눈으로 보니까 그런 악질적인 만행을 저지른 것입니다.

그러나 자비의 눈을 가진 사람들은 달랐습니다. 남아프리카를 향해 들어간 리빙스턴이나 다른 선교사들은 흑인들을 멸시의 눈으로 바라보지 않았습니다. 탐욕의 눈으로 바라보지 않았습니다. 오로지

자비의 눈으로 바라보았습니다.

"이 사람들이 얼마나 불쌍한가? 이 사람들이 얼마나 무지한가? 이 사람들이 병으로 얼마나 고생하는가? 이 사람들을 도와줄 방법이 없을까?"

이렇게 자비의 눈으로 보고서 그 사람들을 위해 모든 것을 아낌없이 내주었습니다. 복음을 전해 주었습니다. 교회를 지어 주고, 병원을 설립하고, 학교를 설립했습니다. 생명 바쳐 그들을 돌보아 주었습니다. 얼마나 놀라운 은혜입니까? 사랑하는 우리 성도들에게 이 자비의 눈이 있기를 바랍니다. 긍휼히 여기는 마음이 있기를 바랍니다.

자비의 눈으로만 보면 악한 열매를 거두지 않습니다. 이 세상에 갈등이 있을 수가 없습니다. 고통을 줄 수가 없습니다. 자비의 눈으로 보는데 무슨 싸움이 일어나고 아픔이 생기겠습니까? 자비의 눈을 가지기만 하면 다 은혜로 대하고, 사랑으로 대할 수 있습니다. 나와 함께 사는 남편도 자비의 눈으로 바라보면 그저 고마울 뿐입니다.

"그래, 내 남편이 가정을 위해서 평생 일만 하느라고 저렇게 머리가 희어졌구나. 젊고 씩씩하던 남편이 어찌 저렇게 늙어버렸나? 여보, 고마워요. 사랑해요."

아내를 바라보는 남편의 눈도 마찬가지입니다. 자비의 눈만 가지면 그저 고맙고 감사할 뿐입니다.

"그래, 나 하나 보고 시집와서 한평생 저렇게 고생이 많구나. 여보, 고마워요. 나 같은 것하고 살아 줘서."

이런 생각이 드는 것입니다.

제가 아는 한 장로님은 70세가 넘었는데 요즘 외출했던 아내가 집으로 들어오면 얼른 나가서 현관 안쪽 문을 열어 주며 90도 각도로 인사를 한답니다.

"권사님, 어서 오십시오. 오늘도 얼마나 수고가 많으셨습니까? 오늘이 있기까지는 다 당신 덕분입니다. 고마워요."

그러면 권사님의 입이 귀밑까지 올라가는데, 저녁 반찬이 달라진다는 것입니다. 그러면서 저에게도 한 수 가르쳐 주셨습니다.

"목사님, 목사님도 사모님께 잘 하셔서 노후가 평안하시기를 바랍니다."

그래서 제가 "아멘" 하고 화답을 하며 아내에게 더 잘하려고 마음을 먹었습니다.

자비의 눈으로 보면 다 고맙고, 다 감사하고, 다 사랑스러운 것입니다. 사랑하는 우리 성도들은 배우자부터 자비의 눈으로 보시기 바랍니다. 어떤 원로목사님은 목회자 세미나에서 이런 말을 했습니다.

"아내를 깊이 생각하고도 눈에 눈물이 고이지 않는다면 그런 눈깔은 빼버리시오."

긍휼이 없는 눈은 눈도 아니고 눈깔이라고 했습니다. 한번 잘 생각해 보십시오. 사랑하는 아내 때문에 눈보라 치는 날에도 외로움을 이길 수 있지 않았습니까? 사랑하는 아내 때문에 절망의 자리에서도 용기를 얻었고, 사랑하는 아내 때문에 허전한 등에다 사랑하는 자녀를 업을 수 있지 않았습니까? 아내는 누가 뭐라 해도 나의 천사이고, 내게 웃음을 준 최대의 명배우입니다. 그런데 그 아내를 궁휼히 여기지 않고 가슴 아프게 할 수 있습니까?

아내도 마찬가지입니다. 내 남편이 누구입니까? 식구들을 부양하기 위해서 평생 무거운 짐을 지고 가는 사람이 내 남편입니다. 몸이 아파도 아침 일찍 일어나는 사람이 내 남편이고, 가족들 걱정할까 봐 내색도 안 하는 사람이 내 남편입니다. 때로는 어머니와 아내 사이에서 '이리 갈까 저리 갈까 차라리 돌아갈까' 하며 괴로워하는 사람이 내 남편입니다. 사랑하는 아내를 위해서라면 생명까지도 던질 수 있는 사람이 내 남편인 것입니다. 그런데 그 남편을 무시하고 하대할 수 있습니까?

만삭의 아내에게 줄 크림빵을 사들고 귀가하다 변을 당한 '크림빵 아빠'의 사연은 얼마나 우리의 마음을 아프게 했는지 모릅니다. 지방의 사범대를 수석 졸업한 29세의 강 모 씨는 지난해 10월에 결혼했습니다. 26세의 아내와 함께 임용고시를 준비하다 경제적 어려움 때문에 공부를 포기하고 운전대를 잡았습니다. 화물차를 몰면서 먼저 아내의 공부를 뒷바라지하고, 그다음에 자기가 공부하기로 약속했습니다. 그러던 중 아내는 첫아이를 임신했고, 남편은 자정이 넘었지만 임신 7개월의 아내에게 주려고 크림빵을 사가지고 오다가 그만 음주운전자의 차에 치여 세상을 떠난 것입니다. 여러분, 이 크림빵 아빠야말로 우리의 남편이자 우리의 아버지 아닙니까?

남편을 자비의 눈으로 보세요. 자비의 눈으로 보면 다 이해하게 되고, 귀하게 여기게 되고, 감사하게 되어 있습니다. 사랑하는 우리 성도들에게 자비의 눈이 있어서 누구를 만나든지 긍휼히 여기고, 도와주고, 사랑을 베풀 수 있기를 바랍니다.

2. 긍휼히 여기는 자는 용서하며 삽니다

이 세상에서 긍휼히 여기는 마음을 가지면 이해하지 못할 일이 없고, 용서하지 못할 일이 없습니다. "그래, 그 입장에서는 그럴 수도 있었겠구나. 그렇게 사느라고 얼마나 힘들까? 정말 불쌍한 사람이구나" 하고 이해하며 다 용서해 줍니다. "난 용서 못해. 내 눈에 흙이 들어가도 절대 용서 못해"라는 말을 하지 않습니다. 긍휼히 여기는 마음을 가지고 사는 사람은 상대방을 이해합니다. 기꺼이 용서해 줍니다. 어떤 경우든지 그 사람의 형편과 처지로 들어가서 생각하기 때문에 다 이해하고 다 용서해버립니다. 우리가 멀리서 상대방을 바라보고, 나의 위치에서 상대방을 바라보니 이해가 안 되고 용서가 안 되는 것이지, 어디서든 긍휼히 여기는 마음을 가지고 상대방의 입장에 서기만 하면 다 이해가 되고, 용서가 될 줄 믿습니다.

야곱의 아들 요셉은 아버지의 총애를 받으며 자랐습니다. 그러자 형들이 요셉을 시기하여 죽이려고 하다가 그를 구덩이에 던져버렸습니다. 요셉이 형들에게 살려 달라고 애원했지만, 형들은 요셉을 끝내 애굽의 노예로 팔아버렸습니다. 형들은 요셉에게 긍휼을 베풀지 않았습니다. 참으로 무자비한 짓을 행한 것입니다.

요셉은 죽을 고생을 하다가 훗날 애굽의 총리가 되었습니다. 그러나 그는 형들과 달랐습니다. 형들이 곡식을 사기 위해 자기들 발로 찾아왔을 때 요셉은 오히려 그들을 긍휼히 여겼습니다. 얼마든지 죄를 묻고 보복할 수 있었지만 형들의 죄를 다 용서해 주었습니다. 그뿐 아닙니다. 아버지와 집안 식구들을 다 애굽으로 데려와서 편안히 살게 해주었습니다. 요셉은 형들을 긍휼히 여기고 형들의 입장에 서서 형들을 이해하려고 했습니다. 바로 거기서 이 세상의 가장 위대한 사랑인 용서가 이루어진 것입니다.

여러분, 여러분 주위에 아직도 용서 못할 사람이 있습니까? 그 사람을 긍휼히 여겨 보세요. 불쌍히 여기는 마음을 갖는 순간 모든 것이 용서될 것입니다. 사실 나를 힘들게 하는 사람은 멀리 있지 않습니다. 가장 가까이에 있는 식구들이 나를 힘들게 합니다. 시어머니나 시집 식구들이 힘들게 하고, 며느리가 힘들게 하고, 자식이 힘들게 합니다. 나의 직장 동료나 상사가 힘들게 합니다. 나와 함께 교회를 섬기는 성도가 힘들게 합니다. 힘들게 하는 사람, 고통을 주는 사람, 상처를 주는 사람은 언제나 가까이에 있습니다. 그러나 나를 아프게 하고 힘들게 하는 사람이라 해도 긍휼히 여기는 마음으로 바라보기만 하면 다 용서할 수 있습니다.

예수님을 보세요. 예수님은 자기를 십자가에 못 박는 사람들을 위해 이렇게 기도했습니다.

"아버지여 저들을 사하여 주옵소서 자기들이 하는 것을 알지 못함이니이다"(눅 23:34).

주님은 십자가의 고난을 당하면서도 끝까지 사람들을 긍휼히 여기셨습니다. "아버지시여, 다 모르고 그러는 것입니다" 하고 말씀하시면서 하나님 아버지께 용서를 구했습니다. 어떠한 자리에서도 상대방을 긍휼히 여기면 이해하게 되고, 이해하게 되면 용서하게 되는 줄 믿으시기 바랍니다. 주님이 나를 용서하셨는데, 내가 용서 못할 사람이 어디 있겠습니까.

주님은 우리가 긍휼을 가지고 살아가기를 원하십니다. 그러면 우리가 긍휼히 여기는 마음을 가지고 살아갈 때 주님은 어떤 복을 주신다고 했습니까? 긍휼히 여기는 자에게는 주님께서 긍휼히 여겨 주신다고 약속하셨습니다. 여러분이 이 복을 받으시기 바랍니다. 내가 다른 사람을 긍휼히 여기면 주님도 우리를 긍휼히 여기십니다. 또 내가 긍휼히 여기면 다른 사람도 나를 긍휼히 여기는 것입니다.

어떤 젊은 사람이 직장을 잃고 몇 달 동안이나 놀아야 했습니다. 그래서 초조하게 지내다가 어느 회사에 입사원서를 내고 인터뷰를 하게 되었습니다. 이 사람이 면접시험을 보기 위해 급히 차를 몰고 회사로 달려가는데, 길가에서 땀을 뻘뻘 흘리며 서 있는 한 여인을 발견했습니다. 시간은 없었지만 그녀를 불쌍히 여기고 차에서 내려가 보았더니 자동차의 타이어가 펑크나 있었습니다. 뜨거운 여름날 부인이 그 타이어를 갈아 끼우느라고 쩔쩔매자 청년이 이렇게 말했습니다.

"제가 대신 타이어를 교체해 드릴까요?"

시간이 없었지만 차마 그냥 가지 못하고 타이어를 잘 교체해 주었습니다. 그후 다시 차를 타고 회사로 향했는데, 그만 면접 시간에 늦고 말았습니다. 그래도 인사과에 들어가서 사정을 했습니다.

"죄송합니다. 제가 차를 몰고 오다가 좀 지체되어서 늦었는데, 죄송하지만 지금이라도 면접을 볼 수 있을까요?"

직원이 일언지하에 거절했습니다.

"안 됩니다."

거절당한 청년이 크게 실망을 하고 돌아서려고 했습니다. 그런데 바로 그 순간 한 여인이 어깨를 툭 치면서 말하는 것입니다.

"내일부터 우리 회사에 나오시오."

고개를 돌려보니 조금 전에 자기가 길가에서 타이어를 교체해 준 차의 주인이었는데, 바로 그 여인이 회사의 사장이었던 것입니다. 긍휼히 여기는 자를 하나님께서도 긍휼히 여겨주십니다.

주님은 나를 긍휼히 여기셨습니다. 나를 용서하셨습니다. 나를 구원하셨습니다. 지금도 자비의 눈으로 바라보시고, 끊임없이 사죄의 은총을 베풀어주십니다. 그렇다면 내가 다른 사람을 긍휼히 여기는 것이야말로 당연한 일 아니겠습니까? 모든 이들을 긍휼히 여기며 살아서 날마다 긍휼히 여기는 자의 복을 충만히 누리는 여러분들이 되시기를 축원합니다.

마음의 거울을 깨끗이 합시다

마태복음 5장 8절

미국의 우주비행사 어윈 대령은 아폴로 15호를 타고 달나라에 갔다 온 사람입니다. 그는 달나라에서 무려 18시간이나 돌아다니다가 왔는데, 그 달나라에서 내려다보는 지구가 참으로 아름다웠노라고 고백한 바 있습니다. 우리가 달을 볼 때는 그냥 흑백으로 보이지만 달에서 지구를 바라보면 총천연색으로 보인다는 것입니다. 그러니 얼마나 아름다웠겠습니까? 어윈은 달나라에서 그 지구의 광경을 바라보며 자기도 모르게 이렇게 소리쳤다고 합니다.

"할렐루야! 하나님을 찬양합시다."

하나님의 임재를 강하게 느끼고서 하나님의 위대하심을 찬양하지 않을 수 없었다는 것입니다. 그가 훗날 헝가리의 한 대학에 가서 이런 경험을 얘기하자 한 학생이 일어나 질문을 던졌습니다.

"대령님, 소련의 우주인들은 달나라에 갔다 와서 '아무리 살펴봐도 하나님은 안 보이더라'고 했는데, 당신은 어떻게 달나라에 가서 하나님을 보았다고 말씀하십니까?"

그때 어윈 대령이 분명하고 확신에 찬 어조로 이렇게 말했습니다. "마음이 청결한 자는 하나님을 볼 것입니다."

얼마나 명쾌하고 확실한 신앙고백입니까?

무소부재하신 하나님은 온 우주에 안 계시는 곳이 없습니다. 환경에 관계없이 무소부재하십니다. 시간에 관계없이 무소부재하십니다. 공간에 관계없이 무소부재하십니다. 온 우주만물을 창조하신 하나님은 이 세상 어느 곳이든 모든 것을 초월하여 편만하게 임재하여 계십니다. 하나님은 모든 것 위에 계시고, 모든 것 아래 계시며, 모든 것 밖에 계십니다. 모든 것 안에 계시나 갇히지 않고, 밖에 계시나 제외되지 않으십니다. 위에 계시나 아득하지 않고, 밑에 계시나 눌리지 않으십니다. 완전히 위에서 주재하시고, 완전히 밑에서 지탱하시고, 완전히 안에서 채우시는 하나님이 우리의 하나님이십니다. 그러므로 하나님이 계시지 않는 우주는 생각할 수가 없습니다. 모든 만물은 하나님께서 친히 붙들고 계시는 것입니다.

그런데 이 땅에는 여호와 하나님을 보는 사람이 있고, 보지 못하는 사람이 있습니다. 분명히 하나님은 계시는데 보는 사람이 있는가 하면 못 보는 사람이 있습니다. 무엇이 문제입니까? 문제는 우리의 마음입니다. 우리 마음에 더러운 때가 가득하면 하나님을 볼 수 없습니다. 유리창이 더러운 먼지로 덮여 있으면 밖에 있는 아름다운 정경을 볼 수 없는 것처럼 우리 마음의 창이 더러우면 하나님을 볼 수가 없는 것입니다. 그래서 주님은 오늘도 본문을 통해서 말씀하십니다.

"마음이 청결한 자는 복이 있나니 그들이 하나님을 볼 것임이라."

마음이 청결한 사람만이 하나님을 볼 수 있다는 것입니다. 그런데 오늘날 많은 사람들이 어떻게 살아갑니까? 자기 마음을 청결하게 하기 위해서 마음의 거울은 닦지 않고 외모 닦는 일에만 열심을 냅니다. 예수님 시대의 바리새인들도 그랬습니다. 마음의 거울을 깨끗이 하는 일에는 관심이 없고 오로지 사람들에게 칭찬받는 일에만 관심이 있었습니다. 그래서 금식기도를 자랑하고, 구제할 때 항상 나팔을 불었습니다. 율법을 잘 지킨다는 칭찬을 받기 위해서 온갖 어려움을 다 감수했습니다.

예수님 당시에 바리새파가 7개 파로 나뉘어져 있었는데, 그중에 어떤 바리새파는 사람들에게 겸손한 자라는 칭찬을 받기 위해서 일부러 허리를 잔뜩 구부리고 다녔습니다. 그러다 보니 전부 다 허리가 굽게 되었는데, 그렇게 해서 얻은 별명이 '곱추파'였습니다. 또 '피투성이파'라는 별명을 가진 바리새인들도 있었습니다. 그들은 여자를 보면 마음으로 간음죄를 짓게 된다고 해서 여자가 나타나면 아예 눈을 감고 다녔습니다. 그러다 보니 돌부리에 걸려 넘어지고, 가로수에 부딪쳐 얼굴이 깨지는 바람에 늘 피투성이가 되어 돌아다녔습니다. 그래서 나온 별명이 '피투성이파'였으니 얼마나 우스운 역사입니까? 바리새인들은 마음을 청결하게 하는 데는 관심이 없고 오직 사람들에게만 잘 보이려고 열심을 냈습니다. 그때 예수님이 뭐라고 책망하셨습니까? 마태복음 23장 25절에 이렇게 말씀하셨습니다.

"화 있을진저 외식하는 서기관들과 바리새인들이여 잔과 대접의 겉은 깨끗이 하되 그 안에는 탐욕과 방탕으로 가득하게 하는도다."

얼마나 무서운 질책입니까? 바리새인들은 겉만 번지르르하게 닦고 마음을 닦지 않아서 책망을 받았습니다. 바로 이것을 우리가 주목해야 합니다. 사람들은 겉사람만 보고 속사람은 잘 보지 못합니다. 그러나 하나님은 그렇지 않습니다. 우리의 겉사람을 보지 않습니다. 오직 우리의 속사람이 어떤지를 보고 계십니다. 그렇다면 오늘 여러분의 중심은 어떻습니까? 여러분의 마음은 사람에게 잘 보이려고 하는 마음입니까, 아니면 하나님께 잘 보이려고 하는 마음입니까? 그것을 쉽게 알 수 있는 방법이 있습니다. 내 마음에 평강과 기쁨이 있다면 나의 중심은 하나님께 있습니다. 그러나 내 마음이 늘 불안하고 평강이 없다면 나의 중심은 사람의 평판을 더 중요시하고 있는 것입니다.

어떤 집의 한 부인이 거울을 보며 화장을 하다가 갑자기 흐느껴 울기 시작했습니다. 그것을 보고 남편이 깜짝 놀라 물었습니다.
"아니, 여보. 갑자기 왜 우는 거요?"
부인이 대답했습니다.
"나이가 들면서 주름이 늘어난다는 것은 알아요. 하지만 이처럼 쭈글쭈글 징그럽게 늙어가는 것이 너무 슬퍼서 눈물이 나는 겁니다."

그러자 남편이 부인을 위로한다고 이렇게 말했습니다.

"여보, 당신이야 거울 앞에 설 때만 당신의 얼굴을 보지만 그 얼굴을 항상 보는 나의 심정은 어떻겠소? 그런 얼굴을 밤낮으로 보며 살고 있는 나를 생각해서 그냥 참고 사시오."

아마 그날 이 남편은 온전하지 못했을 것입니다만, 우리는 너무도 외모에 치중합니다. 겉사람을 아름답게 치장하느라고 마음을 빼앗기고, 다른 사람의 평판에 신경 쓰느라 마음의 평강이 없습니다. 그러나 여러분, 잘 기억하고 사세요. 우리의 겉사람은 세월 따라 반드시 후패하게 되어 있습니다. 누가 나이를 먹는데도 얼굴이 팽팽하고, 피부가 탱탱할 수 있습니까? 아무리 기를 쓰고 노력해도 오는 백발 막을 수가 없고, 가는 젊음을 붙잡을 수 없는 것입니다. 그러므로 지혜로운 사람은 겉사람에 목숨 걸지 않습니다. 언제나 속사람에 마음을 쏟습니다. 겉사람은 후패하지만 속사람은 날로 새로워질 수 있기 때문입니다.

사랑하는 우리 성도들은 속사람을 잘 가꾸어서 날로 새로워지는 은혜가 있기를 바랍니다. 항상 평강이 넘쳐나시기를 바랍니다. 사람의 내면에서 우러나오는 아름다움이 진짜 아름다운 것입니다. 그래서 예수님은 바리새인들에게 이렇게 말씀하셨습니다.

"소경 된 바리새인아 너는 먼저 안을 깨끗이 하라 그리하면 겉도 깨끗하리라."

사람에게 정말 중요한 것은 그의 마음과 내용입니다. 외모나 겉으로 보이는 형식이 아닙니다. 내용이 있으면 겉은 아무래도 상관이 없습니다. 속이 알차고 깨끗하면 반드시 겉으로 드러나게 되어 있습니다. 속이 아름다우면 반드시 아름다운 열매를 거두게 됩니다. 물론 외모를 무시할 수는 없습니다. 하지만 그 외모는 잠깐입니다. 최종적으로 사람에 대한 평가를 결정하는 것은 그의 인격입니다. 우리 인격은 반드시 말이나 행동으로 나타나게 되어 있습니다. 미워하는 마음은 미움의 열매를 거둡니다. 물질에 대한 지나친 집착은 인간관계를 파괴합니다. 육체적인 정욕이나 사람에게 인정받으려는 명예욕은 인생살이를 어둡게 만듭니다. 이렇게 마음이 어두워지면 하나님을 볼 수가 없습니다.

구약시대 선지자들이 이스라엘 백성들과 싸웠던 것도 바로 이런 문제들 때문이었습니다. 사람들은 겉으로 보이는 제사나 절기를 잘 지키면 하나님이 기뻐하실 것이라고 생각했습니다. 그래서 성전에 오를 때는 깨끗한 예복을 입고 값진 재물을 가지고 나왔습니다. 그러나 이런 사람들을 향하여 하나님은 시편 24편 3-5절을 통해 이렇게 말씀하셨습니다.

"여호와의 산에 오를 자가 누구며 그의 거룩한 곳에 설 자가 누구인가 곧 손이 깨끗하며 마음이 청결하며 뜻을 허탄한 데에 두지 아니하며 거짓 맹세하지 아니하는 자로다 그는 여호와께 복을 받고 구원의 하나님께 의를 얻으리라."

하나님이 원하시는 자는 외모가 깨끗한 사람이 아닙니다. 그 마음이 깨끗한 사람입니다. 그래서 마음이 청결한 자가 하나님을 보게 되고, 마음이 깨끗한 자가 하나님을 기쁘시게 하는 것입니다. 사랑하는 우리 성도들에게 마음이 청결한 자의 복이 있기를 바랍니다. 언제나 하나님을 뵙고 사는 축복이 있기를 바랍니다.

그러면 청결한 마음이 복이 있다고 했는데, 청결한 마음은 구체적으로 어떤 마음을 말합니까?

1. 단순한 마음을 말합니다

본문에 나오는 '청결'의 원어는 헬라어로 '카타로스'라고 되어 있습니다. 이 말은 여러 가지 물리적 의미를 가진 용어입니다. 첫째로 '잘 세탁된 깨끗한 옷'이라는 뜻이 있고, 둘째로는 겨나 쭉정이를 깨끗이 제거한 '순전한 알곡'이라는 뜻이 있습니다. 그리고 셋째로는 '물이나 다른 불순물이 전혀 섞이지 않은 우유 또는 포도주'를 뜻하기도 합니다. 이것이 청결입니다. 그러니까 청결은 결코 무(無)를 뜻하지 않습니다. 빈 것이나 공허함을 말하는 것도 아닙니다. 청결은 오히려 단순을 의미합니다. 순전함, 단순함, 깨끗함을 말하는 것입니다. 어린아이의 마음같이 깨끗하고 단순한 하나의 마음을 의미하는 단어가 바로 청결입니다. 그러므로 하나님을 보는 사람들이 되기 위해서는 마음을 단순하게 해야 합니다.

그렇다면 오늘 여러분의 마음은 어떻습니까? 하나님 앞에서 단순한 마음으로 살아가십니까? 하나님을 향한 일편단심의 붉은 마음으로 살아가십니까? 사람은 마음의 습관이 중요합니다. 어떤 마음으로 살아가느냐가 그 사람의 행복과 불행을 결정짓기 때문입니다. 잊지 마십시오. 잡념이 많을수록 사람은 불행해집니다. 복잡하고 어지러운 마음으로는 행복을 노래할 수가 없고, 하나님도 볼 수가 없습니다.

그러나 주님을 향한 일편단심이 체질화된 사람은 그렇지 않습니다. 일편단심의 붉은 마음으로 주님을 섬기므로 잡념이 있을 수가 없습니다. 번민이나 후회도 있을 수가 없습니다. 환경에 관계없이 초연합니다. 그 누구와도 비교하지 않기 때문에 항상 행복합니다. 주님을 향한 일편단심으로 주님을 사랑하고, 순수하고 단순한 믿음으로 주님을 섬겨서 늘 행복을 노래하는 여러분이 되시기를 바랍니다.

한때 이런 노래가 유행한 적이 있습니다.

"마음이 고와야 여자지 얼굴만 예쁘다고 여자냐? 한 번만 마음 주면 변치 않는 여자가 정말 여자지."

기억나십니까? 이 노래가 흘러나오면 남자들이 "아멘" 하고 화답할 정도로 큰 인기가 있었는데 그 이유가 있습니다. "한 번만 마음을 주면 변치 않는 여자가 정말 여자다"라는 가사가 너무도 가슴에 와 닿았기 때문입니다. 내 여자만큼은 흔들리지 않는 일편단심의 여자가 되기를 간절히 원했던 것입니다. 여자도 마찬가지죠? 내 남자만큼은 영원히 변치 않는 남자가 되기를 원하는 것입니다. 우리가 춘

향전을 좋아하고 높이 평가하는 이유가 있습니다. 춘향이나 이도령이 똑같이 일편단심의 마음으로 서로를 사랑했기 때문입니다.

일편단심의 붉은 마음이 행복을 창조하고, 일편단심의 붉은 마음이 하나님을 보는 축복을 가져옵니다. 그런 의미에서 우리의 삶을 좀 정리할 필요가 있습니다. 우리의 삶 속에 세상의 복잡한 불빛이 너무 깊이 들어와 있기 때문입니다. 세상을 향한 욕심의 불빛, 세상 쾌락의 불빛, 사치와 투기의 불빛이 너무나 깊이 들어와 있습니다. 이렇게 세상의 불빛으로 휘황찬란한 상태에서는 하나님을 볼 수가 없습니다. 주변의 불빛이 많으면 하늘의 별을 볼 수 없는 것처럼 세상의 불빛이 많으면 눈이 부셔서 하나님을 볼 수가 없는 것입니다. 그러므로 이제 우리 속에 있는 세상의 불을 하나씩 꺼야 합니다. 마음을 청결하게 한다는 것은 세상의 불을 끄고 마음을 단순하게 하는 것입니다.

초대 교회와 중세시대를 보면, 많은 수도자들이 재산을 다 기증한 후에 수도원으로 들어가고, 사막으로 들어갔습니다. 이유는 간단합니다. 단순하게 살기 위해서였습니다. 물질에 얽매이고 인간관계에 얽매이다 보니, 마음 편할 날이 없었습니다. 그래서 모든 것을 떨쳐버리고 사막으로 간 것입니다. 한창 전성기에는 이집트에 있는 사막이 수도자들로 가득 찰 정도였습니다. 그야말로 사막은 아무것도 없습니다. 동서남북이 온통 모래뿐입니다. 모래 외에는 보이는 것이 없습니다. 그러니 단순하게 살기에 얼마나 좋습니까? 수도자들은 그 단순함 속에서 하나님을 보고 그분과 하나가 되는 지극히 큰 복을 누리며 살았던 것입니다.

　우리가 옛날처럼 모든 것을 버리고 떠날 수는 없지만 가끔은 고독할 필요가 있습니다. 단순하게 신앙생활을 하기 위해서입니다. 신앙생활을 잘하는 사람들의 공통점에는 반드시 단순함이 있습니다. 복잡하면 신앙생활을 잘할 수 없습니다. 육신적으로도 건강하지 못합니다. 좀 이상한 말이지만, 정신병자 중에는 암환자가 없다고 합니다. 왜 그렇습니까? 마음이 단순하기 때문입니다. 사랑하는 우리 성도들의 마음이 단순해지기를 바랍니다.

　그런데 마음이 단순해지려면 사람들의 소리가 없는 곳으로 가야 합니다. 텔레비전 소리도 없고, 싸우는 소리도 없고, 세상의 복잡한 소리가 없는 곳으로 가서 조용히 묵상할 때 마음이 단순해집니다. 세상의 소리가 들리지 않고, 내 마음의 소리가 잠잠해지면, 그때서야 하나님의 소리가 들리기 시작하고, 나 자신이 보이기 시작하는 것입니다. 독일의 신학자 본회퍼는 이렇게 말했습니다.

　"마음이 청결한 자는 누구인가? 오직 자기 마음을 완전히 예수님께 맡기고 그분이 홀로 마음을 지배하게 하는 자다."

　우리 마음이 청결하려면 오직 예수 그리스도께만 집중해야 한다고 말합니다. 그렇습니다. 세상의 소리와 세상의 욕심을 떨쳐버리고 오직 예수 그리스도께만 집중할 때 단순한 마음의 소유자가 되고, 그가 청결한 심령의 소유자가 됩니다.

　이런 재미있는 일화가 있습니다. 어느 날, 종교개혁자 마틴 루터가 아침식사를 하는데 자기 집에서 키우는 개가 무릎 앞에 앉아서 루터를 쳐다보았습니다. 루터가 빵을 집으면 빵을 쳐다보고, 고기를 집으면 고기를 쳐다보고, 입으로 올라가면 입을 보고, 올라갔다 내려갔다 열심히 쳐다보는 겁니다. 하도 열심히 쳐다보니까 루터가 고기를 한 조각 찢어 던져 주고 나서 무릎을 탁 치며 이런 말을 남겼습니다.

"이 개가 고기 조각을 쳐다보는 것같이 내가 하나님을 쳐다볼 수 있다면 좋겠다. 이 개는 이 고기 조각을 쳐다보는 동안 아무 생각도 하지 않는다."

개는 오직 자기 주인에게만 집중했습니다.

여러분, 오늘 여러분은 어떻습니까? 혹시 하나님께 기도하면서도 이 생각, 저 생각하며 살지는 않습니까? 청결하다는 것은 마음이 단순하다는 것입니다. 그러므로 청결한 삶을 살기 위해서는 생활을 단순화해야 합니다. 또 여러 가지 일을 할지라도 그 목표는 하나가 되어야 합니다. 그 모든 일이 주님을 향하는 마음이 되어야 합니다. 단순하게 주님만을 바라보며 살아서 청결한 심령의 소유자가 되고, 그로 인해 친히 하나님을 뵙는 축복이 있기를 바랍니다.

2. 죄에서 정화된 마음을 말합니다

우리의 마음은 본래 부패된 마음입니다. 더러운 마음입니다. 악하고 거짓된 마음입니다. 욕망으로 더럽혀져 있는 마음입니다. 이런 마음을 가지고는 하나님을 볼 수 없습니다. 마치 물이 흐리면 깊은 물속을 볼 수 없는 것과 같은 이치입니다. 그래서 하나님은 우리의 마음이 정화되기를 바라십니다. 이 정화된 상태의 마음을 가리켜 가난한 마음이라고 말합니다.

그런데 이렇게 정화되는 과정에 있어서 꼭 필요한 것이 애통하는 마음입니다. 자신의 죄와 더러움과 악함을 애통하며 쏟아낼 때 우리의 마음이 정화되는 것입니다. 결국 가난한 마음은 자신의 더러움을 보는 마음이고, 그 더러움을 토해내는 것이 애통함입니다. 그런데 마음의 정화는 애통할 때에 오지만 애통함만으로는 정화에 도달할 수 없습니다. 애통에서 더 나아가야 하는데 그것이 바로 주님의 보혈을 의지하는 것입니다.

"주님, 저의 힘으로는 저의 죄를 해결할 수가 없습니다. 저의 마음을 성결케 할 수가 없습니다. 주님의 보혈로 저의 더러운 죄를 씻어 주시옵소서. 십자가의 보혈로 저의 더러운 마음을 청결케 하여 주시옵소서."

주님의 보혈을 의지하시기 바랍니다. 주님의 보혈로 죄 씻음 받는 축복이 있기를 바랍니다. 주님은 나의 죄를 씻기 위해 십자가에서 친히 보배피를 흘려 주셨습니다. 그러므로 오늘도 우리는 십자가 앞에 나아가기만 하면 됩니다. 주님의 보배로운 피를 의지하기만 하면 됩니다. 주님의 보배로운 피로 죄 씻음 받는 자가 복이 있습니다.

미국의 루이스 하트소우 목사님은 이 은혜를 너무나 잘 알기에 오늘도 찬송가 254장을 통해 이렇게 노래합니다.

1. 내 주의 보혈은 정하고 정하다
　내 죄를 정케 하신 주 날 오라 하신다
　내가 주께로 지금 가오니
　십자가의 보혈로 날 씻어 주소서
5. 그 피가 맘속에 큰 증거 됩니다
　내 기도 소리 들으사 다 허락하소서
　내가 주께로 지금 가오니
　십자가의 보혈로 날 씻어 주소서

늘 주님 앞에 나아가 주님의 거룩한 보혈로 여러분의 심령이 깨끗하게 되는 축복이 있기를 바랍니다.

그러면 청결한 마음을 가진 자가 받는 복이 무엇입니까? 오늘의 본문을 보면 이렇게 약속하십니다.

"마음이 청결한 자는 복이 있나니 그들이 하나님을 볼 것임이라."

마음이 청결한 자는 하나님을 보는 복을 얻는다고 했습니다. 마음이 더러운 사람은 영적 소경으로 살아가기 때문에 하나님을 볼 수가 없습니다. 그러나 죄의 문제가 해결되고 청결한 마음을 가지게 되면 영광스러운 하나님을 보게 됩니다. 얼마나 놀라운 은혜입니까?
그런데 이 말씀이 우리 육신의 눈으로 하나님을 직접 본다는 뜻이겠습니까? 그렇지 않습니다. 우리의 눈이 아무리 좋아도 육신의 눈으로는 하나님을 볼 수가 없습니다. 그러면 이것이 무엇을 의미하는 말씀입니까? 먼저 이 말씀은 하나님의 임재를 눈으로 보는 것처럼 느끼게 된다는 얘기입니다. 우리 믿음의 선배들을 보세요. 비록 눈으로는 보지 못했지만 마치 하나님을 눈으로 보는 것처럼 믿고, 따르고, 의지하며 살지 않았습니까? 히브리서 11장을 보면 모세의 이야기가 나옵니다. 거기서 모세는 보이지 않는 하나님을 보는 것처럼 하고서 끝까지 참았다고 증언하고 있습니다. 바로 이것입니다. 오늘 우리도 청결한 마음으로 살아가면 지금 여기서 하나님을 눈으로 뵙는 것처럼 하나님의 임재를 경험하는 자가 되는 것입니다.

다음으로, 하나님을 본다는 것은 하나님과의 교제를 의미합니다. 마음이 청결한 자는 하나님을 만날 수 있습니다. 하나님을 만나 뵙고 교제할 수 있습니다. 지금도 우리가 하나님을 예배하면서 하나님과 영적 교제를 나누지 않습니까? 물론 지금은 거울을 보는 것처럼 희미하게 보는 것에 불과합니다. 그러나 그날이 오면 우리는 하나님과 얼굴을 마주하게 될 것입니다. 두 눈으로 확실히 보게 될 것입니다. 그래서 사도 요한은 요한일서 3장 2-3절을 통해 이렇게 말합니다.

> "사랑하는 자들아 우리가 지금은 하나님의 자녀라 장래에 어떻게 될지는 아직 나타나지 아니하였으나 그가 나타나시면 우리가 그와 같을 줄을 아는 것은 그의 참모습 그대로 볼 것이기 때문이니 주를 향하여 이 소망을 가진 자마다 그의 깨끗하심과 같이 자기를 깨끗하게 하느니라."

얼마나 놀라운 말씀입니까? 이 세상의 온갖 더러움에 둘러싸여 있는 우리가 앞으로 하나님과 얼굴을 마주하게 된다는 것입니다. 우리는 이미 은혜의 보좌 앞으로 초대받은 천국 백성들입니다. 하나님의 자녀들입니다. 그러므로 머지않아 하나님의 얼굴을 대할 것입니다. 하나님 앞에 서게 되는 영광이 있을 것입니다.

청결한 마음은 분열된 마음이 아닙니다. 하나님께만 집중된 단순한 마음입니다. 청결한 마음은 죄와 더러움을 보혈로 씻고 성령의 도우심을 받아 주님의 마음으로 입혀진 정화된 마음을 의미합니다. 이 마음을 가진 자가 복이 있습니다. 항상 청결한 마음을 가지고 살아서 매순간 하나님의 임재를 경험하고, 하나님과의 교제가 이루어질 뿐만 아니라 마지막 날에 하나님을 친히 보는 축복이 있기를 간절히 축원합니다.

화평한 세상을 만드는 그리스도인

마태복음 5장 9절

어떤 남자 두 사람이 전철 안에서 큰 소리로 다투었습니다. 싸움이 점점 거칠어지면서 주변 승객들을 불편하게 하자 한 노신사가 크게 나무라며 이렇게 말했다고 합니다.

"이봐, 여기가 국회인 줄 알아? 왜 여기서 싸움질이야?"

우리나라 국회가 하도 많이 싸우니까 "여기가 국회인 줄 알아?" 하고 혼을 냈다는 것입니다. 그래도 다행인 것이, "이봐, 여기가 교회인 줄 알아? 왜 여기서 싸움질이야?" 하고 소리쳤으면 어떡할 뻔했습니까? 그러나 기독교 역사를 보면 우리 한국 교회도 많이 싸웠습니다. 그래서 선교사들이 본국에 돌아가 선교 보고를 할 때 이렇게 보고한 적이 있다고 합니다.

"한국 교회 참 잘 싸웁니다. 특별히 싸울 때는 '예수'와 '그리스도'가 싸웁니다."

교단끼리 싸웠다 하면 꼭 '예수교 장로회'와 '기독교 장로회'가 싸우고, '예수교 성결교회'와 '기독교 성결교회'가 싸우지 않았습니까? 결국 예수와 그리스도가 싸우는 격이었으니 얼마나 한심한 역사입니까? 분명히 잘못된 역사입니다. 가슴 아픈 역사입니다. 가정도 화평한 가정이 좋은 가정이요, 교회도 화평한 교회가 좋은 교회입니다. 사회도 화평한 사회가 좋은 사회요, 나라도 화평한 나라가 좋은 나라인 것입니다. 다 가지고 있어도 화평을 잃어버리면 언제 비극이 찾아올지 모릅니다. 그러므로 우리는 언제나 먼저 화평을 갈구하며 화평을 누리고 살아야 합니다. 화평을 누리고 화평하게 사는 것이 복입니다.

그런데 오늘의 세상이 어떻습니까? 오늘의 시대는 화평을 잃어버렸습니다. 화평을 잃어버린 결과는 너무도 끔찍합니다. 끊임없이 갈등합니다. 싸웁니다. 테러를 일삼습니다. 생명을 살상합니다. 화를 자초합니다. 원수 맺습니다. 비극을 만들어냅니다. 얼마나 기가 막힌 일입니까? 화평을 잃어버리면 하나님께서 주시고자 하는 복을 전부 다 발로 차버리는 것입니다. 그래서 주님은 오늘도 본문을 통해서 친히 말씀하십니다.

"화평하게 하는 자는 복이 있나니 그들이 하나님의 아들이라 일컬음을 받을 것임이라."

화평을 누리는 정도가 아닙니다. 화평하게 하는 자가 되라고 말씀하십니다. 사랑하는 우리 성도들이 화평을 누릴 뿐만 아니라 화평하게 하는 자로 살아서 화평하게 하는 자의 복을 누리시기를 바랍니다.

그러면 우리 주님께서 왜 화평하게 하는 자가 복이 있다고 말씀하면서 화평하게 하는 자가 되라고 강조하십니까? 우리가 사는 세상이 결코 화평하지 못하기 때문입니다. 갈등과 다툼의 역사는 인류의 역사만큼 긴 역사를 가지고 있습니다. 부모와 자녀 사이의 갈등부터 시작해서 부부간의 갈등, 고부간의 갈등, 형제간의 싸움, 인간관계에서 벌어지는 이념 분쟁, 민족 분쟁, 영토 분쟁, 종교 분쟁에 이르기까지 인류 역사는 헤아릴 수 없을 만큼 수많은 다툼으로 얼룩져 있습니다.

태초에 하나님께서 창조하신 세상은 다툼이 없었습니다. 처음 세상은 하나님이 보시기에도 정말 아름다운 세상이었습니다. 그런데 어느 날 아담과 하와가 사탄의 유혹에 넘어가면서부터 인류의 역사는 걷잡을 수 없는 분쟁의 소용돌이에 휘말리게 되었습니다. 한 시도 화평한 날이 없었습니다. 서로 물고 뜯고 싸우고 피 흘리면서 세상은 오늘까지 그 연장선상에 있습니다.

지금 우리가 살고 있는 세상을 보십시오. 우리나라 국회에서부터 남과 북의 대치, 국가 간의 전쟁, 테러와의 전쟁, 그리고 우리의 가정에 이르기까지 세상은 어느 면으로 보나 결코 화평하지가 않습니다. 싸움과 불화가 끊이질 않습니다. 이 불화의 원인이 무엇입니까?

첫째, 하나님의 품을 떠났기 때문입니다.

물고기는 물속에 있을 때 자유하고 행복하고 안식을 누릴 수 있습니다. 공중의 새는 공중에 있을 때 자유하고 평안을 누릴 수 있습니다. 마찬가지입니다. 인간은 인간을 지으신 하나님 품안에 거할 때 참 자유와 평화와 안식을 누릴 수 있는 것입니다.

그런데 무지한 인생들이 하나님은 없다고 말합니다. 하나님을 떠나서 '하나님은 죽었다'고 말합니다. 하나님의 자리에 세상의 것들을 올려놓고 그것들을 우상화하고 있습니다. 바로 이것이 불화의 원인입니다. 인간은 하나님을 떠나면서부터 하나님과 불화하게 되었고, 하나님과 불화하면서 인간과 인간이 불화하게 되고, 자기 자신과도 불화하게 된 것입니다. 모든 불화의 원인은 하나님을 떠난 데 있습니다. 그러므로 하나님께로 돌아가지 않는 한 우리는 절대로 화평할 수가 없는 것입니다.

세계적인 신학자 칼 바르트가 한번은 세계 평화를 위해서 애쓰는 유엔에서 특별 강연을 할 기회가 있었습니다. 그때 유엔 대표들이 모인 자리에서 이렇게 말했습니다.

"여러분, 여러분은 세계의 평화를 위해서 각국을 대표하여 이곳에 모여 연구하고 토의하고 결의하는 줄 압니다. 그런데 대단히 미안한 말씀입니다만, 여러분이 아무리 연구하고 토의하고 결의한다고 해도 여러분을 통해서는 절대로 세계 평화가 오지 않습니다. 세계의 평화는 예수님이 우리에게 오실 때 이루어질 것입니다."

그렇습니다. 평화의 왕 예수 그리스도를 우리의 왕으로 모시지 않는 한 이 땅에 평화는 없습니다. 사람들이 인생의 주인 되시는 예수 그리스도를 떠나 살기 때문에 이 땅에 평화가 없는 것입니다.

둘째, 서로의 차이점을 인정하지 않기 때문입니다.

차이점을 인정하지 않고 자기 생각만 옳다고 주장하면 싸움이 일어납니다. 이 세상에 똑같은 사람이 없습니다. 쌍둥이도 자세히 살펴보면 그 생김새나 성격이 다릅니다. 이렇게 사람들의 생김새나 성격이 다른 만큼 서로의 가치관이나 목표가 다르고, 의견도 다릅니다. 똑같은 것을 보고도 그 느낌이 다릅니다. 서로 차이가 있는 것입니다.

특히 남녀간의 차이는 보통 큰 것이 아닙니다. 지금까지 30년 넘게 인간관계 세미나를 개최하면서 부부들을 위한 상담센터를 운영하고 있는 존 그레이 박사(John Gray Ph. D.)가 《화성에서 온 남자 금성에서 온 여자》라는 책을 저술했습니다. 책 제목에서부터 남자와 여자가 얼마나 큰 차이가 있는지를 시사해 주고 있습니다. 남자와 여자는 화성과 금성의 거리만큼이나 차이가 있다는 얘기입니다. 그런데 많은 사람들이 이 차이를 인정하지 않으려고 합니다. 서로의 차이를 인정하지 않고 남자는 화성에서 살던 대로 살려고 고집을 피우고, 여자는 금성에서 살던 대로 살려고 고집을 피웁니다. 바로 거기서 문제가 생기고, 갈등이 생기는 것입니다.

남자와 여자는 습관이나 취향만 다른 것이 아닙니다. 신체의 구조가 다르고, 심리가 다르고, 생리적으로도 아주 큰 차이가 있습니다. 이러한 차이를 주관하는 것이 남성호르몬과 여성호르몬입니다. 신경정신과 전문의들에 의하면, 여성은 월경의 주기에 따라 마음의 상태가 변한다고 말합니다. 일반적으로 월경주기를 28일로 볼 때 전반기 14일 동안은 '에스트로겐'이라는 여성 호르몬이 분비되는데, 이 기간에는 여성들이 적극적으로 사랑하고 싶어합니다. 그러다가 배란이 되면서부터 '프로게스테론'이라는 호르몬의 분비가 왕성해지면 사랑의 자세가 소극적으로 변합니다. 사랑을 받고자 하는 자세로 변한다는 것입니다. 그래서 "여자는 하루에 12번도 더 변한다"라는 말을 하고, "여자의 마음은 갈대와 같다"라고 노래하는지 모르겠습니다.

유명한 오페라 리골레토 중에 '여자의 마음'이라는 아리아가 나옵니다. 그 노래의 가사가 이렇습니다.
"바람에 날리는 갈대와 같이 항상 변하는 여자의 마음 / 눈물을 흘리며 방긋 웃는 얼굴로 남자를 속이는 여자의 마음 / 바람에 날리는 갈대와 같이 여자의 마음 변합니다 / 아, 변합니다."
파바로티나 도밍고가 이 노래를 이탈리아어로 부를 때는 기가 막히게 멋있어 보입니다. 하지만 가사는 변화무쌍한 여자의 마음을 고발하는 노래입니다.

이렇게 여자의 마음이 변화무쌍하니까 여자를 만족시키는 방법도 얼마나 복잡한지 모릅니다. 제가 '여자를 만족시키는 방법'을 찾아보니까 기본이 34가지인데 그것이 이렇습니다.

'칭찬한다. 만져 준다. 멋지다고 한다. 문제를 해결해 준다. 공감한다. 산책한다. 지원한다. 먹여준다. 위안한다. 비위를 맞춘다. 자극한다. 위로한다. 포옹한다. 농담한다. 껴안는다. 안정시킨다. 흥분시킨다. 보호한다. 전화한다. 기대한다. 키스한다. 뺨을 비빈다. 용서한다. 액세서리를 사준다. 즐겁게 한다. 부탁을 들어 준다. 배려한다. 신임한다. 옷을 사 준다. 인정한다. 귀여워해 준다. 꿈꾸게 해준다. 고마움을 느끼게 한다. 우상화한다.'

얼마나 복잡하고 많은지 모릅니다. 기본만 34가지입니다. 그런데 남자를 만족시키는 방법은 딱 한 가지로 쓰여 있었습니다. 그것이 뭔지 아십니까? '예쁘게 하고 나타난다'입니다. 얼마나 간단합니까? 이렇듯 남자와 여자는 전혀 다릅니다.

그러므로 남자와 여자가 다르고 사람마다 차이가 있는 것이 결코 나쁘거나 틀린 것이 아닙니다. 당연한 것입니다. 그런데 사람들은 상대가 나와 같지 않으면 용납하려 들지 않습니다. 다르기 때문에 선을 긋고, 다르기 때문에 상처를 주고받습니다.

'왜 너는 나처럼 생각하지 않는 거냐? 왜 너는 나처럼 행동하지 않는 거냐? 나 같은 생활태도를 가져라. 나 같은 가치관을 가져라.'

상대방에게 획일화된 삶을 강요합니다. 바로 거기서 우리는 끊임없이 남들과 부딪치고 불화합니다. 서로의 차이점을 수용하지 않고 '나처럼 해라' 하면서 항상 다툼이 일어나는 것입니다.

셋째, 지나친 욕심 때문입니다.

여러분, 욕심이라는 것을 어떻게 생각하십니까? 욕심이 무조건 나쁜 것입니까? 그렇지 않습니다. 사람에게 거룩한 욕심이 없으면 발전이 없습니다. 이상도 없고, 꿈도 없어집니다. 욕심이 있어야 공부도 하고, 열심히 일하는 것입니다. 하지만 욕심이 과하면 문제가 됩니다. 오로지 나만을 위해서 탐욕을 품을 때 그것이 문제를 일으키고 평화를 깨뜨립니다. 나만 잘 먹고 잘살려고 하다 보면 평화가 깨집니다. '우리나라만 잘살면 된다. 우리가 세계의 석유를 다 차지하겠다. 우리는 건강한 소를 먹을 테니 너희는 병든 소나 먹어라' 하니까 불화가 생깁니다. 나만 생각하는 탐욕이 평화를 깨뜨리는 것입니다. 그래서 하나님은 야고보서 1장 15절을 통해 오늘도 이렇게 경고하십니다.

"욕심이 잉태한즉 죄를 낳고 죄가 장성한즉 사망을 낳느니라."

야고보서 4장 1절을 통해서도 말씀하십니다.

"너희 중에 싸움이 어디로부터 다툼이 어디로부터 나느냐 너희 지체 중에서 싸우는 정욕으로부터 나는 것이 아니냐."

탐욕이 갈등을 낳고 평화를 깨뜨리는 것입니다. 이렇게 하나님을 떠나 살고, 서로의 차이점을 이해하지 않거나 탐욕 때문에 평화가 깨진다고 했는데, 이외에도 갈등을 만들고 불화를 만드는 요인들이 많습니다. 시기 질투가 평화를 깨뜨립니다. 거짓말이 평화를 깨뜨립니다. 배은망덕이 평화를 깨뜨립니다. 인간의 역사를 돌아보면 이런 것들 때문에 평화롭게 살았던 때가 별로 없습니다.

1968년에 두 명의 역사학자가 한 연구결과를 발표했는데, 3421년의 인류 문명사 중에 전쟁이 없었던 때는 딱 286년밖에 안 된다는 것입니다. 3421년 중에 286년만 전쟁을 하지 않았다고 하니까 인류는 지금까지 92퍼센트의 시간을 전쟁 속에서 보냈다는 얘기입니다. 바로 이런 역사 때문에 주님은 더 강조하시는 것입니다.

"화평하게 하는 자가 되어라. 화평하게 하는 자가 복이 있느니라."

단순히 평화를 누리는 자가 아니라 적극적으로 화평하게 하는 자가 되라고 말씀하십니다. 어떤 면에서 이 말씀은 우리 믿는 자에게 주시는 거룩한 명령입니다. 사랑하는 우리 성도들 한 사람 한 사람이 화평하게 하는 자들이 되어서 잃어버린 행복을 찾고, 함께 평화를 노래하는 축복이 있기를 바랍니다.

그러면 구체적으로 어떻게 해야 화평하게 하는 자의 삶을 살아갈 수 있습니까?

1. 내가 먼저 평화를 누려야 합니다

화평하게 하려면 내가 먼저 평화를 누려야 합니다. 내가 싸우고 불화하고 마음이 상해 있으면서 화평하게 할 수가 없습니다.

한 회사의 직원이 직장 상사에게 심한 책망을 들었습니다. 화가

난 남자가 집에 돌아와 괜히 아내에게 화풀이를 했습니다. 화가 난 부인이 가만히 엎드려 있는 개를 발로 걷어찼습니다. 졸지에 얻어맞은 개는 자고 있는 고양이를 꽉 물어버렸습니다. 화가 난 고양이는 지나가는 쥐를 물어버렸습니다. 억울하게 물린 쥐는 안방으로 들어가 새근새근 잠자고 있는 아기의 발가락을 꽉 물어버려서 큰 낭패를 봤다는 것입니다.

하나의 이야기입니다만 내가 평화를 누리지 못하고 심사가 뒤집히면 그 열매가 좋지 않습니다. 어떤 사람은 부부싸움을 하다가 홧김에 아기를 집어던졌습니다. 내가 불화하면서 화평의 열매를 거두기가 어려운 것입니다. 그러므로 화평하게 하는 자가 되기 위해서는 내가 먼저 평화를 누려야 합니다.

그러면 내가 평화의 소유자가 되기 위한 선결 조건이 무엇입니까? 내 속에 있는 불화의 근본적인 원인을 제거해야 합니다. 불화의 원인을 제거해야 하는데, 그 원인은 다름 아닌 죄입니다. 내 속에 있는 죄가 불화를 만들고, 폭력을 만들고, 온갖 악을 만들어냅니다. 그뿐만이 아닙니다. 죄는 공격성이 있어서 끊임없이 하나님을 공격하고 사람을 공격합니다. 그래서 가는 곳마다 평화를 깨뜨립니다. 그런데 이런 공격성을 가지고 평화의 사도가 될 수 있습니까? 죄가 있는 한 아무리 애쓰고 수고한다 해도 평화를 가져올 수가 없습니다. 그래서 우리 안에 있는 죄의 뿌리를 먼저 뽑아내야 하는 것입니다.

그러면 우리 안에 있는 죄의 뿌리를 어떻게 뽑아낼 수 있습니까?

이것이 간단한 문제가 아닙니다. 어떤 사람들은 예수님을 믿고 회개하면 모든 죄를 용서받고 죄에서 해방되기 때문에 죄 문제가 다 해결된다고 말합니다. 맞는 얘기입니다. 그러나 죄는 그리 쉽게 우리 속에서 뿌리 뽑히지 않습니다. 예수님을 믿고 통회자복하고 회개한 후에도 죄는 또 다시 우리의 생각과 삶 속에 잡초처럼 자라납니다.

그러므로 한 번의 회개로는 안 됩니다. 날마다 십자가를 의지해야 합니다. 나를 부인해야 합니다. 나를 쳐서 주님께 복종시키고자 하는 마음이 있어야 합니다. 매순간 나 자신을 성령님이 통치하시도록 나를 내주어야 합니다. 죄가 나를 다스리기 전에 먼저 성령님께 나의 주권을 내드려야 합니다.

"오, 성령님이시여! 저는 죄인입니다. 저는 내놓을 것이 죄밖에 없습니다. 그러므로 저만의 생각으로는 안 됩니다. 성령님께서 오셔야 합니다. 성령님께서 전적으로 다스려 주셔야 합니다. 저를 통치하여 주시옵소서. 저를 지배하여 주시옵소서."

날마다 성령 충만해서 살아갈 때 내가 평화의 소유자가 되고, 화평하게 하는 자가 될 줄 믿습니다.

2. 내가 평화의 복음을 전하는 자가 되어야 합니다

평화의 왕이신 예수님이 오실 때 천사들은 이렇게 노래했습니다.

"지극히 높은 곳에서는 하나님께 영광이요 땅에서는 하나님이 기뻐하신 사람들 중에 평화로다"(눅 2:14).

이 노래처럼 예수님은 이 땅에 평화의 왕으로 오셔서 사람들에게 평화를 심어 주셨습니다. 주님이 가시는 곳에는 늘 평화가 임했습니다. 사람들에게 평화가 넘쳐났습니다. 그러나 주님을 모르는 백성들은 여전히 평화를 모르고 싸움과 죄악 속에서 죽어갔습니다. 그때 주님께서 어떻게 하셨습니까? 이 세상 모든 사람들이 다 평화를 누리도록 친히 십자가를 지셨습니다. 한 손으로는 하나님의 손을 잡고 또 한 손으로는 우리 죄인들의 손을 잡으신 채 기꺼이 화목제물이 되셨습니다. 바로 거기서 평화의 생수가 터져나온 것입니다. 그로 인해 오늘도 십자가의 복음이 전파되는 곳에는 평화가 임합니다. 예수님의 말씀이 닿는 곳마다 평화가 넘쳐납니다.

그러므로 우리가 이 땅에서 가장 시급히 해야 할 일은 복음을 전파하는 것입니다. 예수님이 하나님과 사람 사이에 서서 화평을 이루셨던 것처럼, 이제는 우리가 하나님과 세상 사이에 서서 십자가의 복음을 전해야 합니다. 우리가 복음을 전하지 않으면 무지한 사람들은 하나님께 돌아오지 않습니다. 평화를 노래하지 못합니다. 끝까지 불화하다가 멸망으로 치닫습니다. 그러므로 우리가 세계의 평화를 위해 국제연합 활동도 하고, 전쟁을 막기 위해 반전 시위도 하고, 때로는 평화를 유지시키는 비용을 지불하기도 해야 하지만, 정말 우리가 힘써야 할 일은 복음을 전하는 것입니다.

어떤 부부가 있었습니다. 처음에는 사랑으로 만났지만 그 사랑이

식으면서 날마다 전쟁을 치렀습니다. 하루도 빼놓지 않고 치열하게 싸우던 이들 부부가 마침내 별거에 들어갔습니다. 이혼을 하기 위한 절차를 밟게 된 것입니다. 그동안 이들 부부는 화목한 부부생활을 위해서 모든 방법을 다 동원했습니다. 함께 여행도 하고, 영화도 보고, 노래방도 가고, 술도 마셔 보고, 치고 패고 싸워 보기도 하고, 대화도 해 보고, 할 수 있는 것을 다 해봤습니다. 그러다가 안 되니까 결국 갈라서려고 했던 것입니다.

그런데 이들이 별거하던 중에 똑같이 예수님의 복음을 들었습니다. 똑같이 성령님의 감동을 받았습니다. 두 사람이 똑같은 시간에 편지를 보냈습니다.

"여보, 내가 잘못했소. 우리 다시 시작합시다."

그렇게 안 되던 것이 복음으로 해결되었습니다. 그렇게 안 되던 평화가 복음으로 해결되었습니다. 복음이 들어가는 곳에 평화가 임하는 줄 믿으시기 바랍니다.

복음이 들어가야 평화가 임합니다. 우리 모두 복음의 증인이 되어야 합니다. 사람들의 심령 속에 복음이 들어가야 하나님의 나라가 세상에 임합니다. 하나님의 나라가 임하는 곳에 평화의 왕국이 세워집니다. 평화의 왕국이 세워진 곳에 끝없는 기쁨과 즐거움이 있는 것입니다. 사랑하는 우리 성도들 한 사람 한 사람이 복음을 전파하여 평화의 보급자가 되시고, 이 세상에 평화의 왕국을 건설해 나가는 주인공들이 되시기를 바랍니다.

3. 평화가 실현되도록 예수님의 말씀대로 살아야 합니다

내가 평화를 누리는 자가 되고, 평화의 복음을 전하는 것만 가지고는 하늘의 평화가 이 땅에 온전히 실현되지 못합니다. 주님의 말씀을 붙잡고 세상에 나가 화평하게 하는 자로 살아야 합니다. 주님은 오늘도 우리에게 말씀하십니다.

"너희 원수를 사랑하라"(마 5:44).
"네 원수가 주리거든 먹이고 목마르거든 마시게 하라"(롬 12:20).
"일곱 번씩 일흔 번이라도 용서하라"(마 18:22).
"무릇 더러운 말은 너희 입 밖에도 내지 말고 오직 덕을 세우는 데 소용되는 대로 선한 말을 하여 듣는 자들에게 은혜를 끼치게 하라"(엡4:29).

내가 선한 말을 해서 화평하게 된다면 선한 말을 해야 합니다. 내가 참아서 화평하게 된다면 참아야 합니다. 내가 용서해서 화평하게 된다면 용서해야 합니다. 내가 희생해서 화평하게 된다면 희생해야 합니다. 내가 주님의 말씀대로 순종할 때 평화가 오고 천국이 이루어질 줄 믿습니다.

그러면 화평하게 하는 자는 어떤 복을 받습니까? 본문을 보면 '하나님의 아들이라 일컬음을 받는다'고 했습니다. 이 말씀은 하나님이 우리를 하나님의 자녀로 인정하여 우리를 높이신다는 것입니다. 그렇습니다. 우리가 평화를 위해 일하는 자가 되면 하나님은 우리를 하나님의 자녀로 인정하여 우리를 높여 주십니다. 영광의 자리에 세워 주십니다. 이 땅에 지극히 낮고 천한 모습으로 오시어 십자가를 지신 예수님을 하나님께서 가장 높은 보좌에 앉히시고 모든 이름 위에 뛰어난 이름을 주신 것처럼, 우리에게도 세상이 줄 수 없는 영광을 주시는 줄 믿으시기 바랍니다.

성 프랜시스는 화평하게 하는 자의 복이 얼마나 큰지를 알아 늘 화평하게 하는 자로 살기를 힘썼습니다. 주님의 사랑을 가득 품고 일평생 화평하게 하는 자로 살았던 그가 우리에게 남긴 귀한 기도문이 있습니다.

> 주여, 나를 평화의 도구로 써 주소서.
> 미움이 있는 곳에 사랑을,
> 상처가 있는 곳에 용서를,
> 의심이 있는 곳에 믿음을,
> 절망이 있는 곳에 희망을,
> 어둠이 있는 곳에 빛을,
> 그리고 슬픔이 있는 곳에 기쁨을 뿌리게 하소서.
> 주여, 나를 평화의 도구로 써주소서.

이 기도가 여러분의 기도가 되고, 그로 인해 화평하게 하는 자의 복을 누리며 하나님의 영광을 높이 드러내시기를 간절히 축원합니다.

박해와 상급
마태복음 5장 10-12절

　미국의 유명한 흑인 성악가 마리안 앤더슨은 20세기를 대표하는 성악가입니다. 그녀는 1세기에 한 사람 나올까 말까 하는 귀한 재능을 가진 사람이었습니다. 그러나 그녀도 1인자가 되기까지는 많은 고초와 실패가 있었습니다.
　한번은 스승인 보게티의 도움으로 뉴욕의 타운 홀에서 독창회를 갖게 되었습니다. 그때 그녀는 크게 기뻐하며 이런 생각을 했습니다. '드디어 때는 왔구나!'
　독창회 날이 왔습니다. 무대 뒤에 있던 앤더슨은 사람들로 가득 찬 청중석을 상상하며 노래할 시간만을 기다렸습니다. 그러나 막상 그녀가 무대에 서고 보니 청중들이 홀 절반밖에 차 있지를 않았습니다. 큰 충격을 받은 앤더슨은 처음부터 끝까지 정신이 몽롱한 가운데서 노래를 불렀습니다. 그 바람에 기량을 마음껏 발휘하지 못하고 독창회를 끝냈습니다. 그러자 신문기자들과 평론가들이 온갖 혹평을 다 늘어놓았습니다.

"앤더슨은 아무 감정 없이 곡을 암송하듯 불렀다. 실망스럽다. 앤더슨의 음성은 소프라노냐 알토냐? 도대체 알 수가 없다."

듣기에 민망할 정도로 아주 심한 모욕감을 주었습니다. 그동안 칭찬만 들어왔던 앤더슨은 큰 상처를 받고 어머니를 찾아가 통곡하며 말했습니다.

"어머니, 이제 다시는 노래를 부르지 않겠습니다."

그때 그녀의 어머니가 딸의 손을 잡고 이렇게 위로했습니다.

"딸아, 너는 어찌하여 모든 사람에게 칭찬을 받으려 하느냐? 네가 혹시라도 교만할까 봐 하나님께서 그런 평가가 나오게 하신 거야. 우리 하나님께 기도하며 더 열심히 해보자."

앤더슨이 어머니의 말씀에 힘을 얻었습니다. 사람들의 평가를 겸손히 받아들였습니다. 그리고는 열심히 노력해서 세계적인 성악가가 되었습니다.

여러분, 누구에게나 칭찬 받겠다고 하는 생각이 옳은 생각입니까? 지금도 우리들 가운데는 누구에게나 칭찬 받으려고 하는 사람들이 많습니다. 그러나 생각해 보면 이보다 더 큰 교만이 없습니다. 불완전하기 짝이 없는 인간이 어떻게 모든 사람들에게 칭찬을 받습니까? 저는 목회를 하면서 한때 이런 생각을 했습니다.

'목회를 하는 동안 나를 반대하는 사람이 단 한 명만 있어도 나는 목회를 그만둘 거야.'

그러나 나이가 들고 철이 들면서 생각해 보니 이것처럼 교만한 생각이 없었습니다. 도대체 내가 누구인데 모든 사람에게 지지를 받습니까? 이 사실을 깨닫고 하나님 앞에서 회개했습니다. 마음을 바꾸었습니다. 우리가 아는 얘기지만 예수님에게도 대적자가 얼마나 많았습니까? 이 세상에서 가장 완벽하고 가장 거룩했던 예수님도 자신을 미워하고 죽이려는 사람들로 인해 수도 없이 많은 고초를 겪었습니다. 그리고 결국에는 십자가에 못 박혀 돌아가셨습니다.

그렇다면 우리야 더 이상 무슨 말을 할 수 있겠습니까? 기억하십시오. 어디를 가나 적은 있고, 나를 시기하는 사람이 있고, 원수는 있습니다. 어디서나 나를 미워하고, 험담하고, 독설을 퍼붓는 사람이 있습니다.

그러므로 그 나쁜 소리들을 어떻게 소화하느냐가 중요한 것입니다. 절대 대적자들의 소리 때문에 내가 손해 보아서는 안 됩니다. 다른 사람들의 언행으로 인해 내가 늘 손해 보고 산다면 나보다 불쌍한 인생이 없는 것입니다. 그런 의미에서 나쁜 소리가 들리거든 얼른 잊어버리시기 바랍니다. 한쪽 귀로 듣고 한쪽 귀로 흘려 보내세요.

여러분, 하나님께서 왜 귀를 두 개 붙여 주셨는지 아십니까? 안 좋은 소리가 들리면 한쪽 귀로 듣고 한쪽 귀로 흘려 보내라고 두 개를 주셨습니다. 좋은 소리가 들리면 두 귀로 경청해야 하지만, 나쁜 소리가 들리면 한쪽 귀로 듣고 한쪽 귀로 흘려 보내라고 두 개의 귀를 주신 것입니다. 이건 어디까지나 김동문의 학설이지만 아멘으로 받아들이면 복이 될 줄 압니다.

여기에다가 귀를 두 개 주신 이유를 하나만 더 알려드리겠습니다. 안경 쓴 사람들 안경다리 걸치라고 하나님께서 귀를 두 개 주셨습니다. 생각해 보세요. 만약 귀가 하나만 붙어 있으면 안경다리 하나는 어디에 걸쳐야 합니까? 끈으로 묶어서 머리카락에 연결해야 합니까? 그러면 머리카락이 다 빠진 사람은 또 어떻게 합니까? 보통 복잡한 일이 아닙니다. 하나님께서는 우리가 눈이 나빠져서 안경 쓸 것을 아시고 태초부터 귀를 양쪽에 가지런히 붙여 주셨습니다. 그러므로 안경 쓴 사람은 두 귀를 주신 하나님께 배나 감사하시기 바랍니다.

이야기가 잠시 곁길로 갔습니다만, 안 좋은 소리가 들리거든 얼른 한쪽 귀로 듣고 한쪽 귀로 흘려 보내세요. 잊어버리세요. 잘 안 되는 사람이 있으면 자꾸 훈련을 하세요. 만약 잊어버릴 수 없다면 건강하게 살기는 틀린 것입니다. 안 좋은 소리를 듣고 속상해서 잠도 못 자고 밥도 못 먹고 사는 사람이 어떻게 건강할 수 있습니까? 원수에 대해서는 로마서 12장에 나오는 말씀대로 하나님께 맡겨야 합니다. 원수는 하나님께 맡기고 나는 나의 일만 하면 됩니다.

그러면 나의 일이 무엇입니까? 로마서 12장 20절을 보면 이렇게 가르쳐주십니다.

"네 원수가 주리거든 먹이고 목마르거든 마시게 하라 그리함으로 네가 숯불을 그 머리에 쌓아 놓으리라."

원수가 배고파할 때 그를 먹이고, 목말라 할 때 물을 마시게 하는 것이 나의 일이라고 말씀합니다. 무슨 말씀입니까? 내게는 누구도 미워할 권리가 없다는 것입니다. 나는 누구든지 사랑해야 하고, 사랑하지 못할 사람은 불쌍히 여기라는 얘기입니다. 결국 나의 주위에는 내가 사랑할 사람과 불쌍히 여길 사람만 존재한다는 말이 됩니다. 그래서 주님은 오늘의 본문 10절을 통해서도 박해하는 자에 대해서는 언급하지 않고, 박해를 받는 자의 입장에서만 초점을 맞추어 이렇게 말씀하십니다.

"의를 위하여 박해를 받은 자는 복이 있나니 천국이 그들의 것임이라."

정말 어려운 일입니다만 바로 이것이 역설적인 진리입니다. 성경은 곳곳에서 역설적인 이야기를 하고 있습니다. 예를 들면 이렇습니다.
"으뜸이 되려거든 섬기는 자가 되어라. 죽어야 열매를 맺느니라. 가난한 자가 복이 있느니라. 애통하는 자가 복이 있느니라."
이런 말씀이 다 역설적인 진리인데, 이 진리의 말씀을 따라 사는 것을 세상 사람들은 이해하지 못합니다. 늘 섬기는 자로 살아가는 것을 이해하지 못하고, 기꺼이 썩는 한 알의 밀알이 되고자 하는 것을 이해하지 못합니다. 성도들이 추구하는 것을 세상 사람들은 이해할 수가 없는 것입니다.
우리들 역시 마찬가지입니다. 우리는 이 세상에 대해서만큼은 언제나 이방인으로 살아야 진짜 기독교인이 될 수 있습니다. 세상 사람들이 기뻐하는 대로 똑같이 기뻐하면 기독교인이 아닙니다. 세상 사람들이 슬퍼하는 대로 똑같이 슬퍼하면 기독교인이 아닙니다. 세상 사람들이 원수 갚는 대로 똑같이 원수 갚으면 기독교인이 아닙니다. 믿는 자에게는 역설이 있어야 진짜 믿는 자가 되는 것입니다.

지금까지 우리가 예수님의 팔복 중에서 일곱 가지 복에 대해 들었는데, 그중의 네 번째 복이 이렇습니다.

"의에 주리고 목마른 자는 복이 있나니 그들이 배부를 것임이라."

그런데 의에 주리고 목마른 자는 어떻게 살아갑니까? 결국은 의를 위해서 박해를 받게 됩니다. 의에 주리고 목말라서 하나님 보시기에 의롭게 살려고 최선을 다하다 보면 자연스럽게 의를 위해 박해를 받게 되는 것입니다.

그뿐 아닙니다. 지금까지 일곱 가지 복을 언급했습니다만, 일곱 가지 복을 누리기 위한 조건을 전부 다 충족시키려면 결국 마지막에 가서는 박해를 받게 되는 것입니다. 온유한 자의 복을 누리기 위해서 박해를 받고, 마음을 청결하게 하려다가 박해를 받습니다. 긍휼히 여기다가 박해를 받기도 하고, 화평하게 하려다가 박해를 받기도 합니다. 팔복 중에서 일곱 가지 복을 누리려고 애쓰다 보면 마지막 여덟 번째 복으로 다 귀결되어서 의를 위해 박해를 받는 것입니다.

그렇다면 오늘 여러분은 예수를 믿으면서 박해를 받으며 살아가십니까? 주님 때문에 핍박받는 일이 있습니까? 만약 예수를 믿으면서도 일체의 박해가 없다면 '내가 과연 진정한 의미에서의 성도인가?' 하는 것을 한번 진지하게 생각해 봐야 합니다.

아담이 에덴 동산에서 쫓겨난 이후부터 하나님의 백성들은 모두가 박해를 받아왔습니다. 아벨이 가인에게 박해를 받았습니다. 셋의 자손들이 가인의 후예에게 박해를 받았습니다. 모세가 박해를 받고, 예레미야가 박해를 받고, 다니엘이 박해를 받았습니다. 신약시대에 와서는 베드로와 바울이 박해를 받고, 스데반이 박해를 받았습니다. 하나님의 뜻대로 살고자 하는 사람들은 대충대충 믿는 사람들에게 박해를 받았고, 안 믿는 사람들에게 박해를 받아왔습니다. 바로 이것이 기독교의 역사입니다. 예수를 잘 믿는 사람들은 알게 모르게 박해와 수난을 받을 수밖에 없다는 것입니다. 그래서 디모데후서 3장 12절을 보면 이렇게 말씀합니다.

"무릇 그리스도 예수 안에서 경건하게 살고자 하는 자는 박해를 받으리라."

그리스도 안에서 경건하게 살려고 하면 다 박해를 받는다는 것입니다. 이 말은 박해를 안 받고 살면 오히려 이상하다는 얘기입니다. 그러므로 우리는 죽는 날까지 박해를 각오해야 합니다.

우리가 다 알다시피 죽은 사람에게는 박해가 없습니다. 죽은 사람이 무슨 박해를 받습니까? 우리가 박해를 받는 것은 살아 있기 때문입니다. 우리가 살아 있기 때문에 박해를 받고, 비난의 대상이 되는 것입니다. 가정이나 교회나 이 세상에서 일을 열심히 하는 자에게는 반드시 고난이 찾아오고, 진실하게 살려고 하면 할수록 더 큰 박해가 찾아옵니다. 안 믿는 식구를 전도하려면 거기에도 박해가 있습니다. 적당히 살려는 사람에게는 박해가 없지만 거슬러 올라가는 사람에게는 박해가 있는 것입니다. 그러므로 좋은 소리만 들으려고 한다면 아예 선한 일을 시작하지도 말아야 합니다.

그러면 왜 진리를 따라 살고자 하는 사람에게 박해가 있습니까? 어둠은 빛을 싫어하고, 악은 선을 미워하기 때문입니다. 그래서 요한일서 3장 12절을 보면 이렇게 말씀합니다.

> "가인같이 하지 말라 그는 악한 자에게 속하여 그 아우를 죽였으니 어떤 이유로 죽였느냐 자기의 행위는 악하고 그의 아우의 행위는 의로움이라."

가인이 동생을 죽인 이유가, 자기 행위는 악하고 아우의 행위는 의로웠기 때문이라고 했습니다. 이처럼 악은 선을 싫어합니다. 만약 하나님께서 가인의 제사도 받지 않고 아벨의 제사도 받지 않으셨다면, 그런 대로 형제간의 의는 좋았을지 모릅니다. 나도 죄인이고 너도 죄인이라면 괜찮다는 것입니다. 그러나 하나님께서 동생 아벨의 제사를 받아서 아벨은 의인으로 인정되었고, 자기는 제사가 열납되지 않아서 죄인인 것이 드러나고 말았습니다. 그렇게 되니까 가인이 질투가 나서 동생 아벨을 핍박하고 돌로 쳐 죽인 것입니다. 악은 절대로 선을 좋아하지 않습니다.

재미있는 얘기입니다만, 예배 시간에 지각하는 사람들의 심리상태를 한번 생각해 봅시다. 좀 서둘렀으면 좋았겠지만 예배 시간에 5분 정도 늦었습니다. 그래서 맨 뒷자리에 고개를 숙이고 앉아 미안하고 후회되는 마음을 가지고 이렇게 결심합니다.

'다음부터는 좀더 일찍 교회에 와서 기도로 준비해야겠다.'

그렇게 마음을 먹고 있는데 가만히 보니까 자기보다 더 늦게 오는 사람이 있습니다. 그때 이런 생각이 듭니다.

'야, 나도 늦었지만 나보다 더 늦는 사람이 있구나.'

그러면서 늦게 오는 그 성도가 왠지 반갑고 고맙습니다. 거기에다 늦게 온 성도가 장로님이나 권사님이면 더 반갑고, 그러다 보면 어느새 자기가 지각한 것이 괜찮은 것으로 바뀌어버립니다.

'에이, 장로님이 나보다 늦었다면 나는 양반이구먼.'

이 심리를 조금 비약하면, 악한 사람은 세상 사람들이 다 악하기를 바란다는 것입니다. 왜 그렇습니까? 모두가 악한데 한 사람이라도 선한 사람이 있으면 그 악이 분명해지기 때문입니다. 그래서 악은 반드시 선을 질투하게 되어 있습니다. 악한 사람은 선한 사람을 질투하고, 게으른 사람은 부지런한 사람을 질투하고, 속이는 사람은 진실한 사람을 질투하는 것입니다.

이런 이유로 우리가 박해를 당하는데, 그러면 우리가 당하는 박해의 종류가 어떤 것이 있습니까? 박해라고 해서 다 좋은 것은 아닙니다. 그렇기 때문에 박해를 당할 때 그 박해의 성격이 어떤가를 생각해야 합니다. 어떤 사람은 자기의 잘못으로 고통을 당하면서도 그것을 '십자가'라고 말합니다. 실제로 한 집사님은 자기가 술 마시고 다니다가 교통사고를 당해서 입원해 있으면서도 이렇게 탄식했습니다.

"아, 이 고통! 아, 이 십자가!"

여러분, 이게 말이 됩니까? 그런 상황에서 십자가를 말하는 것은 십자가를 모독하는 것입니다. 나의 잘못으로 인한 고난은 절대 십자가라고 하는 것이 아니고, 박해라고 하는 것이 아닙니다.

그러면 의를 위하여 받는 박해는 어떤 것을 말합니까? 베드로전서 2장 19절 이하를 보면 이렇게 말씀합니다.

> "부당하게 고난을 받아도 하나님을 생각함으로 슬픔을 참으면 이는 아름다우나 죄가 있어 매를 맞고 참으면 무슨 칭찬이 있으리요 그러나 선을 행함으로 고난을 받고 참으면 이는 하나님 앞에 아름다우니라."

죄가 있어서 고난을 당하면 아무런 의미가 없고, 오직 선을 행하다가 박해를 당하면 그것이 하나님 앞에서 아름답다고 했습니다. 그렇습니다. 내가 죄를 짓고 잘못해서 고난을 당한다면 그것은 아무런 의미가 없습니다. 그러나 선을 행하다가 박해를 받고, 사랑 때문에 박해를 받고, 복음을 전하다가 박해를 받고, 하나님의 영광을 위해서 박해를 받으면 그 박해야말로 하나님 보시기에 참으로 아름다운 것입니다. 그러므로 우리가 박해를 받아도 하나님의 의를 이루기 위해서 박해를 받아야 할 줄 믿습니다. 하나님의 영광을 위해서 박해받아야 할 줄 믿습니다.

그러면 이렇게 의를 위하여 박해받고, 하나님의 영광을 위하여 고난을 당하는 자에게 하나님은 어떻게 축복하신다고 했습니까?

1. 천국을 주십니다

오늘의 본문 10절을 보면 분명히 말씀하십니다.

> "의를 위하여 박해를 받은 자는 복이 있나니 천국이 그들의 것임이라."

의를 위하여 박해를 받은 자들에게는 천국을 소유하는 복을 주신다고 약속하십니다. 이 말씀이 무슨 뜻입니까? 나중에 죽어서 천국 간다는 말이 되기도 하지만, 이 말은 오늘 이 땅에서 천국을 누리며 산다는 뜻을 가지고 있습니다. 그렇습니다. 의를 위해 박해받는 자는 이 땅에서 하나님의 임재를 경험하고, 하나님이 함께하심을 체험하며 살아가는 복을 받습니다. 그렇기 때문에 이 세상 어디에 거한다 해도 항상 기뻐하며 즐거워할 수 있습니다. 세상은 천국을 소유한 사람들을 무너뜨릴 수 없습니다. 하늘의 사람들은 세상이 감당치 못하는 사람들이 되는 것입니다.

　사도행전 7장을 보면 스데반이 돌에 맞아 순교하는 장면이 나옵니다. 스데반은 돌에 맞아 죽을 때 예수님이 하나님 보좌 우편에 서 계신 모습을 보았습니다. 그때 스데반의 얼굴이 천사처럼 빛났다고 성경은 증언합니다. 바로 이것입니다. 의를 위해 박해받는 자에게는 하나님께서 세상이 알 수 없는 천국의 기쁨을 주십니다. 세상이 줄 수 없는 하늘의 영원한 기쁨을 주십니다. 사랑하는 우리 성도들이 이 복을 받고 누리는 자들이 되시기를 바랍니다.

　성 프랜시스가 한 번은 추운 겨울날 그의 제자와 함께 길을 가게 되었습니다. 살을 에는 듯한 매서운 추위 속을 걸어가고 있는데, 제자가 프랜시스에게 물었습니다.
　"선생님, 이 세상에 참된 기쁨이 어디에 있습니까?"
　그때 프랜시스가 이렇게 말했습니다.
　"형제여, 우리가 아무리 거룩한 덕과 감화의 모범을 보여준다 해도 거기에 완전한 기쁨은 없소."
　추위를 견디면서 한참을 걷다가 다시 프랜시스가 말했습니다.
　"형제여, 우리가 눈먼 자의 눈을 뜨게 하고, 마귀를 내어 쫓으며, 죽은 자를 다시 살린다 해도 거기에 완전한 기쁨은 없소."
　또 조금 가다가 프랜시스가 이렇게 말했습니다.
　"형제여, 우리가 온갖 말과 지식에 능통하고, 장래 일과 심지어 인간 양심의 비밀을 꿰뚫어 본다 해도 거기에 완전한 기쁨은 없는 것이오."

한겨울 살을 에는 바람은 연이어 불고 있는데 묵묵히 걷던 프랜시스가 다시 한 번 이렇게 말했습니다.

"형제여, 우리가 선교에 아주 능하여 이교도와 불신자들을 모두 회심시켜 그리스도를 믿게 한다 할지라도 거기에 완전한 기쁨은 없는 것이오."

그렇게 대화를 나누며 걸어가다 어느 집 대문을 두드리게 되었습니다. 그런데 그 집 문지기가 나오더니 다짜고짜 욕설을 퍼부었습니다.

"이런 거렁뱅이 도둑놈들 같으니라고."

그리고서 뺨을 때리며 몽둥이로 그들을 쫓아냈습니다. 그러자 그제야 프랜시스가 이렇게 말했다고 합니다.

"형제여, 바로 여기에 완전한 기쁨이 있소. 우리가 이 모든 것을 달게 참아내고, 이것이 바로 복되신 그리스도께서 당하셨던 가난과 고통, 모욕이라 생각하고 즐거워한다면 바로 여기에 완전한 기쁨이 있는 것이오."

주님은 주님을 위해 박해받는 자들에게 천국을 경험하게 하십니다. 우리가 경건한 삶을 살거나, 능력을 행하거나, 신비한 지식을 깨닫거나, 많은 영혼을 구원하는 것보다 주님의 고난에 동참할 때 가장 큰 기쁨을 주시는 것입니다. 이 축복을 누리며 살아가는 여러분이 되시기를 바랍니다.

2. 하늘의 상을 주십니다

오늘의 본문 12절을 보면 이렇게 말씀하십니다.

"기뻐하고 즐거워하라 하늘에서 너희의 상이 큼이라."

의를 위해 박해받는 자에게는 하늘의 상이 있습니다. 이 상은 우리가 받는 고난과 족히 비교할 수 없는 상입니다. 사도 바울이 이 비밀을 알았습니다. 그래서 그는 고난을 마다하지 않았습니다. 기꺼이 주를 위해 핍박받고, 치욕을 당하며 살았습니다. 마지막까지 선한 싸움을 싸웠습니다.

그가 인생 말년에 어떤 고백을 했습니까? 디모데후서 4장 7절 이하를 보면 이렇게 고백하고 있습니다.

"나는 선한 싸움을 싸우고 나의 달려갈 길을 마치고 믿음을 지켰으니 이제 후로는 나를 위하여 의의 면류관이 예비되었으므로 주 곧 의로우신 재판장이 그날에 내게 주실 것이며 내게만 아니라 주의 나타나심을 사모하는 모든 자에게도니라."

우리는 영원한 나라를 바라보며 살아가는 사람들입니다. 하늘의 부름의 상을 좇아가는 천국 백성들입니다. 우리가 받아야 할 궁극적인 상은 하늘나라에 있습니다. 하늘나라에서 받을 상을 바라보며 오늘 기꺼이 좁은 길을 택하는 여러분이 되시기를 바랍니다.

삶을 이끌어가는 추진력에는 부정적인 힘과 긍정적인 힘이 있습니다. 그런데 많은 사람들이 부정적인 힘으로 헛된 인생을 살아갑니다. 그래서 나온 재미있는 이야기가 있는데, 그중의 하나가 '여자들이 얄미워하는 여자'입니다. 세대별로 여자들이 얄미워하는 여자가 있는데 그 내용이 이렇습니다.

'예쁜데 공부도 잘하는 10대 여자, 성형수술을 했는데 티도 안 나고 예쁜 20대 여자, 결혼하기 전에 실컷 놀았는데 시집가서 잘사는 30대 여자, 밤낮 쇼핑하고 노는데 자식이 대학도 잘 들어가는 40대 여자, 먹어도 살 안 찌는 50대 여자, 타고난 건강에 돈까지 많은 60대 여자, 자녀들이 효도하고 게다가 남편도 멀쩡한 70대 여자, 아직도 살아 있는 80대 여자.'

이런 여자가 얄미운 여자라는 것입니다. 제가 이 글을 읽고 처음에는 진짜 재미있었는데, 금세 마음이 무거워졌습니다. 왜 그런 줄 아세요? 이 글의 바탕에는 시기와 질투가 짙게 깔려 있기 때문입니다.

그리스도인에게는 하나님께서 주신 엄청난 좋은 것들이 있습니다. 그러므로 세상 사람이나 세상의 것을 부러워할 필요가 없습니다. 부정적인 힘으로 살아갈 것이 아닙니다. 사랑하는 우리 성도들은 하늘의 영원한 상을 바라보며 오늘도 기꺼이 의를 위해 박해받는 자들이 되시기를 바랍니다.

박해는 우리가 하나님의 백성이라는 스피드마크입니다. 천국 백성들이 치러야 할 가장 값진 대가입니다. 주님 때문에 박해를 받고, 복음 전파 때문에 박해를 받고, 예수 사랑 때문에 박해를 받고, 의를 위하여 박해를 받는 자들이 되어서 날마다 천국 생활을 경험하고, 마지막 날 의의 면류관을 수여받는 여러분이 되시기를 간절히 축원합니다.

살다 보면 시련의 골짜기도 만납니다

1판 1쇄 인쇄 _ 2015년 11월 20일
1판 1쇄 발행 _ 2015년 11월 25일

지은이 _ 김동문
펴낸이 _ 이형규
펴낸곳 _ 쿰란출판사

주소 _ 서울특별시 종로구 이화장길 6
편집부 _ 745-1007, 745-1301~2, 747-1212, 743-1300
영업부 _ 747-1004, FAX 745-8490
본사평생전화번호 _ 0502-756-1004
홈페이지 _ http://www.qumran.co.kr
E-mail _ qrbooks@gmail.com / qrbooks@daum.net
한글인터넷주소 _ 쿰란, 쿰란출판사
등록 _ 제1-670호(1988.2.27)
책임교열 _ 이화정·송은주

© 김동문 2015   ISBN 978-89-6562-819-4 93230

책값은 뒤표지에 있습니다.
이 출판물은 저작권법에 의해 보호를 받는 저작물이므로 무단 복제할 수 없습니다.
파본(破本)은 구입처에서 교환해 드립니다.